Reinhard Engel
Der harte Weg nach Europa

W0088494

Reinhard Engel

# Der harte Weg nach Europa

Osteuropa nach dem Fall des Eisernen Vorhangs:
Reportagen und Analysen aus Polen, Tschechien,
der Slowakei, Slowenien und Ungarn

Mit Fotos von Johannes Ifkovits

*Mit freundlicher Unterstützung von* **ERSTE** BANK

Deuticke

*Gewidmet unseren Nachbarn*
*und ihren Kindern*

# Inhalt

*»Du bist auch einer von denen«, ruft Sándor. »Ich sehe es dir an!*
*Genau wie alle anderen wirst du behaupten, Ungarn sei*
*›die fröhlichste Baracke im östlichen Lager‹. Diese Journalisten*
*aus dem Westen sind alle gleich. Schamlose Idioten.«*
Hans Magnus Enzensberger, Ach Europa!

*Die Naturalisten nun zeigen Menschen,*
*als zeigten sie einen Baum einem Spaziergänger.*
*Die Realisten zeigen Menschen,*
*wie man einen Baum einem Gärtner zeigt.*
Bertolt Brecht, Schriften zum Theater

# Vorwort

Die Wirklichkeit ist nicht einfach da, wir machen sie. In der Philosophie und in der Experimentalphysik ist man sich des Beobachterproblems seit langem bewusst. Wir Journalisten tun aber meist immer noch so, als bildeten wir nur objektiv ab, was vor uns liegt. Dieses Buch hat ein »Westler« für »Westler« geschrieben. Einem Ungarn oder Tschechen von außen erklären zu wollen, wie das Leben im Kommunismus war oder wie brutal die Transformationsprozesse danach ausfielen, würde zu Recht als Hohn gelten. Ich habe das Glück gehabt, dass der Eiserne Vorhang einige Hundert Kilometer östlich meines Geburtsortes gezogen wurde. Ich musste mich vor keiner Geheimpolizei fürchten, konnte schon als Jugendlicher ganz Europa frei bereisen und kannte nie die Enge einer Kleinwohnung in einem Plattenbau.

»Der harte Weg nach Europa« versucht, eine Lücke zu schließen: jene zwischen der Fülle an spezialisierten, volkswirtschaftlichen Publikationen auf der einen und der hektischen, oft zwangsläufig oberflächlichen Tagesberichterstattung auf der anderen Seite. Das Buch richtet sich nicht an ein wissenschaftliches Fachpublikum, sondern an eine interessierte breite Leserschaft. Der eine oder die andere hat in den letzten Jahren bereits beruflich oder privat mit Menschen aus dieser Region zu tun gehabt und möchte die Veränderungen in Ostmitteleuropa vielleicht ein bisschen besser verstehen.

Den Bürgern der Reformstaaten gilt Hochachtung für das bisher Erreichte, das unter schwierigsten Bedingungen und ohne jenes Blutvergießen zu Stande gebracht wurde, das in Europa meist mit Systemwechseln einherging. Den schier unfassbaren Umfang des politischen, ökonomischen und administrativen Großprojekts »Rückkehr nach Europa« versuchte einmal Jürgen Illing, Direktor der Deutsch-Ungarischen Industrie- und Handelskammer in Budapest, folgendermaßen zu veranschaulichen: »Stellen Sie sich vor, in Deutschland gäbe es innerhalb weniger Jahre einen kompletten Umbau auf ein anderes Rechtssystem, etwa auf das islamische. Wir sprechen hier von einer derartigen Größenordnung der Umwälzungen.«

Diese Anerkennung des Erreichten darf freilich nicht zu einer kritiklos positiven Haltung führen. Gerade in dieser Region gibt es eine alte literarische und kulturelle Tradition, die das bessere Mögliche hinter dem Bestehenden sieht, die sich nicht mit den Zuständen abfindet, wie sie sich gerade darstellen. Tatsächlich bleibt bei der Reform der ehemals sozialistischen Länder noch genug zu tun, und manches davon wird aus Korrekturen von Fehlern des eiligen Systemumbaus bestehen. Es existieren zwar bereits moderne Gesetzeswerke, aber der Vollzugsapparat fehlt noch weitgehend. Korruption, Kleinkriminalität und Schwarzarbeit sind weit verbreitet, teils als Ausflüsse des Wandels, teils, weil die Probleme noch nicht klar definiert und angegangen wurden. Auch beim Kampf gegen Armut und soziale Ausgrenzung werden die jeweiligen Regierungen neue Wege gehen müssen, da ihnen die alten des westeuropäischen Sozialstaats schon aus budgetären Beschränkungen verwehrt sind. Da einige dieser Themenkomplexe hier nur angerissen werden können, enthält das Buch für viele Spezialthemen Querverweise zu einschlägiger, weiterführender Literatur.

Der erste Teil des Buches analysiert die strukturellen wirtschaftlichen Voraussetzungen der Annäherung der ostmitteleuropäischen Länder an ihre westlichen Nachbarn. (Zu den politischen Veränderungen im Gefolge der Gorbatschowschen Reformversuche liegt eine Fülle an Literatur vor.) Wie haben sich die Handelsströme so schnell in Richtung EU drehen können? Was erzeugen die Ostmitteleuropäer für unsere Märkte? Wie viel Entscheidungsspielraum hatten die verantwortlichen Ökonomen bei der Wende überhaupt angesichts veralteter Industrien und mangelhafter Infrastruktur? Welche Privatisierungsstrategien waren am erfolgreichsten?

Im zweiten Teil kommen Bürgerinnen und Bürger von fünf Ländern zu Wort: Polen, Tschechen, Slowaken, Slowenen und Ungarn. Es sind nicht die Havels und Michniks, die nach ihren Erfahrungen der ersten zehn Jahre nach der Wende gefragt wurden, sondern Menschen aus verschiedensten Gesellschaftsschichten und Generationen. Da ist der junge Arbeiter mit drei Jobs, dort die Zimmervermieterin auf dem Land, die nach ihrer Kündigung unfreiwillig zur Kleinunternehmerin geworden ist. Der international ausgerichtete Wirtschaftsanwalt kommt ebenso zu Wort wie die Leiterin eines Obdachlosenasyls und der Manager einer riesigen Agrargenossenschaft. Kurze Länderberichte leiten diese Porträts ein und beleuchten stichwortartig die Besonderheiten der jeweiligen Volkswirtschaft.

Die 20 Frauen und Männer sind mit Bedacht ausgewählt, aber sie stehen nur für sich, für ihre persönliche Geschichte und ihre eigenen, sehr individuellen Schwierigkeiten und Lösungsstrategien. Sie sind keine soziologischen Konstrukte, die bloß Statistiken veranschaulichen sollen.

Die Menschen berichten über ihre Hoffnungen und Enttäuschungen, und hinter ihren oft kühlen Beschreibungen ist die tägliche Mühsal nur zwischen den Zeilen zu lesen, auch wenn Meinungsumfragen manchmal ein ganz anderes Bild zeichnen. Fleiß und Strebsamkeit ziehen sich wie ein dicker roter Faden durch diese Biografien. Ausbildung und Weiterbildung haben einen extrem hohen Stellenwert, vor allem für die Töchter und Söhne. Das lang vorenthaltene Reisen zählt nach wie vor zu den höchsten Gütern. Italien, das Meer, die Sonne: Diese Worte haben einen magischen Klang, den der übersättigte westliche Tourist erst beim zweiten Hinhören wieder wahrnimmt.

Die Anstrengungen all dieser Menschen bei der Systemumstellung waren enorm, selbst für Gebildete und Jüngere. Da ist die Marketing-Chefin des Lebensmittelkonzerns, die in ihrem ganzen Wirtschaftsstudium das Wort »Marketing« kein einziges Mal gehört hat. Da ist der Ingenieur in der Motorenfabrik, der seine Anstellung beim multinationalen Konzern nur bekam, weil er sich ohne jegliche Team-Erfahrung in einem Assessmentcenter kollegial verhielt. Und da ist die Ärztin, die ihren Spitalsjob als Alleinerzieherin von drei Mädchen organisieren muss, weil der Mann aus Arbeitsmangel im Ausland verpflichtet ist.

Ihnen allen gebührt der erste Dank in diesem Buch. Sie haben teilweise Schmerzliches, wenig Schmeichelhaftes aus ihrem Leben erzählt und oft dem Fremden ihre Häuser geöffnet, ohne genau zu wissen, was mit den gegebenen Informationen geschieht. Die wenigsten unter ihnen sind den professionellen Umgang mit Medien gewöhnt.

Weiters gilt der Dank all jenen Menschen, die durch Fachgespräche oder beim Knüpfen von Kontakten geholfen haben. Das waren in Österreich Karl Drochter, Jaroslaw Drozd, Andreas Ecker, Brigitte Gampe, Vladimír Gligorov, Robert Gruber, Christian W.

11

Haerpfer, Peter Heimerl, Otto Ilchmann, Don Kalb, Michael Mauritz, Josef Pöschl, Erika Roth-Limanowa, Bettina Sallaberger, Walter Sauer, Josef Siffert und Werner Varga; in Polen Peter Hasslacher, Aleksandra Kwiatowska, Agnieska Makowiecka, Feliks Pastusiak Joanna Posmyk und Piotr Targalski; in Tschechien Herbert Hlawati, Jiří Sedliský und Aziz Unan; in der Slowakei Gabriele Matzner, Eduard Niznansky, František Novosad und Regina Ovesny-Straka; in Slowenien Raymund Gradt, Alfred Konrad, Jože Mencinger und Miran Steiner; in Ungarn János Erdei, Zsolt Fodor, Zoltán Kaszás und Albert Lidauer.

Und schließlich danke ich von ganzem Herzen Marta Halpert, von der die Idee zu diesem Buch stammt. Eigentlich hätten wir schon vor fünf Jahren eine erste Zwischenbilanz ziehen wollen, aber gut Ding braucht eben doch manchmal ein bisschen mehr Zeit. Und diese muss einem geschenkt sein.

*Reinhard Engel*

# Teil 1: Die Rückkehr nach Europa – zu Kapitalismus und Demokratie

## Ankunft durch die Hintertüre

Milan Šebek strahlte über das ganze Gesicht. Es war Sommer 1990, und gemeinsam mit seiner Frau und seinen drei Töchtern saß er auf der Terrasse einer kleinen Frühstückspension in Bad Dürrnberg bei Salzburg. Sein erster Auslandsurlaub hatte den Import- und Exportleiter eines landwirtschaftlichen Kombinats aus der Nähe von Prag nach Österreich geführt. In der feudalen Festspielstadt spielte die Familie »Adabei«, als die juwelenbehangenen Abendgäste von der Felsenreitschule zum »Goldenen Hirschen« wechselten. Untertags machten sie Wanderungen in den bewaldeten Bergen rund um Hallein, »aber nicht zu steil«.

Die Reise aus seiner Heimat, die sich gerade zwischen den beiden Welten Kommunismus und Kapitalismus befand, folgte ebenfalls noch nicht ganz den Gesetzen der freien Marktwirtschaft. Bloß drei Tage lang leistete sich die tschechische Familie ein Pensionsdach über dem Kopf, für den Rest des Urlaubs waren zwei Zelte fest verpackt auf das Dach des Škoda geschnallt worden. Auch die Beschaffung der Unterkunft selbst hatte den Geruch von Zuteilungs-Ökonomie noch nicht abgestreift: Für sich, seine Frau und die älteste Tochter hatte Herr Šebek in Prag Coupons der österreichischen Fremdenverkehrswerbung gekauft, die damals für umgerechnet 110 Schilling eine Nacht inklusive Frühstück in einem Billigquartier garantierten. Für die jüngeren Töchter wollte er in Devisen bezahlen. Dabei ließ ihm die Zimmerwirtin, Frau Sunkler, noch ein wenig nach, »weil ich seh', dass er es nicht so hat«.

Die österreichischen Tourismus-Profis sahen die Sache damals viel nüchterner und wirtschaftlicher. »Von unseren 200.000 Betten sind rund 35.000 ohne Bad und Dusche im Zimmer«, erklärte Martin Uitz, Geschäftsführer der Salzburger Land Tourismus GmbH. »Wenn nun einige von diesen Betrieben etwas später zusperren müssen als sonst, soll es mir recht sein. Schaden richten die Billigtouristen ja keinen an.«

Die Freude über die neue Freiheit ließ die Šebeks wohl über einige bittere Tatsachen bei ihrer »Rückkehr nach Europa« hinwegsehen: Sie kamen als geduldete Zaungäste zum Spektakel der Reichen und Schönen. Sie qualifizierten sich als Billigkunden in Marktsegmenten, die eigentlich schon dem Untergang geweiht waren. Als arbeitende Vertreter des Mittelstandes blieben sie schließlich auf die wohltätige Geste einer gutmütigen Zimmervermieterin angewiesen, die selbst nicht zu den Gewinnern in ihrem Land gehörte. Diese ernüchternden Befunde galten nicht nur für die Bürgerinnen und Bürger ehemals kommunistischer Staaten, wenn sie sich einzeln in den Westen wagten. Auch ihre Volkswirtschaften waren nicht mehr an jene Plätze in der europäischen Rangordnung zurückgekehrt, die sie 1947/48 bei ihrem erzwungenen Rückzug hinter den Eisernen Vorhang verlassen hatten. Böhmen und Mähren waren am Ende der Habsburgermonarchie stärker industrialisiert gewesen als alle anderen Teile des Reiches, das Gebiet der späteren Republik Österreich miteingeschlossen.[1] Das Geistesleben in Warschau und Budapest blühte zwischen den Kriegen, auch Slowenien schaffte im Verbund des neu gebildeten Jugoslawiens eine Spezialisierung auf moderne, hochwertige Produkte.

Die Neupositionierung dieser Länder nach ihrer Wiederkehr in die Weltgemeinschaft muss für ihre Bürger ein deprimierendes Erlebnis gewesen sein. Der United Nations Development Index erstellt alljährlich eine Rangliste der Staaten der Welt, deren Kriterien das Bruttoinlandsprodukt pro Kopf, der Bildungsstand der Bevölkerung und die durchschnittliche Lebenserwartung sind.[2] Bei aller Vorsicht gegenüber derart groben Rastern und ihrer Gewichtung, sagt diese Reihung doch einiges aus: 1995, also mitten im Umstellungsschock der Reformstaaten, lag etwa Slowenien als bestes Land der Region auf Rang 37, davor rangierten unter anderen auf den Plätzen 22 und 23 Israel und Zypern, auf Platz 30 Südkorea, auf Platz 34 Costa Rica. Weitere Reformstaaten folgten auf den Rängen 39 (Tschechische Republik), 42 (Slowakische Republik), 47 (Ungarn) und 52 (Polen). In ihrer Nachbarschaft tummelten sich Trinidad und Tobago auf Rang 40, Bahrein auf 43, Panama auf 45, Mexiko auf 49 und Granada auf 51. Das Nachbarland Österreich lag unerreichbar weit entfernt, auf Platz 19.

## Der Zusammenbruch des Imperiums

Milan Šebek konnte unbehelligt die einst verminte Grenze zwischen Böhmen und Österreich überqueren, weil sich die Weltpolitik verändert hatte. Innerhalb weniger Jahre war das Sowjet-Imperium zerfallen und hatte seine osteuropäischen Satellitenstaaten freigegeben. Die Gründe für den historischen Wandel, den der polnische Dissident und spätere Sozialminister Jacek Kurón als »nur mit dem Untergang des Römischen Reiches vergleichbar«[3] sieht, sind vielfältig.

»Der Faktor ›Gorbatschow‹ allein genügt nicht als Erklärung«, schreibt Timothy Garton Ash, einer der besten Kenner der politischen Entwicklung Osteuropas, »warum diese regierenden Eliten nicht viel vehementer ihre eigene, immer noch ausgezeichnete Polizei und ihre Sicherheitskräfte einsetzten, um ihre Macht und ihre Privilegien in einem letzten Abwehrkampf zu verteidigen.«[4] Die Vorgänger dieser KP-Politiker hatten ja in Osteuropa schon mehrfach mit Panzern und Gewehren ihre Herrschaft zementiert: in Berlin 1953, in Budapest 1956, in Prag 1968 und in Warschau 1981. Ash zieht den lapidaren Schluss, dass die Macht-Elite einfach den Glauben an ihr eigenes Recht zu regieren verloren habe.

Andere, banale Kräfte dürften wohl ebenfalls im Einsatz gewesen sein: Der ökonomische Abstand zwischen den Wirtschaftsblöcken in Ost und West klaffte immer weiter auseinander, und die kommunistischen Volkswirtschaften erwiesen sich trotz Dutzender Reformprogramme als unreformierbar. Zu mächtig war bei aller Detail-Liberalisierung der übergeordnete Machtanspruch der Partei.[5] Es gab keine Steuerung von Investitionen und Nachfrage durch Preise – im Gegenteil, ein undurchsichtiger Lobby-Filz zwischen den mächtigsten Managern und regionalen Politikern hatte die Länder überwuchert. Eine politisch verordnete Scheinvollbeschäftigung, die nicht mit den betrieblichen Notwendigkeiten zusammenpasste, behinderte jegliche Effizienz. Künstlich niedrig gehaltene Lebensmittel-, Energie- und Mietpreise bei gleichzeitiger Güterknappheit ließen Manager wie Konsumenten immer wieder irrational entscheiden. Man hortete alles, was gerade zu haben war, von Seife bis zu industriellen Halbfertigerzeugnissen. Pläne und Vorgaben waren oft Makulatur, und die »zweiten Ökonomien« der Kleinbauern, Mini-Händler und Pfuscher bekamen eine immer größere Bedeutung.[6]

17

Speziell die UdSSR wurde zusätzlich durch die Reaganschen Rüstungsprogramme unter Druck gesetzt. Polen und Ungarn standen schon am Rande des finanziellen Kollaps. Beide Länder hatten sich innerhalb weniger Jahre massiv im Ausland verschuldet und konnten die Rückzahlungen und Zinsen nur mehr unter äußerster Anstrengung leisten. Neue Kredite gab es nicht. Und schließlich war bei der Bevölkerung in den einzelnen Staaten die Legitimität der Herrschenden nur mehr sehr rudimentär vorhanden. Intellektueller Dissens hatte sich trotz aller administrativer und geheimdienstlicher Schikanen über die Jahre immer stärker entwickelt.»Dissens hat den Fall des Kommunismus nicht bewirkt«,[7] schränkt zwar der ungarische Philosoph G. M. Tamás ein. Er habe aber zweifellos einen wichtigen Beitrag geliefert.

Im Zentrum des zerbröselnden Imperiums versuchte Gorbatschow mit verschiedenen Liberalisierungsmaßnahmen noch verzweifelt, die Kommunisten, zumindest gemeinsam mit anderen gesellschaftlichen Gruppen, an der Macht zu halten. Einer dieser Versuche war das Zulassen des runden Tisches in Polen, wo die KP die Gewerkschaftsbewegung Solidarność einzubinden versuchte.»Es hat nicht funktioniert«, schließt der Politologe Daniel Chirot. Die Legitimation der Regime war an ihrem Ende angelangt,»die moralische Basis des Kommunismus hatte sich aufgelöst.[8]«

Erwartet hatte das kaum jemand – zumindest nicht in dieser atemberaubenden Geschwindigkeit. Der britische Historiker Ash, der in engem Kontakt mit den damals führenden Dissidenten wie Václav Havel oder Adam Michnik stand, konnte sich selbst nicht vorstellen, dass»die Machtlosen derart schnell zu Mächtigen und die Mächtigen derart machtlos würden.[9]« Aber nicht nur die intellektuellen Beobachter vor Ort, auch die Unternehmer und Manager im Westen wurden von der Entwicklung völlig überrascht. Der amerikanische Ökonom John Kenneth Galbraith schreibt in seinen Erinnerungen:»Jede Behauptung, irgendjemand hätte diese enorme Entwicklung vorhergesehen, müsste ernsthaft angezweifelt werden.«[10] So standen auch westliche Banker, Industrielle und Entrepreneurs fast über Nacht vor einer völlig neuen Situation – mitten in Europa, vor ihrer Haustüre.

## Was tun – auf Kapitalistisch?

Osteuropa wurde von den internationalen Konzernen sofort als riesiger neuer Absatzmarkt erkannt. Man wusste von den Knappheiten der Mangelökonomien und sah schon gigantische zusätzliche Stückzahlen, die man würde verkaufen können. Allein die Automobilhersteller kalkulierten für Osteuropa inklusive Russland einen Bedarf von drei Millionen Einheiten pro Jahr.[11] Die großen Han-

*Jetzt gibt es alles – aber zu welchen Preisen? Ein Markt in Lubljana*

delsketten entwarfen ihrerseits recht schnell Eroberungspläne und wussten bald, wo sie ihre bunten Fähnchen auf die weißen Flecken der Landkarte stecken würden.

Obwohl anfangs noch etwas unsicher, witterte auch die Industrie gleich nach der Wende ihre Chance. »Wir haben gerechnet und gerechnet und es zuerst selbst nicht geglaubt«, erinnert sich Herbert Reimitz, der Anfang der 90er Jahre als Produktions-Direktor bei Philips-Österreich in Wien arbeitete. »Plötzlich waren wir wieder mit asiatischen Standorten konkurrenzfähig.« Die Kalkulationen des niederländischen Elektronik-Multis bezogen sich auf mögliche zusätzliche Fabriken im benachbarten Ungarn. Der Philips-Konzern war weltweit in Turbulenzen geraten. Eine gigantische Restrukturierung sollte den Riesen retten, wobei die Schließung zahlreicher Produktionsbetriebe zur Diskussion stand. Auch eines der österreichischen

Werke, jenes im Kärntner Ort Treibach-Althofen, war auf der roten Liste. Verzweifelt überlegte das Wiener Philips-Management, wie man Treibach retten könnte.

Reimitz entwickelte folgende Strategie: Durch eine Eingliederung in ein Netz von Niedriglohn-Fabriken, die im Zuge der Öffnung Osteuropas der Reformstaaten über Nacht vor der Haustüre entstanden waren, könnte man den österreichischen Standort absichern. Die Arbeitsteilung sollte folgendermaßen funktionieren: Entwicklung und Prototypenbau würden weiterhin in Österreich erfolgen, ebenso die Montage von komplexen Schlüsselkomponenten oder anspruchsvollen Hi-End-Geräten. Die simplere Massenfertigung mit höheren Anteilen an manueller Arbeit sollte nach Ungarn verlegt werden. »Das ist aufgegangen«, freute sich Reimitz im Nachhinein. Es gelang ihm nicht nur, den angeschlagenen Standort nahe dem Kärntner Seengebiet zu erhalten, die Verbundfertigung brachte noch andere, unerwartete Folgen mit sich: »Wir konnten sogar manche Produktionen aus dem fernen Osten wieder nach Europa zurückholen.«

Philips war zu dieser Zeit nicht der einzige westeuropäische Konzern, der sich in Schwierigkeiten befand. Die Kosten hatten auch anderen Riesen in den Jahren zuvor davonzulaufen begonnen. Die Europäer konnten sich aber noch nicht zu jenen einschneidenden Reorganisationsmaßnahmen durchringen, die ihre US-Konkurrenten teilweise schon hinter sich hatten. Diese Maßnahmen, später als »Reengineering« oder Umbau in Richtung »Lean Manufacturing« beschrieben, sollten noch sehr schmerzhaft werden.[12]

Ein weiterer Kostentreiber neben der umständlichen, bürokratischen Organisationform der Unternehmen, war die harte Währung einiger europäische Länder. Dies betraf vor allem Frankreich und Deutschland bzw. den gesamten Wirkungsbereich der DM, also auch die Niederlande und Österreich. Während etliche nord- und südeuropäische Länder wiederholt durch Währungs-Abwertungen dieser Kostenerhöhung zu entgehen versuchten, beschleunigte die harte DM diesen Prozess. Die unerwartet teure Eingliederung der ehemaligen DDR in die Bundesrepublik verschärfte die Situation noch weiter.

Vor diesem Hintergrund hatten schon viele europäische Unternehmen die Auslagerung von Fertigungsstätten in Billiglohnländer, vor allem nach Südostasien, überlegt.[13] Die Öffnung Osteuropas sollte ihnen nun völlig neue Perspektiven eröffnen, wie das Beispiel Philips zeigt. Aber es waren nicht nur die niedrigeren Löhne, die die westlichen Industriemanager lockten. Neben Kapital und Energie war eine neue Messzahl zunehmend wichtiger geworden – die Zeit. Die arbeitsteilige Fertigung mit einer ausdifferenzierten Zuliefererstruktur hatte sich mehr oder weniger stark am sogenannten »Just-in-Time-System« orientiert. Dabei baut der Produzent keine großen Lagerbestände mehr auf, sondern lässt sich von seinem Zulieferer die Bauteile unmittelbar vor deren Einbau ans Montageband bringen. Das spart gebundenes Kapital, setzt aber große Termintreue und Verlässlichkeit voraus, da es sonst zu Produktionsunterbrechungen kommt.

Analog zur Zeitverknappung innerhalb der Produktionskette agierten auch die Kunden der Industrie im Großhandel immer kurzfristiger. »Oft wird von einem Tag auf den anderen bestellt«, erzählt ein Manager des Waschmittelerzeugers Henkel im slowenischen Marburg. »Wenn beispielsweise eine Handelskette in zwei Wochen eine große Sonderaktion starten möchte und wir nicht kurzfristig liefern können, kriegt den Auftrag ein anderer.« Unter dem Aspekt des Zeitdrucks bzw. der Marktnähe betrachtet, wurden die osteuropäischen Länder für die westlichen Konzerne noch interessanter. Aber für einen wirklichen »Marsch nach Osten« mussten erst grundsätzliche rechtliche und politische Entscheidungen bezüglich der Wirtschaftsverfassung der nun freien Staaten fallen, beispielsweise bezüglich der Behandlung ausländischer Investoren sowie der Möglichkeiten, bestehende Unternehmen oder Unternehmensteile zu übernehmen – sie also zu privatisieren.

## Der Umbau des Schiffes auf hoher See

Die alten kommunistischen Eliten hatten die Macht also unblutig abgegeben. Nur die Prager Geheimpolizei wollte bei den letzten Demonstrationen gegen die KP noch zeigen, was sie konnte, und in Rumänien kam es einer kurzen, blutigen Revolution. Plötzlich sahen sich die ehemaligen Dissidenten und Mitverhandler der runden Tische an den Hebeln der Macht in den Staatskanzleien, Parlamenten und Präsidialbüros. Es waren Dichter und Historiker, Philosophen und Schriftstellerinnen, aber kaum Frauen und Männer mit praktischer politischer und ökonomischer Erfahrung. Selbst ein deklarierter Sympathisant der Demokratisierungsbewegungen, der Brite Ash, kritisiert die Intellektuellen für ihren Mangel an Praxisbezug. In einem Aufsatz über drei Symbolfiguren des Wechsels, den Tschechen Václav Havel, den Ungarn György Konrád und den Polen Adam Michnik, stellte er schon 1990 »Schwächen« bei allen dreien fest: »Auffallend ist, dass sie die gesamte Seite des materiellen Lebens in ihren jeweiligen innenpolitischen Analysen vernachlässigen und wirtschaftliche Aspekte missachten.«[14]

Ein deutsch-amerikanisches Politologen-Team geht in seiner Kritik sogar noch weiter. Zwar gestehen Jon Elster, Claus Offe und Ulrich Preuss den Dissidenten eine gewisse Mitarbeit beim Sturz der alten Regime zu, aber die Lücke nach dem Abgang der Kommunisten sei dennoch riesengroß gewesen: »Es gab keine Gegenelite, keine Theorie, keine Organisation, keine Bewegung, keinen Entwurf bzw. kein Projekt, nach deren Visionen oder Rezepten der Zusammenbruch erfolgte.«[15] Aus diesem Grund bildete sich, im Gegensatz zu »klassischen« Revolutionen, nicht sofort ein neues Gewaltzentrum, das nach einem ausgearbeiteten Plan an den Umbau der Gesellschaft ging. Im Gegenteil, es entwickelte sich eine Art »subjektloser« Prozess. »Wie es keine klare Antwort darauf gibt, wer eigentlich das alte System zum Verschwinden brachte, so gibt es ebenso wenig eine Antwort darauf, wer dazu ermächtigt ist, die Gesellschaft in eine bessere Zukunft zu führen.«[16]

Erste grobe politische Lager bildeten sich heraus. Auf der einen Seite gab es die demokratischen Reformkräfte, ihnen gegenüber standen alte KP-Eliten, die die Wende politisch überlebt hatten und nun teilweise im Wandlungsprozess hin zu neuen sozialdemokratischen Linksparteien begriffen waren. Schließlich bildeten sich dazwischen auch wiederbelebte Vorkriegsformationen aus Bürgertum und Bauernstand.

Von ihren Themen oder ihrem Politikverständnis her kann man den »Modernisierern« die »Traditionalisten« gegenüberstellen, wobei hier die Bruchlinien schon nicht mehr entlang der klassischen Parteigrenzen im Links-Rechts-Schema verliefen. Wie sich später in Ungarn zeigen sollte, war die erste Rechtskoalition weit weniger modernisierungs- und internationalisierungsfähig als die ihr folgende Linkskoalition unter den Ex-Kommunisten. In Polen wiederum bremste die 1992 an die Macht gekommene Linksregierung die Privatisierungspolitik zwar etwas ein, brach aber nicht grundsätzlich mit ihr. Auch nationalistische und chauvinistische Strömungen – etwa mit Antisemitismus oder Roma-Feindlichkeit untersetzt – bildeten sich rasch heraus.[17]

Die Politologen fassen zusammen: »Der Verlauf der politischen Ereignisse leidet daher an allen Symptomen eines unreifen Systems

*Hier putzen keine Romanschriftsteller mehr, wie von Milan Kundera beschrieben. Ein Hotel in Karlsbad*

von Parteien und Parteipolitik: niedrige Mitgliedschaft, niedrige Wahlbeteiligung, ein hoher Anteil an Volatilität nicht nur bei den Wählern, sondern auch bei den Abgeordneten: Sie wechseln die Parteien, spalten sie, gründen neue.«[18]

Nun stellte sich dieser heterogenen politischen Klasse aus unerfahrenen, idealistischen Neulingen und alten demokratiefremden Kadern eine Fülle von Problemen zur gleichen Zeit. Es galt, die rechtlichen und administrativen Grundlagen demokratischer Staaten aufzubauen, gleichzeitig die Wirtschaft völlig zu reformieren und soziale Fragen dabei nicht aus den Augen zu verlieren. Das entsprach tatsächlich einem »Umbau des Schiffes auf hoher See«.

Der Aufbau demokratischer politischer Strukturen ging unter diesen Voraussetzungen dennoch erstaunlich schnell und reibungslos vor sich. Innerhalb weniger Jahre – oft schon nach Monaten – waren den emotionsgeladenen Kundgebungen und theatralisch inszenierten Umbenennungen der Staaten von Volksrepubliken in Republiken wirkliche institutionelle Veränderungen gefolgt. Überall wurden Verfassungen beschlossen, nur in der Tschechischen und Slowakischen Republik erfolgte dieser Schritt wegen der Teilung des Staates erst später. Alle diese Verfassungen enthielten die westlichen Grundrechtskataloge von Freiheit und Eigentum. Die institutionelle Gewaltenteilung wurde bis hin zur Einrichtung von Verfassungsgerichten festgeschrieben. Aus der sozialistischen Tradition abgeleitet, enthielten diese Verfassungen auch positiv formulierte Rechte, die in einem liberalen Staat eigentlich nur schwer zu garantieren sind, wie z. B. das Recht auf Arbeit oder auf gleichen Lohn für gleiche Arbeit. Insgesamt kann man die Verfassungsgesetzgebung als Erfolg werten.»Wenn man den bloß symbolischen Charakter der kommunistischen Verfassungen bedenkt, dann bedeutete das einen ganz radikalen Bruch mit der Vergangenheit.«[19]

Ein ebensolcher fand auch im politischen Alltag statt. Das offene Aufeinandertreffen unterschiedlicher Argumente, der kontroverselle Diskurs in den Parlamenten und in der Presse war für die politikentwöhnten Bürger ein Schock. Ihnen bot sich ein meist verwirrendes Bild unterschiedlicher Parteien und Positionen. Nur allzuoft reagierten sie mit Verweigerung und Rückzug.

»Was mich am Systemübergang in Osteuropa immer noch am meisten wundert«, bemerkte der Wiener Politikwissenschaftler Christian W. Haerpfer in einem Gespräch,»ist, dass die alten Kader keinerlei Umsturzversuche gewagt haben. Denn am Anfang waren die Demokraten in einer eindeutigen Minderheitenposition, sie hielten bei bloß einem Drittel Zustimmung in der Bevölkerung.«

Die Bürger nutzten ihre neuen Rechte bald – in der Wahlzelle. Fast alle Regierungen wurden schon nach einer Legislaturperiode wieder abgewählt. Die instabilen Kabinette wechselten oft sogar schon vor den Wahlen. Die Richtungswechsel kurz zusammengefasst: In Polen folgte der ersten rechtsliberalen Regierung eine postkommunistische, und diese wurde wieder von einer Rechtskoalition abgelöst. In Ungarn war die Folge ebenfalls rechts, links, rechts – in Tschechien hingegen rechts, rechts, links. In der Slowakei gelang dem linksnationalen Vladimír Mečiar nach einer parlamentarischen Abwahl die

Rückkehr an die Macht, und zuletzt setzte sich eine breite Rechts-links-Koalition gegen ihn durch. In Slowenien wurde nach einer linken Regierung die rechtsliberale Koalition im Amt bestätigt.

Unabhängig davon gehören die Staatspräsidenten oft anderen Lagern an als die Regierungschefs: Der Ungar Arpád Göncz ist Linksliberaler, der Pole Aleksander Kwaśniewski war einst KP-Jugendfunktionär, sein Amtskollege in Laibach, Milan Kučan, gar KP-Chef Sloweniens. Václav Havel, Symbolfigur des Widerstandes gegen die Kommunisten, focht seine Kämpfe mit dem strikten Marktwirtschaftler Václav Klaus, und zwischen Michal Kováć und Vladimír Mečiar gab es in Bratislava einen offenen Machtkampf.

»Die Bereitschaft der Wähler, Parteien abzuwählen, beweist, dass die Demokratie funktioniert. Die Bevölkerung hat nun die Möglichkeit, eine Regierung aus ihrem Amt zu entlassen«, schreibt Richard Rose, der eine länderübergreifende Umfrage zum Meinungsklima in den Reformstaaten erstellt hat. »Dies bedeutet nicht«, fährt Rose fort, »dass sich die Menschen damit gegen die Demokratie stellen, sondern vielmehr, dass sie sich auf das praktische Experiment der Suche nach einer Regierung einlassen, unter der das neue System besser funktionieren kann.«[20] Die letzten Umfragen haben dabei ergeben, dass die Bewohner der Reformstaaten zwar zu einem guten Teil nostalgisch auf die alten kommunistischen Regime zurückblicken, wohl vor allem wegen der damals geltenden Arbeitsplatzgarantie und der sozialen Sicherheit. Geht es aber um essenzielle Fragen der Demokratie, etwa um die Existenz des Parlaments oder die Ablehnung einer Wiederkehr des Kommunismus, dann gibt es mit 75 bis 85 Prozent klare Mehrheiten für die neuen demokratischen Systeme. Diese Zahlen weisen darauf hin, dass eine zweite kommunistische Revolution ausgeschlossen scheint.[21]

Dieser Meinung schließt sich auch einer der profiliertesten politischen Köpfe der Region, Adam Michnik, an, der früher Dissident war und jetzt als Chefredakteur die Warschauer Tageszeitung »Gazeta Wiborcza« leitet. Die Kommunisten hätten zwar nach der Wende, d. h. während ihrer Regierung ab 1992, versucht, die Privatisierung und die Reform der lokalen Selbstverwaltung zu bremsen. »Dennoch hat für eine große Mehrzahl ihrer Anhänger das letzte Jahr eine Enttäuschung gebracht«, schrieb er 1993, »die guten alten Tage sind nicht wiedergekehrt: der Wohlfahrtsstaat, die

Wirtschaft ohne Arbeitslosigkeit, Gratisurlaube für Angestellte, freie Bildung und freie Gesundheitsvorsorge.«[22] Auch die neuen Linken mussten die ökonomische Realität zur Kenntnis nehmen.

## Welche Art von Marktwirtschaft?

In allen fünf Reformstaaten war klar, dass man ein marktwirtschaftliches System einführen wollte. Nur welches? Noch viel stärker als im politischen Bereich trafen hier unterschiedlichste Interessen aufeinander. Sollte man gleich auf einen Kapitalismus à la Reagan oder den des angeblich so erfolgreichen Transitlandes Chile setzen? Oder wäre es klüger bzw. vorsichtiger, den Weg einer gemischten Ökonomie mit einem relativ großen Staatsanteil am Bruttoinlandsprodukt zu wählen, wie ihn Österreich oder Frankreich gegangen waren?

International war Anfang der 90er Jahre der Monetarismus die dominierende ökonomische Theorie. Die westlichen Wohlfahrtsstaaten hatten zunehmend Budgetprobleme bekommen. Die liberale US-Wirtschaft schien ein positives Beispiel abzugeben. Das Finanzkapital hatte sich weitgehend von Beschränkungen befreit und suchte quer über den Globus nach kurzfristigen Anlagemöglichkeiten. Experten von Währungsfonds und Weltbank sollten in Osteuropa einen maßgebenden Einfluss bekommen. Ungarn und Polen waren hoch verschuldet, und auch die anderen Länder Osteuropas brauchten Kredite für die Modernisierung. Die Weltbank-Ökonomen waren ebenfalls überzeugte Monetaristen. Und schließlich boten sich in erster Linie US-amerikanische Wirtschaftswissenschaftler als Berater an. Einer der bekanntesten der »Chicago Boys« war der fast zum Star stilisierte Jeffrey Sachs. Auch diese Experten hatten ein klares, einfaches Bild von der Ökonomie: Man müsse mit einem Liberalisierungs-Schock den alten KP-Knoten durchschlagen, der Rest würde sich dann schon weitgehend von selbst regeln.

Eine besondere Gefahr sahen die neuen demokratischen Politiker von den alten KP-Eliten ausgehen. Sie fürchteten, dass diese sich zwar still und heimlich aus der Politik verabschiedet hatten, aber umso stärkere Positionen in der Wirtschaft einnehmen könnten. In Ungarn, aber auch in anderen Ländern hatte es schon recht bald unkontrollierte Privatisierungen gegeben, bei denen Unternehmen sang- und klanglos in den persönlichen Besitz ihrer Manager übergegangen waren.

Dieser Plan dürfte in Einzelfällen aufgegangen sein, hat sich aber nicht als allgemeines wirtschaftliches Modell durchgesetzt. »Zu unserer Überraschung fand ein substanzieller Austausch von Eliten während der Transformation statt«,[23] berichten die Forscher Eyal, Szelényi und Townsley. Nur etwa die Hälfte der Inhaber von Nomenklatura-Positionen im Jahre 1988 hielt fünf Jahre später noch Jobs mit Entscheidungsmacht – die meisten davon überdies nur mehr auf einer eher bescheidenen Ebene. Ein Fünftel der alten Eliten besitzt nach der Wende irgendeine Art von Geschäft oder Unternehmensanteil. Aber auch hier handelt es sich eher um Mini-Consultingfirmen denn um Aktienmehrheiten an großen Firmen. »Es gibt eine Kleptokratie«, schließen die Autoren aus ihren Untersuchungen über mehrere postkommunistischen Staaten.«Aber die Anzahl wirklich erfolgreicher Kleptokraten scheint sehr klein zu sein. Die Diebe scheinen keines der Länder zu regieren, das wir untersucht haben.«[24] Einer persönlichen Bereicherung in größerem Umfang seien – so die Autoren – eine sensibilisierte Öffentlichkeit und freie Medien entgegengestanden.[25] Dennoch ragen in ehemals egalitären Gesellschaften neue Reiche schnell aus der Masse hervor. Die großen Limousinen, die neuen Luxusvillen, die Versace-behängten Ehefrauen werden sehr schnell wahrgenommen, und zwischen den erwirtschafteten Gewinnen aus erfolgreich neu gegründeten Unternehmen und unrechtmäßig Erworbenem sehen die nicht zu Reichtum gekommenen Menschen oft keinen Unterschied. Die Bürger der Reformstaaten betrachten die sich öffnende Kluft zu den Wohlhabenderen jedenfalls mit großem Unbehagen. In Umfragen haben 75 bis 85 Prozent von ihnen zu Protokoll gegeben, dass die meisten Reichen unrechtmäßig zu ihrem Geld gekommen seien.[26] Das mag zwar in dieser Dimension unrealistisch sein, aber tatsächlich gibt es in allen Ländern große Gauner, und in der Slowakei unter Premier Mečiar schien das Verschenken von Staatsbesitz an persönliche und Parteifreunde eine Zeit lang üblich gewesen zu sein.[27]

Beim ökonomischen Umbau der neuen Demokratien war es freilich nicht damit getan zu verhindern, dass einer das Tafelsilber davontrug. »Es ging nicht darum, bloß eine dünne Schicht von Regulierungen von verzerrten, aber grundsätzlich existierenden Märkten zu entfernen. Es ging auch nicht um die Privatisierung einer Handvoll Unternehmen im Staatsbesitz. Die Aufgabe bestand darin, die grundlegenden Fundamente des Kapitalismus zu schaffen.«[28]

Die Politiker in den einzelnen Ländern folgten zwar nicht genau in derselben Geschwindigkeit denselben Rezepten, die wesentlichen Ingredienzien waren aber doch überall dieselben: Preisliberalisierungen und Subventionskürzungen sollten zu wirklichen Märkten führen; zur Strukturbereinigung und Modernisierung sollten Staatsbetriebe privatisiert, die ineffizienteren unter ihnen geschlossen werden; die Wechselkurse sollten sich tendenziell in Richtung Freigabe bewegen; nach dem Preisschock sollte eine restriktive Finanz- und Budgetpolitik zu Stabilität führen.[29]

Bei derart großen Systemumbauten gibt es ein besonderes Dilemma, das auch als »orthodoxes Paradox« bezeichnet wird. Demzu-

*Der kleine und der große Kapitalismus. Straßenhändler in Warschau*

folge ist ein starker Staat nötig, damit sich dieser kontrolliert aus früheren Funktionen zurückziehen und sie geregelt an den Markt übergeben kann.[30] Aber die Staaten Ostmitteleuropas waren nicht stark. In der Folge entstanden in vielen Bereichen der Wirtschaft unkontrollierte Leeräume, die von Kriminellen und Monopolprofiteuren besetzt wurden. So führten die ersten, schockartigen Preisfreigaben in vielen Bereichen zu gewaltigen Monopolgewinnen, weil allein die Freigabe ohne konkurrenzierende Unternehmensstruktur dahinter noch keine Märkte schafft. »Wenn das alte Verteilungssystem zusammenbricht, werden einige Individuen mit guten Verbindungen schnell sehr reich, weil sie wissen, wo man die knappen Güter noch zu niedrigen Preisen bekommen kann.«[31]

Die Gründe für die schnellen und radikalen Preisfreigaben waren mehrschichtig (nur Ungarn führte die Liberalisierungen schrittweise durch und hatte schon früher etliche Subventionierungen reduziert). Einerseits wollten sich die Regierungen die politischen Qualen mehrerer Preiserhöhungen und den dadurch notwendigen Verwaltungsaufwand ersparen. Andererseits hatten die Menschen die Güterknappheit bei vollen Geldbörsen und das Schlangestehen vor den Geschäften längst satt. Und schließlich gab es auf Grund der jahrelangen Mangelwirtschaft einen Geldüberhang, der durch die Liberalisierung und die folgende Inflation abgebaut wurde. Denn die Inflation schnellte hinauf wie eine Giftschlange. In Polen lag sie 1990 bei mehr als 500 Prozent, im Jahr darauf immer noch bei 70 Prozent. 1992 verzeichneten Ungarn und die Tschechoslowakei 35 bzw. 56 Prozent Geldentwertung. Die Auswirkungen auf die privaten Haushalte waren enorm. Kaufkraft und Realeinkommen gingen deutlich zurück.

Die staatlichen Unternehmen kamen jetzt von mehreren Seiten unter Druck: Die Binnennachfrage verringerte sich mit dem Kaufkraftrückgang. Ein teilweise oder ganz liberalisierter Außenhandel führte zu Importen westlicher Konsumgüter, sei es über Großhändler, sei es als Kofferraumimporte. Die nach westlichen Geräten und Marken gierende Bevölkerung leerte ihre Devisensparstrümpfe. Der sparende Staat nahm zumindest einen Teil seiner Subventionen zurück. Und schließlich zerfiel noch das osteuropäische Handelsbündnis COMECON bzw. der Rat für gegenseitige Wirtschaftshilfe (RGW). Innerhalb dieses Rahmens hatten die ostmitteleuropäischen Staaten unter sowjetischer Lenkung arbeitsteilig in großen Mengen produziert. In Ungarn wurden beispielsweise Busse, in der Tschechoslowakei Panzer oder LKWs für den gesamten Ostblock produziert. Ähnlich erging es Slowenien beim Austritt aus Jugoslawien, das ebenfalls ein arbeitsteiliger, wenn auch kleinerer Binnenmarkt gewesen war.

Bei den Unternehmen stellte sich jetzt eine unangenehme Frage, von der langfristig die Struktur ganzer Volkswirtschaften abhängen konnte, kurzfristig das Wohl und Weh von Regionen oder Städten. In Ostmitteleuropa findet man sehr häufig »Company Towns«, also Städte, die sehr stark von einem oder zwei Großbetrieben abhängig sind. Welche waren also die profitablen und welche die verlustbringenden Unternehmen? Aus der Vergangenheit hatten die Firmen zwar Schuldenberge geerbt, aber es gab keine betriebswirtschaftlichen Kalkulationen über gegenwärtige oder künftige Cash-Flows, keine Markterhebungen, keine präzisen Untersuchungen über Chancen oder Risken. Es drohten Fehler in beide Richtungen: Profitable Unternehmen aufzulösen, hieß, ökonomische Substanz zu vernichten, unprofitable weiterzuschleppen, bedeutete wiederum, anderen, besseren Firmen die knappen Mittel zu entziehen.[32]

Darauf gaben die Wirtschaftspolitiker keine endgültige Antwort, eher setzte sich eine lückenschließende Ad-hoc-Politik durch. Wer am lautesten schrie, bekam Subventionen. Auf diese Weise bestand das alte Regional-Lobbying-System weiter. Gestrichene Direktzahlungen tauchten bald als indirekte Zuschüsse anderswo wieder auf. Dennoch gab es Unterschiede zwischen den Ländern: Ungarn setzte 1991/92 sein Konkursrecht relativ weitläufig ein. Davon waren mehrere Tausend Unternehmen betroffen, und als man das Ausmaß der Folgen erkannte, nahm man dem Gesetz wieder seine Schärfe. In der Tschechoslowakei, wo man sich mit der schnellen Coupon-Privatisierung äußerst marktwirtschaftlich gebärdete, ließ man in Wahrheit kaum einen der alten Industriegiganten sterben, weil die staatlichen Banken lange Zeit ungebremst weiter finanzierten. Polen und Slowenien nahmen mittlere Positionen ein.

Die Privatisierung sollte bei der Umstellung der Wirtschaftssysteme eine Schlüsselrolle spielen. Meist folgte sie grob diesem Muster: Begonnen wurde mit der Restitution enteigneter Grundstücke, Häuser und Unternehmen. Dabei gab es hinsichtlich der Berechtigung allerdings eine Vielzahl von Einschränkungen. So wurden etwa in Tschechien nur jene Vermögen zurückerstattet, die im Rahmen der kommunistischen Verstaatlichung beschlagnahmt worden waren, nicht jedoch jene von vertriebenen Deutschen. Eine allgemeine Rechtsunsicherheit bezüglich der Ansprüche sollte noch viele Jahre den Wirtschaftsablauf stören. Dieser Prozess ist auch heute längst noch nicht überall abgeschlossen.

Nach dem Auftakt der Restitution folgte fast überall die so genannte »kleine Privatisierung«, also die von Bauernhöfen, Gasthäusern, kleinen Gewerbe- und Handelsbetrieben. Diese wurde im Großen und Ganzen erfolgreich durchgeführt. Die neuen Selbstständigen kämpften allerdings meist mit ähnlichen Problemen: mit

Kapitalmangel und Kreditknappheit sowie mit unzureichendem Managementwissen.

Den größten Brocken stellten die großen Industrieunternehmen dar, die die Wirtschaft Ostmitteleuropas dominierten. Hier stellten sich grundsätzliche Fragen: Sollte man die Unternehmen schnell privatisieren oder in einem langsamen, sorgfältig kontrollierten Prozess? Und zweitens, sollten die Betriebe, die als Staatseigentum eigentlich der Bevölkerung gehörten, an diese mittels Anteilscheine direkt übergeben werden, oder sollte man die Unternehmen an Ausländer verkaufen und das Geld über das Budget der Bevölkerung zukommen lassen? Schließlich gab es noch die Möglichkeit, dass Belegschaft und Management via Kredit die eigene Firma übernahmen.

In Prag gab man eine klare Antwort. Man wollte rasch möglichst viele Unternehmen privatisieren und die Bevölkerung durch Coupons daran teilhaben lassen. Überfallsartig sollte auf diese Weise eine Art Kapitalmarkt entstehen, in dem die Menschen ihre Anteile kaufen und verkaufen könnten und damit auch gleich ein Kapitel Kapitalismus lernen würden. In Budapest sah man die Sache anders: Man wollte eher an Ausländer verkaufen, dies aber langsam und planmäßig. Um einen möglichst hohen Preis zu erzielen, sollten zuvor viele Angebote eingeholt werden. Die Ausländer sollten in Ungarn für den lokalen Markt und für den Export produzieren und durch Konkurrenz untereinander für eine Modernisierung und ein niedriges Preisniveau sorgen.

Soweit die Theorie. In beiden Fällen kam es anders als geplant. Die tschechische – und im ersten Durchgang auch slowakische – Privatisierung ging zwar sehr schnell über die Bühne, aber die erwünschten Effekte traten nicht ein. Denn die neuen Kapitalisten, sprich die Bürger, machten zumeist schnelle Profite, und innerhalb kürzester Zeit befand sich ein großer Prozentsatz der Anteilscheine im Besitz einiger Fonds, die wiederum bei den noch mehrheitlich staatseigenen Prager Großbanken angesiedelt waren.

Was die »Corporate Governance«, also die Führungskultur der Unternehmen, anging, ergab sich eine unglückliche Situation. Die Banken waren Kreditgeber der Unternehmen und gleichzeitig Anteilseigner. Allerdings hielten sie nur wenige Prozent an den einzelnen Firmen und bekamen damit kaum Einfluß. Die Manager, die sich meist aus der alten, kommunstischen Zeit herübergerettet hatten, konnten die Betriebe weiterhin nach Belieben führen. Dadurch stagnierte der Zufluss neuer Technologie von außen, die Firmen konnten auch kaum zusätzliche internationale Märkte erobern. Gewaltige Schuldenberge türmten sich sowohl zwischen den Unternehmen als auch bei den Banken auf. Ab der Jahreswende 1998/99 begannen einige der großen Konzerne zu wanken, und der Staat musste sie auffangen bzw. die unsauberen Kredite der Banken übernehmen. Tschechien rutschte in die Rezession, die Bereinigung des industriell-finanziellen Sektors wird auch in den nächsten Jahren noch sehr teuer sein.

Ungarn begann seine Privatisierungen wie geplant mit einigen Großansiedlungen ausländischer Investoren im Westen des Landes – und zwar auf Betriebsgeländen ehemaliger Staatsfirmen. Die Automobilkonzerne Opel und Audi gehörten zu diesen Unternehmenspionieren. Ungarn gewährte den Newcomern Steuerfreiheit für einige Jahre, sie durften in Zollfreizonen produzieren, und andere Produkte ihrer Konzerne waren beim Import bevorzugt.

Beim Erzielen hoher Preise für ihre Unternehmen zeigten sich die Ungarn freilich nicht immer erfolgreich. Erstens war die Substanz der angebotenen Betriebe nicht immer besonders gut. Und zweitens sprach sich in der westlichen Business Community bald eine gewisse Schlitzohrigkeit der ungarischen Manager herum, auf die man dort allergisch reagierte. Der Manager der Wiener Niederlassung eines Multis erinnert sich:»Wir hatten alles fertig zur Vertragsunterzeichnung ausgearbeitet. Unsere obersten Chefs sind nach Budapest geflogen, und als sie unterschreiben wollten, haben die Ungarn gesagt:›Der Preis ist jetzt um 20 Prozent höher.‹ Unsere Top-Manager sind aufgestanden und gegangen.« Ihre Worte über die ungarische Geschäftsgebarung waren alles andere als fein.

Dann kam die Krise, die überdies langwierige Preisverhandlungen verhinderte. Hier brach ein alter Staatsbetrieb zusammen, da rief ein Bürgermeister nach Hilfe, und auch die große Außenverschuldung des Staates gestattete kein Zuwarten. Ungarn verkaufte, was zu verkaufen war, und das so schnell wie möglich. Dabei beschränkte man sich nicht auf Industriebetriebe. Ungarn war das erste Land, in dem die Telefongesellschaft, Gas- und E-Werke und sogar Straßen privatisiert wurden. Der große Ausverkauf wurde von der Bevölkerung zwar mit Unbehagen registriert, aber die gewünschten Effekte traten bald ein: Die Infrastruktur wurde rasch modernisiert, die Industrie meldete einen Exportrekord nach dem anderen.[33] Polen führte die Privatisierung in einer Mischung aus tschechischem und ungarischem System durch. Es gab zwar eine Coupon-Privatisierung mit einer Reihe von Fonds, in denen sich bald die Coupons anhäuften. Man sorgte aber auf zweierlei Art dagegen vor, dass eine ähnlich prekäre Situation wie in Tschechien entstehen könnte: Einerseits halten die Fonds an den einzelnen Unternehmen so große Anteilspakete, dass sie – eventuell gemeinsam mit Partnern – dem Management in puncto Modernisierung ordentlich einheizen können. Andererseits werden die Fonds von ausländischen Management-Gesellschaften geführt, die nicht mit den Unternehmen verschachtelt sind. Neben dieser Privatisierung hat auch Polen viele seiner Unternehmen direkt an Ausländer sowie an Führung und Belegschaft verkauft. Die Investitionen internationaler Konzerne sind in den letzten Jahren sprunghaft angestiegen.

Slowenien ist wegen seiner Geschichte der Selbstverwaltung in Jugoslawien ein Sonderfall. Dort mussten die Unternehmen in einem komplizierten Verfahren erst in Kapitalgesellschaften umgewandelt werden, heute befinden sie sich meist im Eigentum staatlicher Fonds und der Belegschaft. Ausländisches Kapital spielt derzeit noch eine untergeordnete Rolle.

Das gilt auch für die Slowakische Republik. Nach einer ersten Welle von Coupon-Privatisierungen im gemeinsamen Staat mit den Tschechen fand dort eine umfangreiche Insider-Privatisierung an HZDS-Parteigänger von Premier Mečiar statt. Die neue Regierung unter Mikuláš Dzurinda versucht jetzt, mit großen Steuererleichterungen Ausländer zur Ansiedelung zu bewegen.

## Die Industrie als Motor

Auf welchen Fundamenten standen die leninistischen Diktaturen, wenn man deren eigene Theorie von politischem Überbau und ökonomischem Unterbau auf die ostmitteleuropäischen Staaten anwendet? Es waren Kohle und Stahl, Metallbearbeitung und Konsumgüterproduktion, Weiterverarbeitung agrarischer Güter in großen Fabriken, Rüstungsproduktion auf halbwegs internationalem Niveau. Aber das politische System hatte seinen Preis verlangt.»In den

70er Jahren verfügte die UdSSR über die weltgrößte, fortschrittlichste Wirtschaft – des 19. Jahrhunderts«, analysiert scharfzüngig der US-Wissenschaftler Daniel Chirot.[34] Das galt in gewisser Weise auch für die Volkswirtschaften der ostmitteleuropäischen Länder vor der Wende. Wohl wurde dort Elektronik für Unterhaltungsgeräte und Flugzeuge hergestellt, wohl gab es Waschmaschinen-, Radio- und Busfabriken, wohl fertigten die Ostdeutschen Wartburgs, die Polen Lizenz-Fiats und die Tschechen Škodas. Aber selbst die besten Autos der Region, die Škodas aus Mladá Boleslav, konnten sich nicht mit vergleichbaren westlichen Produkten messen. Andere, wie etwa Wartburgs oder Trabis, grundelten überhaupt in einer ganz anderen Spielklasse dahin. Exporte in die westeuropäischen Märkte spielten eine untergeordnete Rolle, man tauschte die wenig konkurrenzfähigen Industriegüter innerhalb des RGW-Raumes vor allem untereinander aus.

Die Industrie sollte später auch das erste Ziel westlicher Investoren sein. Und sie sollte in den zehn Jahren nach der Wende auch die entscheidende Rolle beim Umbau und bei der Modernisierung der Volkswirtschaften spielen. Als Erstes wurden die Lebensmittelkonzerne in der Region aktiv, da es in allen Ländern agrarische Vorprodukte sowie hungrige Konsumenten gab, die übrigens leicht für westliche Marken zu gewinnen waren. Allerdings rechneten sich Lieferungen aus dem Westen nur bei ganz bestimmten Produktgruppen. Also übernahmen die Österreicher, Deutschen, Italiener, Briten, Schweizer und Belgier osteuropäische Brauereien, Zuckerfabriken, Schokoladeerzeugungen und Molkereien. In den Regalen der osteuropäischen Supermärkte zwischen Danzig und Pécs fanden sich bald die Produkte von Nestlé, Danone, Stollwerck und Ottakringer, allerdings »made in Hungary«, »made in Poland« oder »made in the Czech Republic«. Den Export in den Westen verhinderten die geschützten Agrarmärkte der Europäischen Union fast gänzlich.

Diese Chance bot sich einer anderen Branche. Die Textilindustrie in Europa – und vor allem der Marktführer Italien – war Mitte der 80er Jahre in Schwierigkeiten geraten. Die Nachfrage ging zurück, und bei den Preisen schien das Limit erreicht. Darüber hinaus fingen die großen Handelsketten an, mit ihrer Einkaufsmacht und mit billigen Eigenmarken Druck auszuüben.[35] Die Bekleidungsindustrie stützte sich zwar schon damals zu einem Gutteil auf Sublieferanten, aber meist waren diese in den Ländern der Auftraggeber angesiedelt. Mit der Öffnung Osteuropas begann eine riesige Welle der Auslagerung. Allein zwischen 1988 und 1994 gingen in der EU mehr als 640.000 Arbeitsplätze in der Textilindustrie verloren, das entspricht etwa einem Drittel aller abgebauten Beschäftigten in der Industrie, die in dieser Zeit gezählt wurden. Und ein Großteil dieser Jobs wanderte in den Osten. Die italienischen, deutschen und englischen Textilhersteller kauften entweder Fabriken in den Reformstaaten oder vergaben Zulieferverträge an dortige Nähereien. Bei diesen Verlagerungen spielten auch die neuen Technologien eine Rolle, die beispielsweise die elektronische Übertragung von mailändischen Schnittmustern nach Ungarn oder Rumänien erlaubten. Darüber hinaus war auch hier die Marktnähe ganz entscheidend. Lieferzeiten ließen sich nun in Tagen kalkulieren, und nicht in Wochen oder teuren Flugstunden, wie bei Zukäufen aus Asien.

Der Marktanteil der osteuropäischen Reformstaaten an diesem »passiven Veredelungsverkehr« der EU stieg innerhalb weniger Jahre steil an. In der Bekleidungsbranche erreichte er 1994 schon mehr als die Hälfte – und das trotz der bereits langjährig eingespielten Auslagerungen nach Asien und trotz der traditionellen Nähe der Franzosen zu Nordafrika.[36] Diese Verlagerungen betrafen primär die großen Markenproduzenten, aber sie wirkten auch weit in die westeuropäischen mittelständischen Betriebe hinein. Der Kapitalbedarf für diese Erweiterung der Wertschöpfungskette war eher gering. Das gewichtigere Problem stellte die logistische Organisation dar. Die größte Knappheit bestand aber an Management-Kapazitäten.

Den Betrieben in den Reformstaaten brachte diese West-Orientierung sowohl Vor- als auch Nachteile. Auf der Haben-Seite standen der Marktzutritt in höherwertige Segmente unter dem Markennamen des Auftraggebers, ein Minimum an Lagerhaltung, sowohl auf der Einkaufs- als auch auf der Verkaufsseite, und vor allem eine strukturelle Verbesserung der Betriebe durch westliche Maschinen, Organisationsabläufe und Management-Methoden. Als negativ erwies sich sehr bald eine direkte, sehr kurzatmige Abhängigkeit sowie in manchen Unternehmen gar eine Entqualifizierung, weil die Fabriken nun nur mehr als verlängerte Werkbank dienten und vielfach bestehende Verkaufs- oder Design-Abteilungen stillgelegt wurden.[37]

Dazu kommt die sehr reale Gefahr, dass gerade jene Produktionen, die extrem lohnkostenabhängig sind und keine besonderen Qualifikationen voraussetzen, als Erste weiter nach Osten oder Südosten wandern werden, in die Ukraine oder nach Bosnien und Mazedonien. Am schnellsten wird diese Entwicklung die erfolgreichsten Reformstaaten treffen, wo die Lohnniveaus relativ betrachtet am höchsten liegen oder aber am schnellsten steigen: Slowenien, die Tschechische Republik und Ungarn.

Ebenfalls noch nicht klar sind die Auswirkungen der neuesten Produktionsmethoden in dieser Branche, zum Beispiel die so genannte »Mass-Customization«. Dabei wird ein Kleidungsstück dem Kunden mit Hilfe eines Laser-Scans individuell angepasst und danach herkömmlich industriell zusammengenäht. Die Preise liegen dabei unter jenen von Schneiderwaren, aber über denen einfacher Massenprodukte. Mit Hilfe der industriellen Maßfertigung, sei es von Anzügen oder Jeans, könnten Bekleidungsbetriebe in Hochlohnländern wieder konkurrenzfähig werden, und die Produktion könnte direkt in den Märkten, also nahe den westeuropäischen Metropolen, bleiben. Die Entwicklung könnte aber auch so verlaufen, dass sich die weiter entwickelten Länder Osteuropas höher qualifizieren und diese Technologien im gesamten Produktzyklus selbst anwenden. Dieser beginnt für ein neu designtes Kleidungsstück sehr vorsichtig mit Maß-Konfektion, bei Erfolg wird dann auf Massenproduktion klassischer Art umgestiegen, und am Ende der Laufzeit kehrt man wieder zu individuellen Kleinserien zurück.[38]

## Das Auto – mehr als nur ein Bubentraum

Eine der wichtigsten Branchen beim industriellen Neustart der Reformstaaten ist zweifellos die Automobil-Industrie. Fahrzeughersteller zählen in allen osteuropäischen Staaten zu den bedeutendsten Einzelinvestoren, etwa Deawoo, Fiat und Opel in Polen, Volkswagen in der Tschechischen und Slowakischen Republik, Audi, Opel, Suzuki und Ford in Ungarn, Renault in Slowenien. Abgesehen von den gewaltigen Geldzuflüssen liegen diese Fabriken auch auf anderen Bewertungsskalen ganz vorne: bei der Beschäftigung, bei fertigungstechnischen Innovationen, bei den regionalen Außenwirkungen auf Zulieferer und Dienstleister und vor allem bei der

Entlastung der jeweiligen Handelsbilanz durch Exporte ganzer Fahrzeuge oder hochwertiger Baugruppen. Die Motivation für die großen Autohersteller, sich in Osteuropa zu engagieren, war vielschichtig. Das Kostenproblem im eigenen Land wurde bereits erwähnt. Verlagerungen in die Reformstaaten – so überlegten die Unternehmer – würden außer der unmittelbaren Verbilligung auch die Begehrlichkeiten der Gewerkschaften zu Hause mäßigen. Außerdem würde man die jeweiligen Märkte – mit erheblichem Nachholbedarf – leichter erobern, wenn man im Lande produzierte. Man könnte wieder oder überhaupt erstmals in einem Marktsegment aktiv werden, das bisher durch die hohen Kosten der westeuropäischen Industrie bereits an Asien verloren schien: dem Billigsegment. Durch die Komponentenfertigung in Osteuropa könnte man darüber hinaus für die eigenen Konzerne die Kalkulation verbessern und mit den teureren, im eigenen Land montierten Modellen billiger am Markt und profitabler in der Bilanz sein.

Jener europäische Manager, der diese Überlegungen am weitesten und schnellsten vorangetrieben hat, war Ferdinand Piëch, Vorstandsvorsitzender von Volkswagen. Am Beispiel VW lässt sich diese West-Integration der Fabriken in den Reformstaaten auch besonders gut erläutern.

Mit der Beteiligung und der folgenden, mehrheitlichen Übernahme von Škoda in der Tschechischen Republik kaufte Piëch für seinen Konzern eine »Billig«marke dazu. Diese Autos waren anfangs für den Verkauf in Osteuropa gedacht, später auch für all jene Absatzmärkte, in denen einfache, haltbare und kostengünstige Fahrzeuge gebraucht werden: im Nahen Osten, in Südamerika und in Afrika. Nach eingehender Umstrukturierung und Qualitätsverbesserung, sollte Škoda dann auch in den westeuropäischen Kernmärkten den Kampf gegen die Südkoreaner aufnehmen. Die Einführung einer Billigmarke im Konzern – gewisse Analogien gab es auch zur Seat-Gruppe in Spanien, die VW ebenfalls übernommen hatte – erlaubte es Piëch, mittelfristig die Hauptmarke Volkswagen vom Preis und vom Marktsegment her im Westen etwas höher zu positionieren. Es gelang es der PR-Abteilung des Konzerns, systematisch VW-Modelle in den Automobilzeitungen im Einzeltest gegen teurere und exklusivere Konkurrenten aus München oder Stuttgart antreten zu lassen. Das wäre früher ein Ding der Unmöglichkeit gewesen. Denjenigen Kunden, die diesen Weg nach oben nicht mehr mitgehen konnten, suggerierte man, dass sie der Konzern nicht im Stich lassen würde: Ihnen biete man Škoda als heutigen Volkswagen an.

Škoda-Autos blieben im Konzern auch technisch keine Fremdkörper. VW-Ingenieure verbesserten am Anfang nur das vorhandene, noch von den Tschechen entwickelte Modell, aber das Ziel war die Integration in die markenübergreifende Plattformstrategie. Demnach ist ein Großteil der »versteckten« Bauteile, also Bodengruppe, Fahrwerk, Motor und Elektronik, in verschiedenen Modellen und Konzernmarken identisch. Dadurch wird ein riesiges Einsparpotential bei Entwicklung und Fertigung ermöglicht. Das Mittelklassemodell Oktavia von Škoda teilt seine Plattform beispielsweise mit den Geschwistern VW Golf und Bora, Audi A3 und TT sowie Seat Toledo. Die für die nahe Zukunft geplanten zusätzlichen Škodas werden dann mit VW Polo und Seat Cordoba bzw. VW Passat und Audi A4/A6 verwandt sein.

Wenn jetzt ein teurer Motor aus Deutschland in einem osteuropäischen Auto wie dem Škoda läuft, müssen umgekehrt andere Kostenvorteile aus Tschechien lukriert werden. Die niedrigen Löhne in den Produktionsstätten der Reformstaaten rechnen sich vor allem dann, wenn möglichst viele Zuliefer- und Bauteile ebenfalls dort gefertigt werden. Also brachte VW eigene Lieferanten mit nach Böhmen und ließ sie mit ansässigen Unternehmen Joint Ventures gründen. Unwilligen drohte Piëch mit der Peitsche: Würden diese Joint Ventures nicht gegründet, könne der Konzern bald gänzlich auf die tschechischen Fabriken verzichten. Als Zuckerbrot in Piëchs Hand diente das Argument, dass die in den Joint Ventures produzierten Teile an die Bänder der großen Werkshallen in Wolfsburg und Ingolstadt geschickt werden könnten. Damit würden die Zulieferteile für den gesamten Konzern billiger.

Und schließlich baute VW in anderen Reformstaaten weitere Produktionsstätten auf. In der Slowakei betreibt Volkswagen neben einem Komponentenwerk für Getriebeteile eine Golf- und Bora-Montage für immerhin mehr als 120.000 Fahrzeuge im Jahr. Im ungarischen Györ laufen neben dem Audi-TT-Sportwagen jährlich mehr als eine Million Motoren vom Band – nicht nur für Audis, sondern auch für Škodas und sogar für VW-Beetles im fernen Mexiko.

Damit überschreitet der Konzern schon die Eingliederung Osteuropas in die europäischen Märkte und schielt in Richtung echte Globalisierung.[39] Ähnliches macht übrigens der Fiat-Konzern, der Bauteile seines »Weltautos« Palio in Polen fertigt und zur Weiterverarbeitung in ein Zweigwerk nach Brasilien verschifft.[40]

In diesen beiden Fällen kann man von einer weitgehend komplementären Fertigung zwischen West- und Osteuropa sprechen. Aber auch hier setzten die Produktionsverlagerungen den westdeutschen Arbeitern einigermaßen hart zu. Die Einstellung des Motorenbaus bei Audi in Deutschland war für Gewerkschaften und Belegschaft sicherlich nicht leicht zu verdauen, die Auslagerung ließ sich allerdings in Zeiten steigender Verkaufszahlen mit anderen Produktionen auffangen.

Bei Opel Europa sieht die Sache kritischer aus. Hier sprechen die Wissenschaftler schon von »substituierender« Produktion, da ein Teil der Jobs in der Branche direkt nach Polen wandert. 1998 kündigte Opel Europa an, 20 bis 30 Prozent seiner westeuropäischen Kapazitäten und Belegschaften abbauen zu wollen. Davon sind immerhin 80.000 Menschen betroffen.[41]

Für die Reformstaaten brachten die Direktinvestitionen in die Automobilbranche zweifellos Vorteile, vor allem unter den Aspekten Modernisierung der Produktionen, Zugang zu internationalen Märkten sowie Verbesserung der Handelsbilanzen. Negativa – vor allem in der Anfangsphase – brachten die Steuerausfälle durch jahrelange Befreiungen sowie das gegenseitige Abschotten der einzelnen Automärkte auf Wunsch der Investoren. Nun beginnen die Steuereinnahmen zu fließen, und auch die regionalen osteuropäischen Handelsbeziehungen werden zunehmend liberalisiert.

Einen weiteren Nachteil stellt nach wie vor der »Inselbetrieb« dar, in dem die hoch technisierten Automobilwerke gefangen sind. Zwischen ihnen und den ortsansässigen Firmen finden sich noch zu wenige Berührungspunkte. Die kleineren Industriellen und Gewerbetreibenden können in Bezug auf Qualität und Mengen nicht mithalten und kommen daher als Lieferanten noch nicht in Betracht. Ähnlich erging es den »alten« Staatskonzernen. Ökonomen sprechen bereits von einem »industriellen Dualismus« zwischen den neuen internationalen Unternehmen und der alten Industrie.[42]

Auch die Ausländer haben mit dieser Zwei-Klassen-Gesellschaft ihre Probleme. »Wenn es hier eine negative Seite gibt«, meinte 1998 John A. Pearn, Generaldirektor von Ford Ungarn, »dann sind es die Zulieferer. Wir kaufen derzeit etwa 20 Prozent unseres Vormaterials lokal zu. Nach unseren Plänen sollten es aber schon zwischen 60 und 80 Prozent sein.«

Diese Schwäche haben manche regionale Wirtschaftspolitiker bereits erkannt. Sie wissen, dass für den langfristigen Erfolg die großen

*Der Porsche-Fresser aus Ungarn. Audi-TT-Montage in Györ*

Fabriken in eine pulsierende Klein- und Mittelbetriebsstruktur eingebettet werden müssen, wie dies in den westeuropäischen Musterökonomien der Fall ist. In Ungarn versucht man jetzt verstärkt, ausländische Mittelständler rund um die Multis anzusiedeln, und bietet ihnen dafür spezielle Kommunalsteuer-Erleichterungen. Daneben aber beginnt die »Enterprise Agency«, eine Art Wirtschaftsförderungsinstitut, systematisch an der Höherqualifizierung einheimischer Arbeitskräfte zu arbeiten. »Wir haben einen mehrstufigen Plan«, erläutert der »Agency«-Regionaldirektor der westungarischen Stadt Székesfehérvár, Ferenc Tóth. »Zuerst einmal erstellen wir ein landesweites Verzeichnis von Zulieferbetrieben, mit Angeboten, Referenzprojekten und Spezialisierungen. Diese Informationen kommen in ein Computer-Netzwerk und sind für potenzielle Kunden überall abrufbar.« Als zweite Hilfsmaßnahme bietet die Agentur Aus- und

Weiterbildungsprogramme für ungarische Manager an. Sie sollen vor allem in puncto Qualitätsmanagement spezielle Schulungen erhalten etwa wenn es um ISO 9000-Standards geht, bei Fragen zu EU-Normen oder bei der Einschulung auf CAD- und CAM-Systeme. Derartige Programme könnten auch in einer anderen Branche von Vorteil sein, in die westliche Konzerne in den Reformstaaten kräftig investiert haben, nämlich im Elektro- und Elektronikbereich. Dabei handelt es sich weniger um die klassische Chip-Produktion als vielmehr um die Fertigung von elektrotechnischen Investitionsgütern, die Konzerne wie ABB in mehreren osteuropäischen Ländern aufgezogen haben. Daneben gibt es eine Fülle von Produktionsstätten für Konsumgüter wie Waschmaschinen, TV-Geräte oder Videorecorder, die von so unterschiedlichen Investoren wie Thomson, Whirlpool, Matsushita, Philips oder Siemens-Bosch betrieben werden.

Einige wenige dieser Fabriken verdienen das Label »global«, etwa die Motorola-Betriebe in der Tschechischen Republik und in Ungarn oder die IBM-Speicherplattenproduktion, ebenfalls in Ungarn. Dasselbe Attribut muss man auch den ungarischen Werken der südostasiatischen Flextronics-Gruppe zubilligen. Diese liefern – als Spin-offs von Philips – für eine Vielzahl internationaler Elektro- und Elektronikkonzerne Bauteile zu oder montieren ganze Fernseher und Autoradios. Ihr Anteil an der Wertschöpfungskette reicht dabei von simplen Kunststoff-Pressteilen über die Bestückung von Leiterplatten mit elektronischen Speichern oder Schaltern bis hin zum Assembling. Schwesterfabriken stehen in Nordeuropa, in Kalifornien und in mehreren asiatischen Ländern.[43]

Diese ausländischen Investitionen in den ostmitteleuropäischen Reformstaaten sind im internationalen Vergleich dennoch relativ gering geblieben. Nach einer UNCTAD-Studie entfielen 1996 auf die gesamte Region mit ihren zehn Ländern – inklusive Rumänien, Bulgarien und die baltischen Republiken – etwa zwei Prozent der weltweit geschätzten 3.200 Milliarden US-Dollar an ausländischen Direktinvestitionen. Nur 1996 dürfte der Anteil dieser Länder bei neuen Auslandsinvestitionen bei etwa sechs Prozent gelegen sein.[44]

Dennoch darf ihre Wirkung in der Region nicht unterschätzt werden. Die Investitionen waren sicherlich hauptverantwortlich für die erfolgreiche Umschichtung der Exporte nach Westeuropa – und für die bemerkenswerten Exportsteigerungen in den letzten Jahren, vor allem in Ungarn und Polen.

Lieferten die Reformstaaten 1988 nur etwa ein Drittel ihrer Produkte in die damalige EG, so lagen ihre Exportquoten in die EU ab Mitte der 90er Jahre zwischen 60 und 70 Prozent.[45] Hinter diesen Zahlen verbirgt sich der weitaus wichtigere Strukturwandel der Exportgüter. Der Anteil an komplexen Industrieprodukten mit hoher Wertschöpfung nimmt ständig zu.[46]

Die Reformstaaten sind also bereits weitgehend in die westeuropäischen industriellen Wertschöpfungsketten eingebunden, wenn auch noch auf einer eher niedrigen Stufe, meist bloß als Fertiger und noch kaum als Entwickler.[47] Ihr zukünftiger wirtschaftlicher Erfolg wird entscheidend davon abhängen, wie weit sie sich in den nächsten Jahren auf dieser Wertschöpfungsleiter nach oben arbeiten können. Der Schlüssel dazu liegt in einer kontinuierlichen Höherqualifizierung und nicht bei simplen Lohnkostenvorteilen, die sehr schnell von anderen Konkurrenten unterboten werden können.

## Infrastruktur – die Nerven der Wirtschaft

Wenn Opel im westungarischen Szentgotthárd seine Motoren auf die Reise zu den Automobilfabriken in Spanien und Deutschland schickt, dann zuckeln die schwer beladenen Güterwaggons zunächst einmal ein paar Stunden über eine eingleisige Nebenbahn durch die hügelige Oststeiermark. Erst in Wiener Neustadt finden sie Anschluss ans internationale Schienennetz.

Für viele Fabriken in der Region ist die Verkehrsanbindung noch viel schlechter. Obwohl es oft nur einige Hundert Kilometer Luftlinie bis zu den Industriezentren Deutschlands oder Hollands sind, erschweren veraltete Bahnstrecken, überlastete Landstraßen und fehlende moderne Güterterminals den Transport. Die scharf kontrollierten EU-Außengrenzen der Schengenländer führen zusätzlich zu langen LKW-Staus an den Grenzübergängen.

Die Wirtschaftsbürokraten in den Reformstaaten kennen natürlich die Bedeutung einer funktionierenden modernen Infrastruktur. Deshalb wurden in den letzten Jahren große Anstrengungen unternommen, um zuerst einmal die Hauptverkehrsstraßen zu modernisieren. Besonders in Ungarn und Slowenien ist ein – grob gewebtes – Autobahnnetz entstanden. Dessen endgültige Fertigstellung wird aber noch dauern. In Polen sowie in der Tschechischen und Slowakischen Republik sind noch einige der wichtigsten Verkehrsadern zweispurig. Es fehlt einfach am Geld. Die Pläne für ein überregionales polnisches Autobahnnetz liegen seit zehn Jahren in der Schublade, aber die Budgetmittel sind weiterhin zu knapp.

Von privaten Investoren ist in diesem Bereich kaum etwas zu erwarten, das einzige Prestige-Projekt eines »Privat-Public-Partnership«, die Autobahn M1 von der ungarisch-österreichischen Grenze Richtung Budapest, musste erst vor kurzem wieder verstaatlicht werden, weil es sich nicht rechnete. Da die Maut für die Ungarn zu teuer war, blieb ein Großteil des Verkehrs auf der parallel liegenden Landstraße. Dadurch fielen die Einnahmen deutlich hinter die Erwartungen zurück.

Anders stellt sich die Lage im Bereich Telekommunikation dar. Das Telefon-Leitungsnetz lag bei der Wende weit hinter dem westeuropäischen Standard. Das Beispiel der großen österreichischen Versicherung, die 1990 für ihre neu gegründete Konzernzentrale in Budapest lediglich eine Handvoll Amtsleitungen bekam, war kein Einzelfall. Aber hier ging der Aufholprozess schneller vor sich – vor allem, weil sich in dieser Branche leicht ausländisches Kapital aktivieren ließ. Innerhalb weniger Jahre gingen in den einzelnen Ländern zuerst flächendeckende Mobilnetze in Betrieb, dann folgte – teilweise parallel – der Ausbau des Festnetzes. Die Übertragung selbst großer Datenmengen ist zumindest zwischen Hauptstädten längst kein Problem mehr. Anfangs mussten auch kleinere Regionalmultis ihre Finanzdaten via Satellit überspielen.

Zunehmend wird der Infrastrukturausbau als Waffe gegen die regionale Aufspaltung der Länder in reiche und arme Regionen betrachtet. Denn es ist ein Teufelskreis: Wo die Infrastruktur schlecht ausgebaut ist, etwa im Osten Polens, Ungarns oder der Slowakei, siedeln sich kaum neue Unternehmen an, selbst wenn es qualifizierte Arbeitskräfte gäbe. Also muss der Staat erst einmal teure Vorleistungen erbringen.[48]

## Banken – die teure Branche

Am Budapester Vörösmarty Tér, nur wenige Schritte von der berühmten Konditorei Gérbeaud entfernt, zeigt die Citibank, was eine große amerikanische Industriebank kann: US-Kids spielen mit ihren

Visakarten an Geldausgabeautomaten herum. Hinter den Scheiben der modernen Filiale hängen Werbeplakate für ungarische Neukunden: Angeboten werden Sofortkredite und Telefon-Banking.

Der Bankensektor der Reformstaaten hat in den letzten zehn Jahren wohl einen der dramatischsten Umbrüche erlebt, und dieser ist noch lange nicht vorbei. Die Branche weist regionale und technologische Unterschiede auf wie kaum eine andere. So berichten die westlichen Auslandsbanken, dass in ihren osteuropäischen Netzwerken Electronic Banking unter den Firmenkunden schon weit stärker verbreitet ist als auf den Heimmärkten.

Der Technologiesprung war durch die schlechte Versorgung mit Bankdienstleistungen aber quasi erzwungen, weiters durch die Tatsache, dass viele Produktionsstätten irgendwo in der Provinz liegen. Die Technik-Schübe und die unterschiedlich schnelle wirtschaftliche Entwicklung haben auch im Bankensektor zu Unterschieden geführt. Zahlreiche Mittelschicht-Städter in Budapest, Prag und Warschau haben ihre Eurocards und Visakarten ebenso in der Geldbörse wie der durchschnittliche Westeuropäer. Demgegenüber verfügen große Bevölkerungsgruppen nicht einmal über eine Kontoverbindung – Löhne werden oft noch im Sackerl ausgezahlt, Überweisungen sind manchen Landbewohnern völlig unbekannt.

Ein fehlender bzw. unterentwickelter Kommerzbankensektor ist aber nicht nur für die Schalterkunden von Nachteil gewesen. Unternehmen, und hier vor allem örtliche, die nicht wie die Multis auf konzerninterne Finanzierungen zurückgreifen können, litten und leiden bis heute an diesem Mangel. Zuerst einmal fehlten die Institutionen. Das kommunistische Prinzip baute auf der Einheitsbank auf, in der vom Außenhandel bis zur Unternehmensfinanzierung alles abgewickelt wurde. (Lediglich Ungarn galt mit seiner Aufspaltung in verschiedene Banken schon in der Zeit vor 1989 als Vorreiter.)

Zu den ersten Wirtschaftsgesetzen nach der Wende gehörte dann der Erlass zur Einrichtung von relativ unabhängigen Zentralbanken und zur Gründung mehrerer großer Universal- und Spezialinstitute. Mit diesen Gründungen ging aber eine extrem restriktive Finanzpolitik zur Bekämpfung der galoppierenden Inflation einher. Also wurden Unternehmenskredite, vor allem an junge Firmen, sehr restriktiv bzw. extrem teuer vergeben. Im Gegensatz dazu mussten die Banken auf Geheiß ihres Besitzers, des Staates, die in Schwierigkeiten geratenen Industriebetriebe weiterhin mit Finanzmitteln versorgen. Diese Unternehmenskredite waren freilich nur allzu oft gutes Geld, das schlechtem nachgeworfen wurde. Ein mangelhaftes Rechnungswesen ließ keine wirklichen Bonitätsprüfungen zu. Gelegentlich verhinderten auch politische Taschenspielertricks hinter den Kulissen eine Normalisierung der Verhältnisse. So konnte die tschechische Regierung Klaus offiziell Budgetüberschüsse vermelden, während sich, von der Öffentlichkeit weitgehend unbemerkt, ein riesiger Turm fauler Kredite in den Banken anhäufte, für die letztendlich die Regierung geradestehen musste.

Dabei handelte es sich um gewaltige Summen. Das Wirtschaftsmagazin »Business Central Europe« schätzte, gestützt auf Zahlen der OECD, der Europäischen Bank für Wiederaufbau und Entwicklung (EBWE/EBRD) sowie der Investmentbank Wood & Company, die Kosten, die den einzelnen Regierungen aus den Bankensanierungen erwachsen würden: Für die Tschechische Republik kamen sie an schon geflossenen und noch notwendigen Zahlungen auf 28 Prozent vom Bruttoinlandsprodukt, für die Slowakische Republik auf 21 Prozent und für Ungarn sowie Slowenien immer noch auf rund zehn Prozent. Lediglich Polen hat es mit weniger als drei Prozent vom BIP recht gut verstanden, sein Bankensystem ohne gewaltige Kosten zu reformieren.[49] Um diese Zahlen in Relation zu setzen: Die Maastricht-Kriterien für Neuverschuldung, die auch von den meisten Reformstaaten erreicht werden, sehen eine Obergrenze von drei Prozent vom BIP pro Jahr vor. Das bedeutet, dass allein die Bankensanierung Prag soviel kosten wird wie neun Jahre Defizit am Maastricht-Limit.

Die Ungarn zogen nach zweimaligen teuren Bankensanierungen (1992 und 1994) eine klare Konsequenz. Sie verkauften fast ihren gesamten Finanzsektor ans Ausland. Die Überlegung dabei war, dass man zwar auf staatliche Einflussnahme verzichte, die Anwesenheit mehrerer mächtiger internationaler Bankengruppen aber für eine Modernisierung und den notwendigen Konkurrenzdruck sorgen würde und dadurch die überhöhten Margen reduziert werden könnten. Das scheint funktioniert zu haben, da der ungarische Bankensektor heute als der erfolgreichste und professionellste in der Region gilt, knapp gefolgt vom polnischen. In den letzten Jahren haben auch die Polen verstärkt an Ausländer verkauft, jetzt folgen die Tschechen und angeblich auch die Slowaken.

Das Geschäft wird dadurch zusehends kompetitiver. »Die Märkte waren blitzschnell overbanked, die Margen gehen zurück«, berichtet Peter Weiss, Bereichsleiter Ausland der österreichischen Volksbanken-Gruppe. Der Druck kommt aber nicht nur aus dem Westen. Neben den zahlreichen maroden örtlichen Geldinstituten

*Die Amis mit ihrem Rauchverbot. Laibacher Straßenszene*

konnten sich einige, vor allem größere, auch eigenständig modernisieren.

Dennoch bleibt für die westlichen Investoren noch genug übrig. Nach Angaben von Alarich Fenyves, dem Vorstandsvorsitzenden der Bank Austria Creditanstalt International, die eines der am dichtest geknüpften Netzwerke in der Region betreibt, wird in den Ostfilialen auf das eingesetzte Kapital mit 21 Prozent »Return on Equity« eine mehr als doppelt so hohe Rendite wie im Gesamtkonzern erzielt, und das trotz der härter gewordenen Konkurrenz.

Die – gleichwohl teure – Modernisierung des Bankensektors hat in den meisten Reformländern den Unternehmen bereits geholfen. Jetzt bekommen sie leichter mittel- und langfristige Kredite in ihrer Landeswährung, die Realzinsen sind in den letzten Jahren fast überall gefallen. Und die Konkurrenz unter den Geldinstituten sowie die neuen, strengeren Buchhaltungsvorschriften haben die Kreditaufnahme noch weiter erleichtert.

Neben dem Kommerzbankensektor wurden sowohl in- als auch ausländische Geldinstitute auch im Investment-Banking aktiv. Erste Geschäfte boten die ausländischen Übernahmen. Daneben entstanden in allen osteuropäischen Ländern lokale Kapitalmärkte. Diese sind in der Zwischenzeit in Polen, Ungarn und der Tschechischen Republik – zumindest für die größeren Unternehmen – bereits von einer gewissen Bedeutung für ihre Finanzierung. Nach größeren Anfangsschwierigkeiten gelten die Märkte mittlerweile als relativ transparent, aber nach wie vor als volatil. Ihre zukünftige Organisationsform, etwa im Rahmen einer virtuellen europaweiten Börse, ist noch nicht entschieden. Versuche der Wiener Börse, sich als regionaler ostmitteleuropäischer Marktplatz zu etablieren, sind jedenfalls gescheitert.

## Die Macht der Scholle – Bauern im Überlebenskampf

Vor einem Jahr haben hier noch die Gänse geschnattert. Jetzt ist der kleine Teich zubetoniert, und an den Andockschleusen der Lagerhalle hängen die LKW-Container wie die Ferkel an der Muttersau. Der Kleinbauer, der sein Grundstück an einen niederländischen Spediteur verkauft hat, lebt in der westungarischen Stadt Sárvár. Der dortige Industriepark frisst sich mit zäher Gewalt Saison für Saison ins Ackerland hinein.

Der Strukturwandel in der ungarischen Landwirtschaft war in den letzten Jahren gewaltig. Hatten die Bauern 1989 noch einen Anteil von 16 Prozent am Bruttoinlandsprodukt erwirtschaftet, so lag dieser 1997 nur mehr bei sieben Prozent. Die Beschäftigtenanteile sanken im gleichen Zeitraum von 18 auf acht Prozent.[50] Dabei hatte es gerade in dieser Periode eine gewaltige Umwälzung beim Besitz von Grund und Boden sowie bei den Betriebsstrukturen gegeben, da in Ungarn viele der einstigen Kleinbauern oder ihre Erben Restitution gefordert und erhalten hatten. Entweder bekamen sie direkt ihre einstigen Felder und Wiesen zurück, oder sie erhielten Gutscheine für entsprechende Flächen, die sie, falls ihre Grundstücke in der Zwischenzeit verbaut worden waren, aus anderen Genossenschafts- oder Staatsgütern herauslösen konnten. Die Folge war eine Zersplitterung der einst großflächigen Anbaugebiete und damit ein

Absinken der Produktivität, weil die kleinen Bauern nicht genug Geld für den Ankauf der notwendigen Maschinen hatten.

Der Markt korrigierte inzwischen brutal so manche Hoffnung auf selbstständiges Bauerndasein. »Wir bemerken«, erzählt ein Manager des österreichisch-deutschen Zucker- und Stärkekonzerns Agrana, der in Ungarn mehrere Fabriken betreibt, »dass die Anbauflächen wieder größer werden. Manche Rübenbauern hören ganz

*Überholmanöver mit wenigen PS. Eine Landstraße in Ostungarn*

auf und verkaufen, andere verpachten ihre Flächen. Die Betriebe werden dadurch wieder ökonomischer.«

Ein derartiges Auf und Ab musste die tschechische Landwirtschaft nicht durchmachen. Dort wollten nur wenige Bauern ihre kleinen Höfe wieder zurückhaben und blieben lieber im sichereren Verbund der riesigen Genossenschaften. Bei den Betriebsgrößen liegen die Tschechen daher weit über dem EU-Schnitt.

In Polen bietet sich wiederum ein ganz anderes Bild. Hier lebt fast ein Viertel der Bevölkerung mehr oder weniger von der Landwirtschaft, obwohl der Anteil am BIP bei bloß sechs Prozent liegt.[51] Die Mini-Höfe, die auch während des Kommunismus existierten, bringen äußerst niedrige Erträge, Maschinen werden kaum eingesetzt, manche abgelegenere Regionen sind in die Subsistenzwirtschaft abgeglitten. Im Rahmen der allgemeinen Liberalisierungen wurden auch den Bauern zahlreiche Subventionen gestrichen, und die Preise für ihre Produkte sanken deutlich. Hartnäckiger Widerstand führte aber zu einer Wiederbelebung zahlreicher Unterstützungen – schließlich wirken Traktorenaufmärsche im Osten genauso wie im Westen. Eine Untersuchung der OECD hat 1999 belegt, dass die Agrarsubventionen in den Reformstaaten prozentuell über jenen der EU liegen.[52]

Durch die einseitige Handelsliberalisierung gegenüber dem Westen sind die Bauern der Reformstaaten erheblich unter Druck geraten. Während verarbeitete EU-Nahrungsmittel relativ leicht in den Osten exportiert werden können, sehen sich die dortigen Landwirte mit hohen Zollgebühren für ihre agrarischen Massengüter konfrontiert. Dazu kommt noch, dass die EU einen Teil ihrer Exporte finanziell stützt. Dennoch nehmen die Ausfuhren höherwertig verarbeiteter Lebensmittel-Markenprodukte stärker zu als jene von tiefgekühltem Fleisch oder billigem Käse.[53] Ungarn hat als einziges mittelosteuropäisches Reformland eine positive Handelsbilanz mit der EU bei Agrarprodukten zu Stande gebracht, und dies vor allem dank seiner eigenen weiterverarbeitenden Industrie.

## Urlaub in Krakau? Der Tourismus als Devisenbringer

Fröhlich lächelnd sitzt die Mittvierzigerin aus Oberbayern im trübbraunen warmen Wasser.»Mein Mann und ich kommen jedes Jahr hierher. Dann haben wir wieder Ruhe von den Gelenkschmerzen, und es geht uns gut.« Sie badet im Heilwasser des westungarischen Vier-Sterne-Hauses»Thermal Hotel Bük«, wo sich morgendliche Kurbehandlungen mit eleganten, mehrgängigen Diners im Abendrestaurant verbinden lassen. Hier wird Gesundheitstourismus geboten, aber nicht auf die rigide, bittere Art der Krankenkassenheime mit ihren Einheitsmenüs und frühen Sperrstunden. Ganz im Gegenteil: Die Devise lautet»lustiger Gesundheitstourismus«.

»In Wahrheit sind unsere Thermalhotels Geldmaschinen«, plaudert Péter Kraft aus der Schule. Der erfolgreiche Banker, der in den letzten Jahren unter anderem American Express Ungarn aufgebaut hatte, wurde im Frühsommer 1999 zum ersten Tourismus-Unterstaatssekretär des Landes bestellt.»Wir erreichen dort Auslastungen, von denen andere Hotels nur träumen können, übers Jahr gerechnet von 85 bis 95 Prozent.« Wen wundert es also, dass

Ungarn – das über 250 Thermalquellen verfügt, wovon erst 35 erschlossen sind – eine ganze Reihe ähnlicher Projekte plant. Für die Leistungsbilanz des Landes spielt der Tourismus eine beträchtliche Rolle. Er hat beim Anteil am BIP die Landwirtschaft bereits überholt und reduziert mit den 2,5 Milliarden US-Dollar Deviseneinnahmen das Leistungsbilanzdefizit um mehr als die Hälfte. Noch stärker als die Kurhotels am Land trägt die Hauptstadt Budapest zum Devisenregen bei, und natürlich der größte Binnensee Europas, der Balaton. Die wirklichen Devisenbeiträge seiner Branche schätzt Kraft noch viel höher bzw. sieht sie auch zwischen den Zeilen der Leistungsbilanz. Erstens gibt es eine große Zahl von Ausländern, die sich in Ungarn Zweitwohnsitze gekauft haben und so ihre eingetauschten Forintscheine zwar nicht in Hotels ausgeben, dafür aber anderswo im Land: in Gasthäusern und Strandbädern, in Reitställen und in Vinotheken. Zweitens ist der Tourismus eine Branche, in der ein erheblicher Teil der Umsätze am Finanzamt und an den nationalen Statistiken vorbeiläuft. Während die Ökonomen die schwarze oder graue Wirtschaft in den Reformstaaten auf etwa 25 bis 30 Prozent der Gesamtökonomie schätzen,[54] kann sich Kraft beim Fremdenverkehr durchaus Werte um die 60 Prozent vorstellen. Diese ließen sich laut Kraft nicht mit Druck und Kontrolle alleine reduzieren, sondern nur auf intelligente Weise. So läuft in einer Seegemeinde am Balaton seit einem Jahr ein Pilotprojekt, bei dem Touristen – analog zu österreichischen oder Schweizer Vorbildern – eine Reihe von örtlichen Preisnachlässen bekommen, wenn sie eine Gästekarte vorweisen. Dadurch sollen die Touristen ihre Zimmervermieter zur Anmeldung drängen, die Gäste werden zu Alliierten der Finanz.

Ungarn hat beim Aufbau einer touristischen Infrastruktur einen gewissen Vorsprung, da es schon zu Zeiten des Kommunismus als beliebtes Ferienziel anderer Osteuropäer diente. Aber auch Polen und Tschechien vermelden erhebliche Deviseneinnahmen aus dem Fremdenvekehr.[55] Wie Budapest spielen die Hauptstädte dieser Länder, Warschau und Prag, eine dominierende Rolle, während sich die reizvollen ländlichen Regionen und die Kleinstädte vergleichsweise langsam entwickeln. Ähnlich wie beim produzierenden Kleingewerbe sind Kredite auch für den Fremdenverkehr schwer zu bekommen. Und dem anspruchsvollen westlichen Publikum fehlt oft jene Infrastruktur, die es in alteingesessenen Tourismusgebieten gewohnt ist: Hallenbäder, breite Restaurant-Angebote, Vergnügungsparks für Kinder.

Diejenigen »Westler«, die sich die Mühe individueller Reisen machen, sind oft begeistert, so wie der Wiener Banker, der die Masurischen Seen in Polen besucht hat, oder die Schweizer Journalistin, die von den mittelalterlichen Städten in der Slowakei schwärmt. Es ist diese Kombination von Vertrautheit und Exotik, die die Urlauber so anspricht. Denn die kommunistischen Regime haben zwar manche Landstriche mit ihren Industrien verwüstet und auch genug städtebauliche Sünden begangen, aber in vielen Orten fehlte einfach das Geld, um jene architektonischen Verfehlungen zu begehen, die westliche Planer in ihren Ländern zu verantworten haben.

Allerdings ist die Reisefreude oft nicht ganz ungetrübt. Schon die Einheimischen leiden unter den hohen Kriminalitätsraten, die ausländischen Touristen geben noch lohnendere Ziele ab. Gewalt gegen Leib und Leben ist zwar eher selten, aber die Raten der Autodiebstähle bleiben hoch, und an Stränden und in Fußgängerzonen gibt es Probleme mit Taschendieben. Dies wirkt sich bereits so nachteilig auf das Image der Oststaaten aus, dass zum Beispiel die ungarische Fremdenverkehrsbehörde der Polizei Geld zuschießt, damit diese ihre Patrouillen verstärken kann. Zusätzlich wurde in einigen Gemeinden eine eigene, halboffizielle Tourismuspolizei eingeführt, die aus handybewaffneten fremdsprachenkundigen Studenten besteht.

Die westlichen Besucher kommen auch nicht um jeden Preis. Der brutale Wettbewerb unter ihren eigenen Veranstaltern und das übergroße weltweite Angebot hat sie kritisch werden lassen. Die überhöhten Zimmerpreise in Prag lassen viele Tour-Operators auf Tagesbesuche ohne Nächtigung umsteigen. Wenn im slowenischen Bled die Terassen über dem See zu Mittag selbst in der Hochsaison im Juli fast leer sind, dann genügt ein Blick in die Speisekarte, um die Gründe dafür zu verstehen: um dasselbe Geld kann man nördlich der Alpen in einem Lokal essen, das eine Kategorie höher eingestuft ist. Das Preis-Leistungs-Verhältnis stimmt vor allem wegen des harten Tolars nicht mehr ganz. Und schließlich fürchten die Reisenden kaum etwas mehr als Nepp und Betrug. Sie sind von zu Hause verlässliche Preise gewohnt, und nichts verdirbt den Urlaub mehr als der Eindruck, geprellt worden zu sein. Während in der Hauptstadt des Kapitalismus, in New York, die Taxipreise streng kontrolliert werden und für Fahrten vom Flughafen zur Stadt Pauschalen verrechnet werden, gilt in Prag die freie Preisbildung – und zwar nach oben. Auch wer in Warschau nicht die Telefonnummer eines seriösen Funktaxis kennt, kann gleich einmal den fünffachen Fahrpreis bezahlen.

Ähnliches gilt für die Differenzierung zwischen Inländer- und Ausländerpreisen in Prager Museen und in den Konzertsälen von Preßburg. Die Hotelverzeichnisse der Slowakei drucken bei zahlreichen Häusern gleich zwei Preise in die Prospekte: Der für Ausländer kann dreimal so hoch sein wie der für Slowaken. Manchen bleibt ein bitterer Nachgeschmack, andere treten ihre Reisen unter derartigen Bedingungen gar nicht erst an.

## Das soziale Netz wird grobmaschiger

Sieht man von den Privilegien der kommunistischen Führungsschichten ab, waren die Gesellschaften Osteuropas vor der Wende ziemlich egalitär. Die Einkommensunterschiede hielten sich in engen Grenzen, Wohnbauten waren sozial durchmischt, es gab Arbeitsplatzsicherheit und kostenlose Gesundheitsvorsorge für alle, wenn auch teilweise auf niedrigem Niveau. Ähnlich verhielt es sich beim Konsum: Die Menschen verfügten über mehr Geld, als sie beim knappen Warenangebot ausgeben konnten. Das Schlagwort von der Mangelwirtschaft war herbe Realität.

Das alles änderte sich nach 1989 dramatisch. Die schwere Rezession zu Beginn des Transformationsprozesses senkte erst einmal das allgemeine Einkommensniveau. Die wirtschaftliche Erholung, die in einzelnen Sektoren ab 1992 einsetzte, führte zu einem raschen Auseinanderklaffen zwischen reichen und armen Bevölkerungsteilen. Vorboten dieser Entwicklung hatten sich schon in der Spätphase der kommunistischen Herrschaft angekündigt. Die Lebenserwartung der Bevölkerung war ab den 70er Jahren teilweise drastisch gesunken, und sowohl in Polen als auch in Ungarn gab es eine deutlich erkennbare Zunahme von Armut.[56] Aber nach der Wende rutschten sogar breite Bevölkerungsgruppen bei aufrechter Beschäftigung unter die Armutsgrenze. Noch schlimmer erging es den Arbeitslosen, für die erst neue Sicherungssysteme geschaffen werden mussten.

Die Gräben in der Gesellschaft verliefen und verlaufen entlang mehreren Bruchlinien. Eine davon grenzt öffentlich Bedienstete ab, deren Löhne durch die Inflation arg beschnitten worden sind und deren Realeinkommen sich noch nicht erholen konnten. Zu sehr stehen die staatlichen Budgets unter Druck und unter dem Einfluss der rigiden monetaristischen Sparpolitik. Demgegenüber lässt sich vor allem im dynamischen, internationalen Sektor der Wirtschaft ordentlich verdienen. Die Löhne in Exportunternehmen liegen durchwegs über jenen der inlandsorientierten Firmen, und in höheren Qualifikationsebenen steigen sie exponentiell an. Während große Teile der gebildeten Mittelschicht nach unten abgerutscht sind,[57] haben Angestellte mit Sprachkenntnissen und Fachwissen im Bankenwesen, im Marketing oder in der Buchhaltung ihre Verhandlungsposition stark verbessern können. Diese mittleren Manager in der Privatwirtschaft verdienen in absoluten Zahlen manchmal sogar mehr als ihre westlichen Kollegen. Das bedeutet in ihrer unmittelbaren Umgebung geradezu ein Abheben nach oben.

Eine zweite Trennungslinie geht quer durch die Länder und Regionen, da sich die dynamischen Unternehmen auf bestimmte Gebiete konzentrieren. So haben die Hauptstädte am stärksten von den neuen Dienstleistungsunternehmen profitiert. Dort werden die Banken modernisiert, neue Versicherungskonzerne aufgebaut und auch die Verwaltungszentralen der multinationalen Konzerne finden sich üblicherweise in der Nähe der politischen und administrativen Macht. Die Arbeitsmärkte in den meisten Kapitalen boomen und pendeln sich nahe der Vollbeschäftigung ein. Manchmal gibt es schon Anzeichen von Überhitzung. Demgegenüber halten sich in ländlichen Regionen hartnäckig Arbeitslosenraten von 20 Prozent und mehr. Zahlreiche alte Industriebetriebe wurden stillgelegt, neues Kapital ist nur in die verkehrsgünstig gelegenen Gebiete nahe den westlichen Grenzen der Reformstaaten geflossen.

Don Kalb, der im Wiener »Institut für die Wissenschaften vom Menschen« Forschungsprojekte in mehreren Reformstaaten koordiniert, zieht auf einer großen Osteuropakarte die unsichtbare Trennlinie zwischen dem wohlhabenden und dem teilweise bitterarmen Teil der neuerdings auch kapitalistischen Welt: Ungarn wird von der Donau in zwei Hälften geteilt, die Armutsgrenze verläuft östlich der Hauptstadt. Weiter nördlich trennt der Graben die Slowakische Republik bald hinter Bratislava in zwei Teile, schwenkt dann nach Westen und kappt ein Stück Tschechische Republik ab, um dann rund um Krakau zu verlaufen und östlich von Warschau nach Norden zu ziehen. Kalb erklärt: »Der Markt allein kann diese Gegenden nicht an das allgemeine Wohlstandsniveau heranführen. Es gibt einfach nicht genug Investoren.«

*Die Pensionen sind knapp, die Medikamente teuer. Ein Park in Warschau*

In allen Reformstaaten mühen sich die Regierungsstellen daher mit verschiedensten Regionalförderprogrammen ab. Aber die Budgetmittel dafür sind äußerst knapp, und die Beiträge der EU halten sich in engen Grenzen.[58] Auch hier schlägt die staatliche Stabilitätspolitik des knappen Geldes durch, die Budgetdefizite liegen teilweise deutlich unter der westeuropäischen Drei-Prozent-Hürde, die als Kriterium für den Beitritt zur Europäischen Währungsunion festgelegt worden ist. Laut Kalb wäre »von der Budgetseite her sicherlich noch einiges drin«.

Jacek Kurón, einst radikaler Solidarność-Aktivist sowie Gründer des »Komitees zur gesellschaftlichen Selbstverteidigung (KOR)« und späterer polnischer Sozialminister, erklärt den Teufelskreis, den die Transformation im Sozialbereich ausgelöst hat: Das Ende der Subvention für Lebensmittel, Mieten oder Heizung hat bei vielen

Familien dazu geführt, dass sie das,»was sie vorher in indirekter Hilfe vom Staat bezogen hatten, jetzt in Form von Arbeitslosenhilfe und Sozialhilfe in Anspruch nehmen. […] In Anbetracht all dessen wird zunehmend Druck auf die Regierung ausgeübt, sie möge den Menschen helfen und soziale Gerechtigkeit schaffen.«[59] Das führte teilweise zu einer Ausweitung der Sozialprogramme unter den postkommunistischen Regierungen. In Ungarn stieg etwa der Anteil der Sozialausgaben am Budget in Größenordnungen, die über jenen hoch entwickelter OECD-Staaten lagen.[60] Im Jahr 1993 bezogen mehr als 90 Prozent aller Haushalte den einen oder anderen staatlichen Zuschuss.[61] Dass sich dies gerade in einer Zeit der Rezession nicht lange durchhalten lassen würde, war bald offensichlich. Denn»gleichzeitig verringern sich die Haushaltsmittel des Staates in dem Maße, wie die staatlichen Betriebe, bisher die wichtigsten Steuerzahler, schwächer werden«.[62] In Ungarn folgte 1994 der Knall des so genannten»Bokros-Pakets«, in dem ein großer Teil der Sozialleistungen wieder zurückgenommen wurde. Auch andere Länder der Region haben die Sozialausgaben wieder zusammengestrichen.

Dennoch kann von einer Zerschlagung des Sozialstaates keine Rede sein.»Insgesamt haben die postkommunistischen Wohlfahrtsstaaten bisher eine bemerkenswerte Dauerhaftigkeit gezeigt«, stellt ein deutsch-amerikanisches Politologen-Team fest.[63] Auch eine österreichische Untersuchung über den Wandel des Sozialstaates in West- und Osteuropa kommt zu ähnlichen Ergebnissen: Das Profil des Sozialstaates sei in den untersuchten Ländern zwar»schlanker geworden, seine Rahmenkonturen und wesentlichen Strukturelemente blieben aber zumindest bis heute erhalten«. Laut Tálos/ Wörister gibt es in der sozialpolitischen Entwicklung zwischen ost- und westeuropäischen Ländern sowohl gegenläufige als auch ähnliche Trends.[64]

Neu war für die Reformstaaten die Einführung von Sozialversicherungsanstalten, teilweise nach deutschen oder österreichischen Modellen. Außerdem musste auch eine allgemeine Arbeitslosenversicherung aufgebaut werden. Gemeinsam ist allen Sozialbürokratien der budgetäre Druck, der zu Sparmaßnahmen und Leistungseinschränkungen geführt hat. So sind vielfach Pensionsalter erhöht, Durchrechenzeiträume verlängert und Deckungs-Prozentsätze gekürzt worden. In beiden Teilen Europas gibt es auch die Tendenz hin zu mehr privatwirtschaftlichen Organisationsformen, etwa das Drei-Säulen-Pensionsmodell, das mittlerweile in Ungarn und in Polen eingeführt worden ist.[65] Die ersten Erfahrungen damit waren nicht gerade ermutigend. In Polen gab es chaotische Zustände bei der Lenkung der Zahlungsströme. In Ungarn erbrachte die Bilanz des ersten Jahres einen Nettoverlust der Versicherungen, da die Er-

*Ost-Romantik für Touristen. Die Konditorei Gérbeaud in Budapest*

träge aus den Kapitalanlagen niedriger waren als die Verwaltungsaufwendungen.

Das Faktum, dass die Wohlfahrt in den Reformländern im Prinzip weiterbesteht, darf allerdings nicht darüber hinwegtäuschen, dass diese nach wie vor weit davon entfernt sind, Probleme zu »lösen«. So laufen die – ohnehin äußerst niedrigen – Arbeitslosengelder nur wenige Monate, Langzeitarbeitslose kippen in die Notstandshilfe ab. »Es gibt eine zunehmende Zahl von Personen, bei denen die Zeit für die Zahlungen überschritten wurde und die nur eine ganz kleine Chance haben, durch eine neue Beschäftigung wieder eine Anspruchsberechtigung aufzubauen.«[66]

Auch die Feststellung, dass die »Armutslücke« zwischen Durchschnittsverdienern und Bedürftigen sehr klein sei, lässt unterschiedliche Interpretationen zu.[67] Man kann daraus schließen, dass die

Armen in Osteuropa noch nicht zu einer klar abgeschiedenen Unterklasse geworden sind, sondern an einem allgemeinen Wirtschaftsaufschwung eventuell partizipieren können.[68] Man kann die Sache aber auch in die andere Richtung durchdenken. Die Armutsgrenze ist deshalb so wenig deutlich ausgeprägt, weil es dem Bevölkerungsdurchschnitt nicht wirklich gut geht.

## EU-Beitritt – der letzte Schritt nach Europa

Vor 1989 waren die osteuropäischen Länder in die von der UdSSR dominierten Bündnisse Warschauer Pakt sowie Rat für Gegenseitige Wirtschaftshilfe (RGW) eingebunden gewesen. Jugoslawien zählte sich zur Gruppe der »Blockfreien«. Mit dem Systemwechsel zu Demokratie und Marktwirtschaft orientierten die Reformstaaten auch ihre internationalen Beziehungen um. Alle fünf Länder gehören heute neben der UNO und der OSZE dem Europarat an und sind Mitglieder der Weltbank und des Internationalen Währungsfonds sowie der Welthandelsorganisation WTO. Außerdem haben sie sich untereinander im Rahmen der ostmitteleuropäischen Freihandelszone CEFTA verbunden. Die Tschechische Republik wurde bereits 1995 in die OECD aufgenommen, Ungarn und Polen folgten 1996. Seit Anfang 1999 sind alle drei Staaten auch Vollmitglieder der NATO.

Von der ökonomischen Seite betrachtet, ist vor allem ihre Nähe zur Europäischen Union von zentraler Bedeutung. Brüssel gab sich zwar am Beginn des Transformationsprozesses eher zurückhaltend, intensivierte seine Beziehungen mit den Reformstaaten aber schnell. Eine Reihe von so genannten Europa-Abkommen oder bilateralen Assoziationsverträgen wurde abgeschlossen, die in Form von Rahmenverträgen über bloße Handelsabkommen hinausgehen. Im Zentrum steht allerdings der gegenseitige Marktzugang, der in einem schrittweisen Abbau der Zollschranken über zehn Jahre hinweg realisiert werden soll.

Dabei ist die Einschätzung dieser Abkommen je nach Standort verschieden. Die EU betont, dass es sich um eine »asymmetrische Marktöffnung zu Gunsten der assoziierten Länder« handle.[69] Demgegenüber verweisen die Reformstaaten darauf, dass die EU große, »sensible« Sektoren weiterhin mit Zöllen oder Quotenregelungen vor unliebsamer Konkurrenz schütze, etwa die Bereiche Landwirtschaft, Stahl, Chemie oder Textil. »Die Sektoren, wo der Protektio-

*Draußen Verfall, im Wohnzimmer die große Welt. Hausfassade im ungarischen Miskolc*

nismus der EU anhielt, waren genau jene, in denen die Reformstaaten komparative Vorteile genossen und wo man exportgestütztes Wachstum hätte erwarten können.«[70] Die EU entwickelte zwar eine Reihe von technischen und finanziellen Hilfsprogrammen für die Reformstaaten, das wichtigste davon war PHARE, aber dennoch hatte man sich dort mehr erwartet. Es gab nicht nur »beträchtliche Frustration« über die weiterbestehenden Handelshemmnisse, sondern auch »Enttäuschung, dass das Ausmaß der finanziellen Unterstützungen weit von dem entfernt blieb, was die westlichen Länder nach Kriegsende im Rahmen des Marshall-Plans bekommen hatten«.[71] Bei den PHARE-Programmen wiederum hieß es, dass sie vor allem in der Anfangsphase eher den westlichen Beratungsfirmen zugute gekommen wären als den eigentlichen Zielregionen.

Die ökonomischen Auswirkungen dieser einseitigen Liberalisierung sind erheblich. In den Reformstaaten ist der landwirtschaftliche Sektor geschrumpft, da trotz Kostenvorteilen kaum Exporte in die EU möglich waren. Mit Ausnahme Ungarns sind alle Länder der Region Nettoimporteure geworden. Andererseits hat die weitgehende Öffnung der westeuropäischen Märkte für Industrieprodukte den Exportboom bei Automobilen und Komponenten sowie bei elektrischen und elektronischen Bauteilen ermöglicht. Die Textilbranche hat sich im Rahmen des »Veredelungsverkehrs« angepasst: Vormaterialien kommen aus der EU, werden in den Reformstaaten zusammengenäht und können dann reexportiert werden.

Ziel der Reformstaaten war und ist allerdings der volle Zugang zu den westeuropäischen Märkten, auch zu jenen für Agrarprodukte und zum Arbeitsmarkt. Da dies nur bei einer EU-Vollmitgliedschaft möglich ist, haben die Reformstaaten ihre Beitrittsanträge Mitte der 90er Jahre in Brüssel deponiert. 1997 beschloss die EU die Aufnahme konkreter Verhandlungen mit Polen, der Tschechischen Republik, Slowenien und Ungarn.[72] Die Slowakische Republik wurde, obwohl sie die grundsätzlichen ökonomischen Kriterien für Beitrittsverhandlungen erfüllte, nach hinten gereiht, zu Rumänien und Bulgarien. Der Grund dafür war die halbautoritäre Herrschaft der Preßburger Regierung Mečiar. Zu den Voraussetzungen für eine Mitgliedschaft gehören neben einer funktionierenden Marktwirtschaft auch demokratische Mindeststandards, etwa bei der Menschenrechts- und Minderheitenpolitik. Seit der Abwahl Mečiars im Herbst 1998 hofft die neue slowakische Regierung, nachträglich in die erste Gruppe der Beitrittswerber aufgenommen zu werden.

Die EU-Erweiterung sollte beiden Seiten Vorteile bringen. Abgesehen von den allgemeinen politischen Argumenten, wie Friedens- und Stabilitätssicherung, ergaben ökonomische Modellrechnungen, dass ein Beitritt von sieben Reformländern (hier sind Rumänien und Bulgarien mit einbezogen) in der Region einen Wachstumsschub von zusätzlich 1,5 Prozent auslösen würde. In der vergleichsweise viel größeren EU würden immer noch 0,2 Prozent auf der Plusseite stehen. Andere Studien, etwa des deutschen bzw. österreichischen Instituts für Wirtschaftsforschung (DIW bzw. WIFO), kommen zu ähnlich positiven Ergebnissen – erstens zu einem zusätzlichen jährlich halbprozentigen Wachstum in den Reformstaaten über einen Zeitraum von 20 Jahren, zweitens zu einem BIP-Wachstum im angrenzenden Österreich von 1,8 Prozent über einen Zeitraum von acht Jahren.[73] Dem stehen jedoch auf beiden Seiten des Verhandlungstisches große Ängste und institutionelle Probleme entgegen.

Wo stehen die Reformstaaten heute im Vergleich zum EU-Schnitt, und welche Folgen hätte ihr Beitritt rein statistisch? Eine Erweiterung der Union um Polen, die Tschechische und Slowakische Republik, Slowenien und Ungarn würde die Bevölkerung der Europäischen Union um 17,8 Prozent vergrößern, das Bruttoinlandsprodukt der EU aber bloß um 3,1 Prozent – nach Kaufkraft um 6,6 Prozent.[74] Daraus lässt sich die deutlich schwächere Wirtschaftskraft der Beitrittskandidaten ablesen: Nach Kaufkraft gemessen, erreicht Slowenien als wohlhabendstes Land der Region fast 60 Prozent des BIP pro Kopf vom EU-Durchschnitt, dahinter folgen die Tschechische Republik mit 58,4 Prozent, die Slowakische Republik mit 42,6 Prozent, Ungarn mit 36,8 Prozent und Polen mit 32 Prozent.[75] Das bedeutet allerdings auch, dass für die reicheren Reformstaaten die ärmeren EU-Mitglieder wie Griechenland und Portugal bereits in Reichweite gerückt sind.

Bei einer Reihe von anderen Kriterien passen die Reformstaaten schon ganz gut ins europäische Gefüge. Ihr Außenhandel ist zwischen 60 und 70 Prozent vom EU-Binnenmarkt abhängig, ihre Arbeitslosenraten sind zwar hoch, liegen aber mit Ausnahme von Slowenien und der Slowakei nicht über dem EU-Schnitt von 10,9 Prozent. Ihre Verschuldung hält sich sowohl absolut gesehen als auch bei der Neuverschuldung in der Nähe der Maastricht-Kriterien oder gar darunter. Lediglich die Inflationsraten sind noch deutlich höher als im Euroland, wenn auch mit klar positiver Tendenz nach unten.

### Die Angst vor dem Fass ohne Boden

Welche Vorbehalte haben nun die EU-Staaten gegenüber einer Erweiterung nach Osten? Zuerst einmal stehen die institutionellen Limits der EU selbst im Wege. Was schon mit 15 Mitgliedern schwierig zu koordinieren ist, kommt mit zehn zusätzlichen praktisch zum Stillstand: eine riesige Kommission, wenn am jetzigen Entsendeschlüssel für Kommissare festgehalten wird, und die permanente Blockadegefahr bei Abstimmungen im EU-Rat, wenn das Einstimmigkeitsprinzip mit Vetorecht für jeden einzelnen Staat erhalten bleibt.

Auf dem Amsterdamer EU-Gipfel 1997 setzte man zu einer Reform der Institutionen an, konnte sich aber nicht einigen und vertagte sie wieder. Derzeit steht noch nicht fest, ob man bei einer kleinen oder schrittweisen Erweiterung mit den bestehenden Organisationsformen auskommen könne oder ob es vorher einen neuen Anlauf zu einer großen institutionellen Reform geben müsse. Noch wichtiger als der formale Aspekt ist aber das Geld. Denn die ökonomische Schwäche der Reformstaaten würde sie in zwei Schlüsselbereichen der EU-Budgets zu teuren Brocken machen: bei der Landwirtschaft und bei der Regionalförderung im Rahmen der Strukturfonds. Der Agrarsektor ist in allen osteuropäischen Ländern relativ groß. In Polen arbeitet rund ein Viertel der Bevölkerung in diesem Bereich, aber die Preise liegen unter jenen der EU. Eine Subventionierung der dortigen Agrarprodukte auf das Niveau der westlichen Interventionspreise wäre schlichtweg unfinanzierbar, selbst nach einer EU-internen Senkung im Rahmen der Agenda 2000. Dennoch können heute moderne landwirtschaftliche Betriebe so effizient und günstig produzieren, dass sie für ihre östlichen Konkurrenten ein Gefahr darstellen. So sind etwa können französische oder deutsche Bauern in der Lage, ihr Getreide samt Transportkosten in Ungarn billiger anzubieten als die örtlichen Produzenten.[76]

In den Reformstaaten selbst würde eine Agrarpreiserhöhung schnell auf die Inflation durchschlagen, weil die Bevölkerung noch einen relativ großen Anteil ihres Einkommens für Nahrungsmittel ausgibt. In diesem Bereich ist daher mit langen Übergangsfristen zu rechnen, denn in Wahrheit sind Lösungen noch in weiter Ferne. So weiß noch niemand genau, wie sich die Produktivität in der Landwirtschaft der Reformstaaten entwickeln wird und wie viele Bauern bereits in den nächsten Jahren ihre Höfe aufgeben werden. Außerdem stehen neue Verhandlungsrunden über den Agrarbereich im Rahmen der Welthandelsorganisation WTO bevor.

Der zweite große Streitpunkt innerhalb der EU betrifft die Frage der Strukturfonds, da bei Beibehaltung der alten Förderkriterien praktisch 100 Prozent der Fläche der neuen Mitgliedsstaaten zu Fördergebieten werden würde, was wiederum nicht zu finanzieren ist. Bei den vorgegebenen knappen Budgets von 1,24 Prozent vom BIP – die EU darf keine Defizite machen – bleibt als einzige Lösung die Reduktion bestehender Förderungen im Westen, um den Reformstaaten wenigstens einen Teil der Strukturförderungen zugänglich machen zu können. Auch hier sind beinharte Kämpfe ums

*Nicht alles wird industriell erzeugt. Werkstätte des Nobel-Schuhmachers Vass in Budapest*

Geld vorprogrammiert und werden die ärmeren EU-Mitglieder für sie notwendigen Hilfsprogramme zu verteidigen haben. Der englische Wirtschaftswissenschaftler Brian Ardy erwartet, dass Länder wie Portugal und Spanien weiterhin ihre Gelder sichern können, schwächere Regionen in reicheren Ländern wie Deutschland, Großbritannien oder Irland aber zurückstecken müssen.[77]

Ein weiterer Vorbehalt auf Seiten der EU betrifft die Freiheit des Arbeitsmarktes. Besonders die unmittelbaren Nachbarländer Österreich und Deutschland fürchten große Zahlen von Immigranten oder zumindest Kurzzeit-Arbeitsuchenden. Zwar deuten neuere Untersuchungen darauf hin, dass sich die Zahl der tatsächlich mobilen und auch zum Verlassen ihrer Heimat bereiten Menschen in relativ engen Grenzen halten wird. (Es sind auch kaum die wirklich Armen, die eine Migration in Betracht ziehen, sondern vielmehr jüngere, besser Ausgebildete. Überdies wollen nur wenige für lange Zeit ins Ausland gehen, sondern nur kurzfristig etwas Geld verdienen, um sich zu Hause eine Existenz aufbauen zu können.[78] Doch dürfte der politische Druck von Seiten der Gewerkschaften und populistischer Politiker im Westen ausreichen, um in dieser Frage ebenfalls längere Übergangsfristen festzuschreiben.

Auf Seiten der Reformstaaten wird der EU-Beitritt laut Umfragen mit großen Mehrheiten begrüßt, wenn auch die Zahl der Skeptiker langsam zunimmt.[79] Zu den in den Beitrittsländern öffentlich diskutierten Reizthemen zählen die Landwirtschaft sowie der gefürchtete Ausverkauf von Grund und Boden an Ausländer. Als Problem wird auch das Abtrennen natürlicher Handelsräume im Osten gesehen, etwa zwischen Polen und der Ukraine oder zwischen den Ungarn und ihren ethnischen Verwandten im rumänischen Transsylvanien. Ein ähnliches Problem könnte sich für den intensiven bilateralen Handel zwischen der Tschechischen und Slowakischen Republik ergeben, sollte nur eines der beiden Länder EU-Mitglied werden.

Wissenschaftliche Beobachter des Beitrittsprozesses erwarten auf Seiten der Reformstaaten noch eine Ernüchterung und Abkühlung der EU-Begeisterung. »Im Besonderen scheint es ein weit verbreitetes Unvermögen zu geben, die unvermeidliche Einseitigkeit der EU-Verhandlungen und damit die engen Grenzen des Verhandlungsspielraumes zu erkennen.«[80] Denn der »Aquis communautaire«, also die Gesamtheit an EU-Gesetzen und -Bestimmungen, steht nicht zur Disposition. Ähnlich wie die letzten Beitrittskandidaten aus der EFTA-Runde, Finnland, Österreich und Schweden, werden auch die neuen das Regelwerk der EU ohne Einflussmöglichkeit voll übernehmen müssen. Was an Verhandlungsspielraum übrig bleibt, bezieht sich mehr oder weniger auf die Implementierung der Aquis-Vorgaben in den kommenden Jahren.

Dieser Prozess ist seit Mitte 1998 voll im Gange. In so genannten Screenings werden die einzelnen Länder auf ihren jeweiligen Status in Bezug auf den Aquis genau durchleuchtet. Die EU-Vertreter kritisieren immer wieder Sektoren, in denen die einzelnen Länder noch nicht ganz so weit sind wie vorgesehen oder vorgegeben. So fasste etwa Slowenien herbe Kritik für die unzureichende Wettbewerbssituation in der Wirtschaft und im Bankensektor aus, und auch das Fehlen einer Mehrwertsteuer wurde mehrmals moniert. Mittlerweile haben die Slowenen diese eingeführt. Als schwierige Bereiche gelten vor allem der Umweltbereich, gewisse Sektoren der »alten« Industrie wie Kohle und Stahl, die praktische Umsetzung der Wirtschaftsgesetzgebung oder der Schutz geistigen Eigentums.[81] In all diesen Bereichen gibt es laufend intensive, fachspezifische Arbeitsgruppen zwischen den einzelnen Beitrittswerbern und

*Die Rente allein reicht nicht zum Leben. Blumenverkäuferinnen in Warschau*

der EU. Die Verhandler der Reformstaaten müssen dann ihrerseits ihre – oft mangelhaft ausgebildeten und manchmal nur mäßig interessierten – Bürokratien zur Umsetzung bewegen. Der tschechische Chefverhandler Pavel Telička berichtet: »Als Faustregel gilt: Die Bürokraten sind bei allem defensiv eingestellt.«[82]

Alle Verhandler der Reformstaaten behaupten, dass die Gespräche den vorgesehenen Zeitrahmen bisher nicht überschritten hätten. Der ungarische Wirtschaftsminister Attila Chikán hält auch offiziell noch am Beitrittsdatum 2002 für sein Land fest. Selbst unter großen Optimisten gilt dieses Datum, schon wegen der Fülle noch zu behandelnder Materien, als verfrüht. Die in den Verhandlungen zwischen der EU und den Vertretern der Reformstaaten bereits abgehakten Teilbereiche haben bis jetzt nur wenig kontroverse Materien betroffen. Im Verlauf des Prozesses werden dann sukzessive schwierigere Kapitel angegangen, hinter denen mächtige ökonomische Interessengruppen stehen. Dann dürfte die Sache zäher werden. Dass der Beitritt kommen wird, davon gehen eigentlich alle Beobachter aus. Dass er schon 2002 kommt, ist allerdings äußerst unrealistisch.

## Die Reise geht weiter

Der Beitritt zur Europäischen Union wäre für die Reformstaaten der offizielle Schlusspunkt ihrer »Rückkehr nach Europa«. Aber in manchen Bereichen werden sie auch danach noch unterwegs sein, während sie in anderen schon jetzt angekommen sind. So wie Österreich und Finnland vor ihrem formellen Beitritt längst weitgehend integriert waren, so sind dies heute Polen, Tschechien, die Slowakei, Slowenien und Ungarn. Ihre Industrien arbeiten im Takt mit jenen der Deutschen und Franzosen, ihre Bürger verbringen die Urlaube in Österreich und in Italien, sie sehen im Fernsehen Filme aus Amerika und England. In vielen Aspekten sind sie Westeuropa mittlerweile näher als ihren einstigen kommunistischen Partnerländern Rumänien, Bulgarien oder Russland.

Ja, es stimmt, man hat ihnen im Westen nicht die Türe aufgehalten und auch nicht ihre Taschen vollgestopft. Sie kamen als arme Nachbarn, und das muss oft demütigend genug gewesen sein, noch bevor die großen Schmerzen des Umbaus begannen. Sie haben in wenigen Jahren eine brutale Modernisierung durchgestanden, an der mancher von uns »Westlern« gescheitert wäre.

Und sie leben heute oft gleichzeitig in mehreren Welten. Die Wende hat ihnen Babystrich auf den Landstraßen beschert und Heimwerker-Märkte, die allen emsigen Bastlern endlich erlauben, ihre Häuschen zu verschönern. In den Reformstaaten gibt es Großmütter, die noch kein eigenes Konto haben, und ihre Enkel schicken elektronisch Millionenbeträge um die Welt. Die Straßen sind vielfach in erbärmlichem Zustand, aber das erste Kabel, das beim Aufgraben neu eingezogen wird, besteht schon aus Glasfaser. In zahlreichen Städten wechseln von Block zu Block die Jahrzehnte – von den 50ern in die 90er und retour.

Manche Ökonomen, die von außen an die Transformation Osteuropas herangegangen sind, wie an eine große Modelleisenbahn, sind mit dem Geleisteten nicht ganz zufrieden. So kritisierte Jeffrey Sachs 1996 in einer viel beachteten Rede in Prag, dass die Reformstaaten nicht ihr volles Wachstumspotenzial ausgeschöpft hätten. Die Steuern seien zu hoch, der Arbeitsmarkt sei nicht flexibel genug und die Sozialleistungen nach wie vor zu üppig.[83]

Freilich kann sich die Regierung ihr Volk nicht aussuchen, und manche der Forderungen des Amerikaners wären schlicht inakzep-

*Hier wird wieder in die Hände gespuckt. Baustelle in Slowenien*

tabel und »könnten zu politischer Destabilisierung führen«.[84] In vielerlei Hinsicht sind die Reformstaaten einfach nicht mit anderen, außereuropäischen Transformationsökonomien vergleichbar. »In Chile würde ich mir auch leichter tun, ein privates Pensionssystem aufzubauen«, meint der Laibacher Ökonomieprofessor Jože Mencinger lächelnd, »dort ist die Bevölkerung viel jünger, und es kommt nicht auf fast jeden Aktiven ein Pensionist wie bei uns.«

Man muss eben mit den vorhandenen Potenzialen arbeiten. Im Fall der Reformstaaten ist das erstens eine gut ausgebildete Bevölkerung, deren Lohnniveau noch unter jenem der westlichen Konkurrenten liegt. Zweitens spielt die Nähe zu den westeuropäischen Märkten eine Rolle. Und drittens gehört dazu auch die berechtigte Forderung der Prager und Budapester, bei der Modernisierung die Schwächeren nicht völlig ungeschützt zurückzulassen.

»Die mittelosteuropäischen Staaten haben keine Alternative zu dem, was wir ›Iberisches Modell‹ nennen«, schreiben die Forscher Barry Eichengreen und Richard Kohl.[85] Damit ist gemeint, den Regeln der internationalisierten Wirtschaft zu folgen und sich über ausländische Direktinvestitionen und das Prinzip des »Veredelungsverkehrs« technologisches und organisatorisches Know-how anzueignen. Das ist Portugal und Spanien nach ihrem EU-Beitritt gut gelungen, aber es hat einige Zeit gedauert. »Ein Wachstumswunder wie in Ostasien wird dabei nicht herauskommen. Aber wenn das Ziel ›Konvergenz mit dem Westen in der Geschwindigkeit der Spanier und Portugiesen‹ lautet, dann gibt es Grund zur Hoffnung.«[86]

Für die Westeuropäer besteht jedenfalls schon längst kein Anlass mehr, auf ihre Nachbarn mit gnädiger Gönnermiene herabzublikken.[87] Deren Leistungen und Opfer während des Transformationsprozesses wurden bereits erwähnt. Insgesamt verbindet uns mehr, als uns trennt. Denn viele der Probleme, die sich den osteuropäischen Staaten in einer zwar nicht völlig globalisierten, aber doch recht international gewordenen Welt stellen, haben auch wir. Die »neue Armut« gibt es auch im Westen, ebenso das kräftige Wachstum des organisierten Verbrechens. Die hohe Arbeitslosigkeit und das Auseinandertriften der Einkommensschere zwischen Arm und Reich verlangen überall nach neuen Antworten – auch jenseits des Marktes. Schließlich trifft die schleichende Auflösung der Dauerarbeitsplätze in Richtung projektspezifischer Kurzzeitjobs uns alle mit großer Wucht und stellt uns vor große Umstellungsschwierigkeiten – im Sozialversicherungssystem wie in unseren Köpfen und Seelen.

Es bleibt also genügend zu tun. Im gemeinsamen Europa.

Teil 2:
Strategien und Kosten des Umbaus – Länder und
Menschen in Ostmitteleuropa

# Polen: Das Wirtschaftswunderland

Hier ist was los. Ganz oben auf dem riesigen Zuschauer-Rondeau des aufgelassenen Stadions am rechten Weichselufer von Warschau drängt sich Verkaufsstand an Verkaufsstand. Obwohl die Warenvielfalt an einen orientalischen Bazar denken lässt, ist die Lingua franca Russisch. Sogar Western Union Money Transfer bewirbt auf Plakaten die sichere Geldüberweisung in die Heimat in der einstigen Herrschaftssprache.

Schwitzend präsentieren fröhliche Bauersfrauen bodenlange schwarze Persianermäntel, daneben liegen Stapel von fleischfarbenen Kunststoff-Slips und -BHs. Es schließen Buden an, die gebrauchtes Werkzeug verkaufen und schon einmal eingebaute Waschbecken mit dem Ikea-Pickerl drauf. Daneben preisen einzelne Händler Wodka und Zigarettenstangen an, die sie den Interessenten aus ihren rot-weiß-blauen Plastiktaschen heraus mit verschwörerischem Blick kurz zeigen.

Wer aber glaubt, hier werde nur Ramsch angeboten, der irrt. Ein Großteil der Waren trägt internationale Markenzeichen wie Adidas und Nike. Die Konzerne, die dafür die Weltrechte besitzen, werden allerdings kaum einen Zloty davon zu sehen bekommen. Denn die Fertigungsstätten dieser teilweise recht gut kopierten Waren liegen irgendwo in der Ukraine oder in Fernost, und wem sie gehören, weiß keiner. Von dort dürften auch die unzähligen Musik-CDs und PC-Programme kommen, die man auf diesem Markt günstig kaufen kann.

»Oft sind die Neuheiten hier früher zu bekommen als in den Geschäften der Innenstadt«, erzählt ein Warschauer Geschäftsmann aus der Unterhaltungsbranche. Auch bei diesen Artikeln ist von der Abgeltung irgendwelcher Urheberrechte keine Rede. Die gelegentlichen Razzien der Polizei sprechen sich meist schon im Vorhinein bei den Händlern herum, sodass die heiße Ware dann blitzschnell verschwindet.

Die Warschauer sind allerdings längst nicht mehr auf diese Art von Märkten angewiesen. Einige Kilometer vom Stadion entfernt, rund um den Carrefour-Hypermarket, entsteht eines der modernsten Einkaufszentren der Stadt. Dort dominieren Marmor und Glas, in der riesigen, gleißend hellen Verkaufshalle sind die Regale bis zur weit oben schwebenden Decke mit Dutzenden Biersorten aus allen Ländern der Welt und mit Weinen von Bulgarien bis Bordeaux vollgeräumt. Bunte Gemüseberge türmen sich in der Frischwarenabteilung auf, in den Fischvitrinen liegen die Tagesangebote appetitlich auf zerstoßenem Eis. Im Kühlraum hinter der Wurstabteilung sieht man die Fleischer ihre frische Ware hin- und herschleppen, und die Bäcker holen ständig neue Tabletts mit warmen, duftenden Broten aus den blank polierten Nirosta-Öfen.

Die Kundschaft, die hier am Samstagvormittag mit den Einkaufswagen ihre Runden dreht, ist typisch für die neuen Ökonomien Ostmitteleuropas. Es gibt die topmodisch gekleideten Luxusfrauen, die mit gespielter Langeweile die exklusivsten und teuersten Waren einsammeln. Man sieht Familienväter aus dem Mittelstand, denen ihre Kinder trotz Protesten Riesensäcke mit Knabbergebäck und große, bunte Softdrinkflaschen ins Einkaufswagerl geladen haben. Und natürlich schieben da auch alte, etwas verloren wirkende Pärchen langsam ihre Wägelchen vor sich her, die viel zu groß sind für das eine Brot, den Liter Milch und den Bund Grünzeug, die sich von der knappen Rente gerade ausgehen.

### Jahrzehntelanger Kampf für Brot und Freiheit

Der Sieg war überwältigend, und in diesem Ausmaß kam er unerwartet. In Polen hatten sich im Frühjahr 1989 die kommunistische Regierung unter Wojciech Jaruzelski und die Gewerkschaft Solidarność unter der Führung von Lech Walesa auf eine vorsichtige Liberalisierung geeinigt. Dazu gehörten die Wiederzulassung der während des Kriegsrechts verbotenen Solidarność, die volle juristische Anerkennung der katholischen Kirche sowie eine Reihe wirtschaftlicher und legistischer Reformen. Ein wichtiger Schritt hin zu dieser Liberalisierung sollten Wahlen sein, bei denen die Kommunisten der Opposition die Kandidatur für einen Teil der Sitze angeboten hatten.

Nach der Wahl am 4. Juni verkündete eine aufgeregte Schauspielerin im polnischen Fernsehen:»Heute ist der Kommunismus zu Ende gegangen.«[1] Die Kandidaten der Solidarność waren über jene der Regierung hinweggefegt: Im frei gewählten Senat holten sie 99 der 100 Sitze, im Unterhaus, dem Sejm, von den ihnen zugestandenen 49 Prozent alle bis auf eines. Um die Schmach der Kommunisten noch zu verstärken, erreichten nur zwei ihrer Kandidaten auf sicheren Sitzen im ersten Durchgang die notwendigen Stimmen für den Einzug ins Parlament. »Das Überraschendste von allem war«, resümiert der britische Historiker R. J. Crampton, »dass die Vereinigte Polnische Arbeiterpartei diese Demütigung auch hinnahm.«[2] Solidarność erwies sich aber als großzügiger und strategisch denkender Sieger. Walesa hatte schon in den Monaten zuvor seine Bewegung von radikal auf moderat umgebaut. Die oberste Priorität beim Weg in Richtung Demokratisierung und Liberalisierung war, Provokationen und Blutvergießen zu vermeiden. Als im Parlament die Wahl des Staatspräsidenten anstand, verließen gerade so viele Solidarność-Abgeordnete den Saal, dass Jaruzelski eine knappe Mehrheit erreichen konnte. Allerdings ließ sich Walesa nicht zu einer Koalitionsregierung mit den Kommunisten überreden. Im Herbst 1989 wurde die erste nichtkommunistische Regierung Polens unter Tadeusz Mazowiecki angelobt.

Der Kampf der Polen um »Freiheit und Brot« und gegen ihre kommunistischen Herrscher war aber schon lange vorher losgegangen. Unter dieser Parole hatten blutige Zusammenstöße zwischen Arbeitern und der Polizei schon 1956 mindestens 50 Tote gefordert. Nach der Ankündigung von Preiserhöhungen für Lebensmittel legten im Dezember 1970 die Werftarbeiter in Danzig ihre Werkzeuge nieder und zogen demonstrierend in die Stadt. Die Kundgebungen hielten auch am darauf folgenden Tag an. Als die Demonstranten das örtliche Parteihauptquartier angriffen, schossen die Sicherheitskräfte in die Menge und töteten rund 75 Menschen. Die Forderung nach unabhängigen Gewerkschaften wurde laut, und Parteichef Wladyslaw Gomulka wurde durch Edvard Gierek ersetzt.

Ihm gelangen zwar kurzzeitige ökonomische Erfolge. Die Wirtschaft boomte, die Reallöhne stiegen kräftig und die zentralen Planzahlen wurden weit übertroffen. Aber Gierek hatte hasardiert. Er hatte mit westlichen Krediten neue Industrien und Lizenzfertigungen aufgebaut, und die Gelder wollte er teilweise mit den in den Westen reexportierten Gütern abzahlen. Aber dann kam 1973 der Jom-Kippur-Krieg und in seinem Gefolge der Ölschock. Für die

Polen verteuerten sich die Rohstoffe drastisch, und wegen seiner eigenen Wirtschaftsflaute nahm der Westen deutlich weniger Güter ab als vorgesehen. Die Krise war da – sowohl eine externe Schuldenkrise als auch eine innere Rezession. Die sozialen Konflikte verschärften sich, und im kommunistischen Staat gab es auf einmal etwas, das es eigentlich nicht geben durfte: Armut, Alkoholismus und eine mangelhafte Gesundheitsversorgung.[3]

Auch die Preiserhöhungen der Jahre 1976 und 1980 wurden mit Streiks beantwortet. Nun waren es nicht mehr bloß spontane, unorganisierte Kundgebungen der Arbeiter. Neben der mächtigen KP-Organisation hatten sich zahlreiche unabhängige Gruppen der »Zivilgesellschaft« zu organisieren begonnen. Überdies waren katholische Kirche, Intellektuelle und Arbeiter einander in ihrer Kritik am totalitären Staat näher gekommen.

1978 wurde der frühere Krakauer Bischof Wojtyla zum neuen Papst, Johannes Paul II., gewählt. 1979 absolvierte er einen triumphalen Besuch in Polen und versammelte friedliche Millionenheere bei seinen Auftritten, die gänzlich ohne Behörden, allein von Kirchen und freiwilligen Helfern organisiert worden waren. Der britische Osteuropa-Kenner Timothy Garton Ash erinnert sich: »Für neun Tage hörte der kommunistische Staat zu existieren auf. Er fungierte nur als Zensor, der die Fernsehberichterstattung verzerrte. Jedermann sah, dass Polen kein kommunistisches Land war, sondern nur ein kommunistischer Staat.«[4]

Dieser hatte aber noch lange nicht aufgegeben. Die neue Gewerkschaftsbewegung Solidarność glaubte sich zum Jahreswechsel 1980/81 kurzfristig allerdings sehr nahe an einer Mitregierung. Ausgehend von Danzig war es im Herbst zu einer Vielzahl von Streiks gekommen, und die Forderungen der jungen Arbeiter wurden bald politischer. Neben klassischen gewerkschaftlichen Anliegen wie freien Samstagen, höheren Löhnen oder einer unabhängigen Interessenvertretung riefen sie auch nach dem Ende der staatlichen Zensur und einem Denkmal für die Toten von 1970.

KP und Regierung, in denen General Jaruzelski Schritt für Schritt alle wichtigen Ämter auf sich hatte vereinigen können, spielten auf Zeit und gaben vor, kompromissbereit zu sein. Innerhalb von Solidarność waren ab Herbst 1980 die Töne schriller geworden, und viele Funktionäre wollten die führende Rolle der KP im Staat nicht mehr länger akzeptieren. Die KP wiederum entwickelte Pläne analog zu jenen der Nachkriegszeit, wonach die Solidarność in eine Art »neuer Volksfront« eingegliedert und damit neutralisiert werden sollte. Walesa durchschaute diese Taktik und forderte ein Referendum für die Abhaltung von freien Wahlen. Jaruzelski antwortete darauf im Dezember 1981 mit der Ausrufung des Kriegsrechtes. Zahlreiche Solidarność-Aktivisten wurden verhaftet, Streiks und Demonstrationen mit Hilfe der berüchtigten Sonderpolizei Zomo gebrochen. Jaruzelski, der mit seinen Sonnenbrillen wie die schlechte Kopie eines lateinamerikanischen Diktators aussah, rechtfertigte das Kriegsrecht im Nachhinein mit dem Argument, dass die Gefahr eines sowjetischen Einmarsches bestanden habe – wie 1968 in der Tschechoslowakei.

Während das gesellschaftliche Leben – zumindest nach außen hin – versteinerte, gab es in der Wirtschaft Bewegung. Zuerst zog die Regierung kräftige Preiserhöhungen durch, die den Lebensstandard beträchtlich senkten. Dann folgte wieder ein kurzer Aufschwung. Umfangreiche sowjetische Wirtschaftshilfe und der Ausbau des Handels innerhalb des Ostblocks im Rahmen der Wirtschaftsgemeinschaft COMECON sorgten für Wachstum. Außerdem bildete sich ein, wenn auch eingeschränkter privatwirtschaftlicher Sektor heraus. Dieser trug Mitte der 80er Jahre immerhin sieben Prozent zum Bruttoinlandsprodukt bei.[5]

Aber die Rezession kam in der zweiten Hälfte des Jahrzehnts mit voller Wucht zurück. Damit tauchten all die ökonomischen und sozialen Probleme wieder auf, die der Ausnahmezustand und der kurze wirtschaftliche Boom nur oberflächlich hatten verdecken können. Mit der sukzessiven Aufgabe des sowjetischen Herrschaftsanspruches über die osteuropäischen Satellitenstaaten begann ab 1988 auch das polnische Regime nachzudenken und eröffnete die Verhandlungen am runden Tisch, die schließlich zum Systemwechsel führten.[6]

## Mit der Wende kam der Schock

Die neue Regierung unter Mazowiecki wartete 1989 nicht lange mit dem wirtschaftlichen Umbau des Landes. Ihr Finanzminister, Leszek Balcerowicz, legte los wie nach Lehrbüchern der konservativen Wirtschaftstheoretiker von Milton Friedman bis Jeffrey Sachs.

»Big Bang«, großer Knall, hieß die plötzliche Liberalisierung der Preise quer durch alle Branchen, und ein drastischer Preissprung von 30 auf 600 Prozent war die unmittelbare Folge. Diese »Schock-Therapie« stieß das Land gnadenlos in eine Rezession. Die Arbeitslosigkeit stieg von Null auf fast 20 Prozent, die Inflation erreichte mehrere hundert Prozent, eine Regierung gab der anderen die Türklinke in die Hand. Der Präsident der polnischen Investitionsagentur, Waldemar Dabrowski, spricht rückblickend von einer »kreativen Zerstörung«, die notwendig gewesen sei. Der Ökonom und spätere Finanzminister Grzegorz Kodloko bezeichnet die brutalen Maßnahmen bitter als »nur Schock und wenig Therapie«.

Trotz unsäglicher parteitaktischer Querelen unter den wechselnden Regierungspartnern gelang den Polen seit 1989 dennoch Erstaunliches:

– Die Währung wurde schrittweise stabilisiert. 1999 lag die Inflation nur mehr bei 7,5 Prozent, für 2000 prognostizieren die Wirtschaftsforscher einen weiteren Rückgang auf kaum mehr als sechs Prozent.

– In zähen Verhandlungen mit internationalen Banken wurde eine Kombination aus Schuldenerlass und Moratorium erreicht.

– Die Neuverschuldung lag ab 1997 unter zwei Prozent vom BIP. Polen entspricht damit ganz klar dem Maastricht-Kriterium, und zwar besser als manches westeuropäische Mitglied der Währungsunion.

– Ab 1992 ist die Wirtschaft wieder deutlich gewachsen – Polen ist damit zum Vorreiter unter den Reformstaaten geworden. Auch bei einer anderen Maßzahl liegt es weit vorne: Schon 1995 überstieg das BIP den Wert von 1989.

– Und schließlich ist es ab 1992/93 gelungen, das bis dahin flaue Interesse westlicher Investoren zu wecken. Allein 1996 floss mehr als ein Viertel aller westlichen Direktinvestitionen der Region nach Polen: vier Milliarden US-Dollar. In den folgenden Jahren steigerte sich diese Summe noch: 1998 waren es laut polnischer Investitionsagentur PAIZ etwa zehn Milliarden US-Dollar, das gesamte Volumen an Auslandsinvestitionen in Polen beträgt damit mehr als 30 Milliarden US-Dollar. Polen hat somit endgültig Ungarn als beliebtestes Investitionsziel unter den Reformstaaten abgelöst.[7]

– Eine große Rolle spielte die kluge Politik der Regierung gegenüber dem Bankenwesen. Polen gab nur einen Bruchteil dessen für
die Sanierung des Finanzsektors aus, was die Ungarn, Tschechen
oder Slowaken dafür aufzuwenden hatten bzw. noch aufzuwenden haben. Einerseits ließ man nie derart große Außenstände
zusammenkommen wie in anderen Ländern, andererseits vergab
man eine Zeit lang Bank-Lizenzen an Ausländer nur unter der
Bedingung, dass diese ein örtliches Geldinstitut mitübernehmen
und sanieren. Heute zählt das polnische Bankensystem nach dem
ungarischen zu den modernsten in Ostmitteleuropa.

– Und schließlich schlugen sich die häufigen Regierungswechsel
nur marginal auf die grundsätzliche Reformrichtung nieder. Sogar
die gewendete kommunistische Regierung, die von 1993 bis
1997 im Amt war, verlangsamte den Weg nur, aber es gab keine
Anzeichen für eine Rückkehr zum alten System.

Herbert Stepic, Vize-Generaldirektor der österreichischen Raiffei-
sen-Zentralbank RZB, ist seit Jahren für das Ostgeschäft zuständig.
Er bezeichnet Polen als »das Land mit der besten Performance in
der Region«. Gegenüber seinen Mitbewerbern sei es »substanziell
fortschrittlicher«. Werner Varga, Ökonom bei der Wiener Creditanstalt, geht sogar noch einen Schritt weiter: »Ich sehe nichts, was
dagegen spricht, dass Polen das nächste Wirtschaftswunderland
Europas wird. Das Land wächst in einem unglaublichen Rausch.«

### Ein intelligentes Privatisierungsmodell
»Natürlich hat es vor allem am Anfang im Zusammenhang mit der
Privatisierung genug dubiose Geschäfte gegeben«, berichtet Leon
Podkaminer, Polen-Spezialist am »Wiener Institut für Internationa-
le Wirtschaftsvergleiche« (WIIW). »Dafür stand sogar ein früherer
Wirtschaftsminister vor Gericht. Ich halte das aber eher für eine
parteipolitisch motivierte Aktion.«

Laut Podkaminer habe das Problem darin bestanden, Interessenten für manche der maroden Industrieriesen ins Land zu bekommen. Daher mussten die Preise zwangsläufig niedrig angesetzt werden. Dann aber drängten die internationalen Konzerne geradezu
nach Polen. An der Spitze der Liste ausländischer Industrie-Inve-
storen stehen Fiat, Daewoo, Pepsi, International Paper, Coca Cola

Amatil, ABB, General Motors, Nestlé, Philip Morris, Saint Gobain und Thomson mit Investitionssummen von jeweils mehr als 200 Millionen US-Dollar. Bei Fiat und Daewoo ist es pro Konzern sogar mehr als eine Milliarde Dollar. Es ist kein Zufall, dass sich unter den Investoren viele Nahrungs- und Genussmittelkonzerne befinden. Neben den bereits erwähnten sind das Unilever, Reemtsma, Mars oder British American Tobacco (BAT). Mit fast 40 Millionen Einwohnern hat Polen den größten Konsumentenmarkt unter den Reformstaaten, der nach Angaben des CA-Ökonomen Varga »selbsttragend« sei. Als 1996 die polnischen Exporte durch eine westliche Konjunkturschwäche leicht einbrachen, habe die Binnennachfrage einem deutschen Forschungsbericht zufolge »die Rolle des Konjunkturmotors« übernommen.[8]

Die Privatisierung ging in drei Wellen vor sich. Zuerst wurden rund 200 große Betriebe an ausländische Investoren verkauft. Dann folgten etwa 2.000 mittlere und kleinere Betriebe, die vor allem an Polen abgegeben wurden. In einer dritten Phase kamen weitere 500 Mittelbetriebe im Rahmen einer Massenprivatisierung an die Reihe. An ihnen konnten sich polnische Staatsbürger mit günstig zu erwerbenden Anteilsscheinen beteiligen. Allerdings nicht direkt. Es wurden 15 Fonds gegründet, die nach einem zufallsgesteuerten Auswahlverfahren Firmen für ihr Portfolio wählen konnten. Diese Firmen durften aber keine branchenmäßige oder regionale Vormachtstellung erreichen. Die Fonds gehören dem Staat, werden aber von unabhängigen, teils ausländischen Management-Gesellschaften verwaltet und waren schon bald für die Notierung an der Warschauer Börse vorgesehen. Diese ist derzeit übrigens die liquideste und transparenteste in den Reformstaaten.

Bei der Fonds-Massenprivatisierung wiederholten die Polen nicht die Fehler der Tschechen, nämlich Insider oder Firmenbosse zu einflussreich werden zu lassen und damit für lange Zeit die Restrukturierung zu blockieren. Das System sieht für alle Unternehmen im Fonds-Portfolio jeweils einen klaren Mehrheitsaktionär vor: Der Lead-Fonds hält 33 Prozent, weitere 28 Prozent teilen sich auf die anderen 14 Fonds auf, Staat und Belegschaft halten gemeinsam knapp weniger als die Hälfte. Die Fonds haben aber bereits begonnen, ihre zersplitterten Anteile zu arrondieren, und auch die Manager haben untereinander Abkommen getroffen, wonach mit den jeweiligen Mehrheitseigentümern mitgestimmt wird, um diesem die Sanierungsarbeit zu erleichtern oder sie zumindest nicht zu verhindern. Seit Anfang 1999 ist die volle Privatisierung der Fonds bzw. ihrer Tochterunternehmen im Gange. Zum größten Teil werden sie an ausländische Investoren abgegeben.

Dennoch ist die Umstrukturierung der polnischen Ökonomie noch lange nicht abgeschlossen. Die Arbeitslosigkeit ist zwar in den letzten Jahren auf mittlerem Niveau, bei etwa zehn Prozent, stabil geblieben. Aber ähnlich wie in anderen Reformstaaten verdeckt diese Zahl die großen regionalen Unterschiede sowie die wachsende Einkommensschere zwischen hoch und niedrig qualifizierten Beschäftigten. Der Wiener Banker Otto Ilchmann, in der Erste Bank für das Osteuropa-Geschäft zuständig, weiß, dass er in Warschau für Spezialisten mit denselben Löhnen wie im Westen rechnen muss, wenn nicht sogar mit höheren. Wenn er solche Spezialisten überhaupt bekommt. Hingegen sind in benachteiligten Randprovinzen schlechter Ausgebildete vielfach nicht einmal zum Mindestlohn vermittelbar. Die regionalen Arbeitslosenraten pendeln oft um die 30 Prozent.

Auch die Redimensionierung der Kohle- und Stahlbranche dürfte sich noch dramatisch auf den Arbeitsmarkt auswirken. Die Regierung hat für diesen Sektor mittlerweile harte Maßnahmen beschlossen, nicht zuletzt auf Druck der EU. 25.000 Bergleute wurden schon abgebaut oder teilweise mit relativ hohen Frührenten pensioniert. Bis 2001 soll diese Branche saniert sein. Bis dahin wird aber noch etwa die Hälfte der jetzt 200.000 Beschäftigten die Kündigung bekommen.[9]

Die Russische Krise hat Polen zwar etwas stärker getroffen als andere Staaten in der Region, da jene Unternehmen, die auf den westlichen Märkten noch nicht konkurrenzfähig sind, vor allem im Ostexport aktiv waren, wie Lebensmittelhersteller oder Weißwarenproduzenten. Die Ökonomen gehen dabei aber nicht von einer tiefer gehenden negativen Wirkung auf die polnische Wirtschaft aus.

### Steuervorteile für Investoren – bis zum EU-Beitritt

Anders als ihre tschechischen Nachbarn locken die Polen noch immer mit Steuerbegünstigungen für neue Betriebsansiedlungen. Vor allem in östlichen Gebieten, die vom Abzug der Sowjettruppen und von der schlechten wirtschaftlichen Lage in Weißrussland und Russland betroffen sind, gibt es deutliche Steuerabschläge, und in Zollfreizonen ist die Produktion von Exportgütern möglich. Insgesamt gibt es 17 Sonderwirtschaftszonen, darunter zwei Technologieparks. Wer in diesen Zonen, etwa in Mielec, im Dreieck zwischen Krakau, dem ukrainischen Lemberg und dem slowakischen Kosice, investiert, wird für mehrere Jahre von der Steuer befreit. Dort gibt es genügend qualifizierte Arbeitskräfte für diverse industrielle Branchen, die in einer einst riesigen, heute allerdings nicht mehr überlebensfähigen Flugzeugfabrik ausgebildet wurden. Diese Sonderregelungen werden aber bei einem EU-Beitritt fallen müssen, weil in der EU viel engere Bedingungen für die Förderung von Betrieben gelten.

In manchen anderen Bereichen ist Polen bereits intensiv damit beschäftigt, sich auf Forderungen der EU vorzubereiten. So hat eine regionale Verwaltungsreform bereits die Grundlagen dafür geschaffen, dass die polnischen Ziel- und Fördergebiete jenen der EU entsprechen. Die Banken- und Wirtschaftsgesetzgebung ist weitgehend angepasst. Größere Differenzen gibt es aber weiterhin bei der emotional geladenen Frage des Grundkaufs von Ausländern und beim riesigen Komplex der Landwirtschaft. Polen ist mit seiner kleinbetrieblichen agrarischen Struktur international nicht konkurrenzfähig. Die Lebensmittelimporte aus der EU steigen ständig an, und man wehrt sich dagegen verzweifelt mit Importzöllen, die im Beitrittsfall wieder fallen müssten. Aber die polnische Landwirtschaft ernährt immer noch fast ein Viertel der Bevölkerung. Deshalb kann dieser Sektor nicht einfach geopfert werden.

### Hält das Wachstum an?

Für die nächsten Jahre sehen die Wirtschaftsforscher in ihren Prognosen vorgesehen trotz politischer Unsicherheiten einen einzigen Weg für Polen: den nach oben. Die Arbeitslosigkeit sollte weiter sinken, die Wirtschaft mit vier bis fünf Prozent pro Jahr wachsen, die Inflation nochmals sinken.

Als besondere Branchenschwerpunkte kristallisieren sich im Zusammenhang mit der Verbesserung der Infrastruktur schon jetzt Bauwirtschaft, Elektro- und Elektronik-Industrie heraus. Daneben dürfte sich Polen zu einem osteuropäischen Zentrum für Automobilproduktion und Teilefertigung entwickeln. Fiat und Daewoo sind bereits im Land, Opel hat eine neue Fabrik errichtet, Volkswagen fertigt Transporter, Mercedes Baugruppen. Darüber hinaus wird auch der traditionelle Maschinenbau von multinationalen Gruppen umstrukturiert. ABB beschäftigt in zwölf Fabriken in Polen bereits etwa 7.000 Menschen. Der Konzern könnte im Land aber noch weiter wachsen.

Der Systemwechsel in Polen hat, wie anderswo auch, seine Symbolfiguren. Dazu gehört zweifellos der ehemalige Elektriker Lech Walesa, der es bis zum Staatspräsidenten brachte, aber schon 1995 bei den Präsidentenwahlen gegen den jüngeren Herausforderer, den Ex-Kommunisten Aleksander Kwaśniewski, verlor.

Auch die Danziger Leninwerft galt lange Zeit als Symbol des Wandels vom Kommunismus zum Kapitalismus. Schon als es ihr wirtschaftlich zunehmend schlechter ging und ihr Ende seit längerem abzusehen war, wollte es bis zum Schluss niemand glauben: Im Sommer 1996 musste der Großbetrieb, mit 3.500 Arbeitern ohnehin schon weit von der einstigen Blüte entfernt, endgültig schließen. Eine Konkurrenz-Werft in Stettin hatte übrigens schon 1993 einen anderen, weit härteren Weg eingeschlagen, mit Privatisierung, Cost-cutting-Programmen und Personalkürzungen. Eine baldige Erholung war die Folge. 1996 beschäftigte die Stettiner Werft wieder mehr Menschen als 1989, außerdem arbeitet sie fast ausschließlich für den Export.

Im Sommer 1999 stand ein weiterer Symbolbetrieb vor der Sanierung: das Warschauer Traktorenwerk Ursus, von dessen Firmengelände immer wieder Streiks und Demonstrationen ausgegangen waren. »Wenn einmal Ursus zur Restrukturierung drankommt«, freut sich ein polnischer Investmentbanker, »dann ist es offensichtlich, dass sich die Dinge zu ändern beginnen.«[10]

# Marzena Sosnowska: Die Ärztin im Management des Pharma-Multis

Alles deutete auf eine »Karriere in Weiß« hin – die Frage schien bloß, ob mit oder ohne wissenschaftliche Forschung. Marzena Sosnowska hatte an der medizinischen Fakultät in Warschau ihren Doktor gemacht und auch die Facharztausbildung für Anästhesie schon abgeschlossen. Immerhin sieben Jahre lang hatte sie sämtliche klinischen Spezialschulungen durchlaufen: in der Chirurgie, auf der Internen, auf der Gynäkologie, der Kinderabteilung und der Orthopädie. Nur zweimal hatte die junge Ärztin Universität und Universitätsklinikum verlassen. Als das Internationale Rote Kreuz für eine Mission nach Kambodscha einen Spezialisten gesucht hatte, war man auf sie gekommen. Für die Verständigung in Indochina war Französisch Voraussetzung, und sie beherrschte die Sprache gut, da sie als Kind mit ihren Eltern zwei Jahre in Frankreich verbracht hatte. Also arbeitete Frau Sosnowska mehrere Monate in einem kambodschanischen Provinzspital »unter sehr primitiven Bedingungen«, wie sie heute sagt. Ihre Motivation, an der Mission teilzunehmen, war in erster Linie humanitär begründet, aber die wenigen US-Dollar Honorar, welche die internationalen Ärzte erhielten, bedeuteten im Herbst des kommunistischen Polen und seiner Währung mit den zahlreichen Nullen doch auch viel Geld für eine junge Frau. So viel, dass sie sich einen Praxismonat im teuren Augsburg finanzieren konnte.

Denn Ausbildung bedeutete in ihrer Familie sehr viel. Beide Elternteile arbeiteten als Physiker, der Vater war in der Nuklearforschung sogar eine internationale Kapazität. »Es hat zu Hause eine recht ernste, wissenschaftliche Atmosphäre geherrscht«, erinnert sich Frau Sosnowska an ihre Schul- und Studienzeit. Disziplin und genaue Analysen waren aber nur eine Seite dieser Geisteshaltung. Auch die Ansicht, dass freie Gedanken nur in einer freien Gesellschaft möglich seien, war in ihrem Freundeskreis unbestritten. Man gehörte ganz selbstverständlich zum Dunstkreis der oppositionellen Solidarność. Die Studenten zählten zwar nicht zur Führungsebene, aber sie halfen mit beim Vervielfältigen und Verteilen der Untergrundschriften.

Polen befand sich mitten im politischen und ökonomischen Umbruch, als Frau Sosnowska 1990 unmittelbar nach Beendigung ihrer Facharzt-Ausbildung ein ungewöhnliches Angebot erhielt. Ein Mediziner-Freund hatte soeben eine einjährige Management-Ausbildung in Dijon beendet, wo französische Pharmaunternehmen einen höchst anspruchsvollen Post-Graduate-Lehrgang für ihre eigene Branche betreiben. Die Regionalregierung von Burgund stiftet dafür jährlich einem polnischen Teilnehmer ein Stipendium. Der Freund fragte die Ärztin, ob sie daran Interesse habe. Ihre Französischkenntnisse boten eine gute Grundlage, und zusätzlich erleichterte ihr die Familie die Entscheidung. Ihr Vater war für ein Jahr ans europäische Kernforschungszentrum Cern bei Genf gerufen worden, und ihre jüngere Schwester wollte, ebenfalls in Genf, Informatik studieren. Das wäre nur wenige Fahrstunden entfernt, und man könnte die Wochenenden gemeinsam verbringen.

Sie bewarb sich, wurde aufgenommen und lernte eine andere Welt kennen.»Die ganze Art, an Dinge heranzugehen, war völlig neu für mich.« Den Kurs absolvierten bloß 20 Studenten. Neben ihr gab es nur einen zweiten Ausländer, einen Iraner, der allerdings in Frankreich aufgewachsen war.

Sie mussten sich durch klassische Lernfächer büffeln, wie die Grundlagen des Finanzwesens, des Marketings oder der strategischen Planung. Kern des Post-Graduate-Studiums stellten aber Projekte und Fallstudien dar, die jenen an amerikanischen MBA-Lehrgängen ähnlich waren. Man analysierte beispielsweise, wie der Pharmakonzern Eli Lilly & Company die Markteinführung bestimmter Insulin-Spritzen geplant und gegen die harte Konkurrenz erfolgreich durchgezogen hatte. Ein andermal wurde eine fremde, geographisch aber nahe gelegene Branche unter die Lupe genommen: die der Feinmechaniker im schweizerischen Jura. TAG Heuer, einst Spezialist für Stoppuhren und Sportmessungen, hatte sich ins breite Armbanduhrengeschäft vorgewagt – allerdings nicht sehr erfolgreich.»An diesem Fall haben wir gelernt, dass man nicht alles tun soll, was möglich scheint, sondern nur, was man wirklich gut kann.«

Die Studenten hatten oft über ihren eigenen Schatten zu springen, weil sie kurzfristig ein Seminar organisieren oder für eine schulinterne Veranstalung Sponsorengelder aus der unbekannten Welt der Konzerne auftreiben mussten. Sosnowska im Rückblick:»Ein paarmal habe ich gedacht: ›Ich werde das einfach nicht schaffen.‹ Aber dann ist es jedesmal gegangen.«

Der größte Unterschied für sie, die aus einem autoritär aufgebauten System kam, war das Führen nach Zielen und nicht nach Befehlen.»Es hat immer geheißen: ›Ihr könnt das schon, auch wenn es zunächst unmöglich ausschaut.‹« Wie man sich selbst organisiert und welcher Weg zur Erfüllung der vorgegebenen Ziele gewählt wird, blieb dem Einzelnen überlassen. Das war eine völlig neue Erfahrung für die Osteuropäerin.

Ähnlich ging es ihr mit der heute so selbstverständlich scheinenden Teamarbeit. Im Spital in Warschau hatte der Abteilungsleiter die jungen Ärzte auf die diversen Stationen eingeteilt, ohne auch nur einmal nachzufragen, wem welcher Arbeitsbereich besser liege. In Dijon war immer eine Gruppe für ein Ergebnis verantwortlich, und wenn ein Teilnehmer versagte, sprang ein anderer ein. Es ging wieder nur um das Ergebnis, nicht um den Weg dorthin.

Auch privat war das Auslandsjahr ein Gewinn. Sie lebte mit einigen anderen Studenten in einer Wohngemeinschaft,»in einer ausgesprochen netten Atmosphäre«. Es gab keine Spur von französischer Snobberie oder einem Herabschauen auf die arme»Ostlerin«. Finanziell lud sich Frau Sosnowska allerdings eine beträchtliche Last auf die Schultern. Das Stipendium deckte nur das ohnehin sehr hohe Schulgeld, aber nicht die Wohnung und die Lebensmittel. Im Vergleich zu Polen war in Frankreich beides sehr teuer. Also borgte sie dafür Geld vom Vater.

Gegen Ende des Kurses, der mit einem Master Degree der pharmazeutischen Industrie belohnt wurde, überlegte die Ärztin, wie es nun weitergehen sollte. Ursprünglich war sie ja nach Frankreich gekommen, um organisatorische Fähigkeiten für eine zukünftige Position als Abteilungsleiterin oder Klinikchefin zu erwerben.

Nun aber schien sie schon sehr gut auf eine Management-Karriere in der Pharma-Branche vorbereitet. Und angeblich suchte man in den ehemals kommunistischen Ländern, wo die Pharma-Multis gerade erst Fuß fassten, einschlägige Spezialisten. Also beschloss sie, den Umstieg zu wagen, und schickte, wie ihre Kollegen, Bewerbungsschreiben an die Zentralen mehrerer Konzerne, darunter an

Ciba-Geigy und Hoffmann-La Roche. Darin schrieb sie, dass sie an einem Marketing-Posten in Osteuropa interessiert sei.

Die Personalabteilung von Roche antwortete innerhalb eines Monats und lud sie zu einem Vorstellungsgespräch nach Basel ein. »Ich war ziemlich sicher, dass ich mit dieser Ausbildung einen Job in Polen kriegen würde«, sagt Frau Sosnowska heute. »Ob es bei Roche klappen würde, war damals noch nicht klar, denn sie betrieben erst ein kleines Büro in Polen.« Die strategische Entscheidung zur Erweiterung des Unternehmens fiel aber sehr rasch, und Frau Sosnowska bekam eine Anstellung als Product Specialist, bald als Product Manager. In kurzer Zeit konnte sie sich zum Business Unit Manager hinaufarbeiten; in den heute üblichen flachen Hierarchien bedeutet das bereits die zweite Ebene nach dem Geschäftsführer. Frau Sosnowska ist mit einer Gruppe von Product Managern für onkologische Pharmazeutika verantwortlich. Ganz ohne Standesdünkel sitzt sie nun im nüchternen Großraumbüro in einem modernen Warschauer Verwaltungsgebäude.

Hier im Süden der Stadt sind in den letzten Jahren die Polen-Zentralen der internationalen Unternehmen aus dem Boden geschossen. Auf den Nachbarparzellen drängen sich BASF, Bayer und Agfa sowie Hoechst Marion Roussel. Zwischen den kühlen, verspiegelten und verglasten Zweckbauten stehen blank polierte Mittelklasse-PKWs. »Das Firmenauto gehört bei Angestellten internationaler Unternehmen dazu«, erklärt Frau Sosnowska. So wie ihr blauer Toyota Carina.

Über ihr Gehalt will sie keine genaue Angabe machen, auch nicht über die Relation zu ihrem früheren Job im Spital. Sie verdient jedenfalls deutlich besser als damals und weiß, dass sie damit zu den Wohlhabenderen in Polen gehört. Mit ihrem Mann, einem Unternehmer mit zwei eigenen Software-Firmen, und ihrer sechsjährigen Tochter bewohnt sie eine Villenetage in der grünen Gegend von Warschau, aber doch noch fast in der Innenstadt. Wieviel mehr Stress sie im beinharten Geschäftsleben gegenüber der früheren Klinik-Routine hat, sieht man der fröhlichen Vierzigerin nicht an.

Einfach hat sie es aber trotzdem nicht, weil selbst in der Boomphase der polnischen Wirtschaft die Zeiten nicht für alle Branchen gleich gut sind. Bei den Pharmazeutika schlägt gerade die Gesundheitsreform mit aller Brutalität durch. In den ersten Monaten seit deren Einführung ist der Verbrauch mancher Medikamente um 50 Prozent gefallen, und im allgemeinen Chaos der Umstellung weiß noch niemand, wie es weitergehen wird. Durch die Regionalisierung der Krankenkassen gab es absurde Fälle von Nichtbehandlung, die bei einigen Patienten sogar zum Tod geführt haben. So starb in einem Fall beispielsweise ein Infarktpatient, weil die Rettung ihn nicht ins nächstgelegene Spital gebracht hatte, da es zu einem anderen Kassendistrikt gehörte.

Frau Sosnowska neigt aber nicht zur Panik. Sie will erst einmal abwarten, wie sich die Organisation der Gesundheitsreform einpendelt. Trotz der Probleme ist sie mit ihrem Job wirklich zufrieden: »Natürlich bin ich gerne hier«, sagt sie mit einem breiten Lächeln. Ihre Reports schreibt sie für den örtlichen Chef auf Polnisch und für die Konzernzentrale auf Englisch. Sie freut sich, dass auch bei ihr gelegentlich internationale Headhunter anklopfen und sie abzuwerben versuchen. »Sicher schmeichelt einem das, und man möchte ein wenig seinen Marktwert testen«, sagt sie. »Aber wichtiger ist, dass man erfährt, was die Konkurrenz so vorhat.«

Und sie erinnert sich, dass sie in den Oppositionszeiten nie geahnt hätte, wo sie ihre langen Arbeitstage einmal verbringen sollte. »So weit, dass es einmal eine Marktwirtschaft geben würde, haben wir gar nicht gedacht. Wir wollten eigentlich nur ein bisschen mehr Freiheit.«

# Barbara Wieczorek: Aus der Invalidenrente zurück ins Gewerkschaftsbüro

Plötzlich wurde die Situation bedrohlich. Man hatte sie in die Arbeiterwohnung geschickt, weil das Kind angeblich vernachlässigt war und seine alkoholkranken Eltern ihm nicht einmal genug zu essen gegeben hätten. Tatsächlich saß es weinend, hungrig und schmutzig allein in einem Zimmer. Als sie es hochnahm und ihm etwas zum Naschen in den Mund steckte, wurden die Eltern aufdringlich. Sie müsse mit ihnen trinken, grölten sie und wurden immer penetranter. Glücklicherweise kam eine Nachbarin bei der Tür herein, die nur angelehnt gewesen war, und half ihr beim geordneten Rückzug – mit dem Kind.

»Damals habe ich öfter wirklich Angst gehabt«, erinnert sich Barbara Wieczorek an ihre Zeit als Sozialarbeiterin in Ciechanowskie in der Nähe von Warschau. »Solche Situationen gab es immer wieder.« Im regionalen Amt für Sozialhilfe und Gesundheit hatte sie hauptsächlich schwierige Klienten.

Der sozialistische polnische Staat erkannte schon früher als andere Bruderländer die triste soziale Realität und versuchte, sie zumindest zu mildern. Für Behinderte und Alte organisierte das Sozialamt Heimpflegedienste, die auch Putzen, Waschen und »Essen auf Rädern« umfassten. Man verteilte Kleider und Bettwäsche an Arme. Vor allem musste man sich aber immer wieder mit dem Elend von Kindern aus zerrütteten Familien herumschlagen, wobei Alkohol und psychische Probleme die größten Feinde waren. »Es ging recht rau zu«, erinnert sich Frau Wieczorek, »und es gab immer wieder grobe, gewalttätige, gefährliche Männer darunter.«

Sie gehörte zur Pioniergeneration der Sozialarbeiter in Polen. 1944 geboren, graduierte sie immerhin schon 1961 an einer der ersten Sozialakademien. Bereits damals zählte man ihrer Angabe nach so viele Bedürftige, dass sich der Staat veranlasst sah, dieses Problem direkt zu bekämpfen. »Sehr oft gab es psychologische Schwierigkeiten«, erklärt Frau Wieczorek. »Wir wurden daher gerade auf diesem Gebiet sehr ausführlich geschult.« Die vernachlässigten Kinder sollten den Eltern nicht sofort weggenommen und ins

Heim gesteckt werden. Vielmehr sollte mit Familientherapien versucht werden, das Problem am Kern anzugehen.

28 Jahre blieb sie in der Sozialarbeit und kletterte im regionalen Amt die Karriereleiter in die Höhe – von der Sozialarbeiterin, die in die Wohnungen der Armen und der geschlagenen Kinder geht, bis zur Büroleiterin und Koordinatorin, die entscheidet, wer für welche Leistung anspruchsberechtigt ist und wie hoch der Budgetvoranschlag für das nächste Jahr anzusetzen ist. Dabei hatte sie gleich mit zwei bürokratischen Apparaten zu verhandeln, da die Hälfte ihrer Gelder von der Vojwodschaft, also der Kreisbehörde, kam und die andere Hälfte vom Gesundheitsministerium in Warschau.

Irgendwann wurde ihr das zu viel, und das Herz begann zu flattern. Sie musste sich zwar nicht operieren lassen, aber doch schwere Medikamente nehmen. Nachdem ihr die Ärzte Ruhe verordnet hatten, erfolgte 1989, zur Zeit der sozialen Umbrüche, der Wirtschaftsreformen und der neuen Freiheit, ihre Frühpensionierung.

»Wenn nicht mein Mann als Beamter noch verdient hätte – ich weiß nicht, wie ich die Rechnungen bezahlen hätte sollen«, sinniert Frau Wieczorek heute über ihre damalige wirtschaftliche Lage. »Dabei war ich noch besser dran, weil ich viele Jahre lang relativ gut verdient hatte. Es gab genug Frührentner, die wesentlich weniger bekamen als ich.«

Ihre Kinder waren zu diesem Zeitpunkt schon aus dem Haus. Beide Söhne hatten geheiratet und arbeiteten, der eine als Automechaniker, der andere als gelernter Ingenieur bei der Armee. Dann kamen hintereinander die Enkelkinder. Bis jetzt sind es insgesamt vier. »Mein ganzer Stolz«, freut sich Frau Wieczorek über den Nachwuchs in der Familie.

Aber dennoch wollte die agile Frau nicht zu Hause bleiben. Bloß ihrem Mann das Essen vorzubereiten, war ihr einfach nicht genug. Da kam 1993 ein Anruf von einer Parlamentarierin und Solidarność-Funktionärin: Man brauche sie in der Gewerkschaft, ob sie nicht versuchen wolle, wieder zu arbeiten. Das ließ sich Frau Wieczorek nicht zweimal sagen. Der Mann wurde vom frischen Abendessen wieder auf Vorgekochtes umgestellt, die medizinischen Risiken weggeschoben. »Seit ich wieder arbeite, geht es mir viel besser, ich habe sogar die Medikamente abgesetzt.«

Die Kontakte zur Gewerkschaftsbewegung waren alles andere als neu. In ihrem Büro hatte sie schon ab 1980, dem Gründungsjahr von Solidarność, begonnen, Ärzte, Krankenschwestern und Sozialarbeiter zu organisieren. Gegner der Solidarność war die staatliche kommunistische Einheitsgewerkschaft, die man demokratisch kontrollieren und deren personelle Allmacht und budgetäre Kraft man brechen wollte. Aber schon 1981 wurde das Kriegsrecht ausgerufen und die Gewerkschaftsarbeit in den Untergrund gedrängt. »Unser Verwaltungsdirektor, dem auch die Spitäler unterstanden, hat seine Ärzte und Beamten geschützt«, erinnert sie sich wohlwollend. In anderen Ämtern gab es Verhaftungen und oft genug auch Entlassungen von medizinischem Personal oder Sozialarbeitern wegen ihrer Solidarność-Zugehörigkeit.

Ihre antikommunistische Haltung hatte auch persönliche, familiäre Gründe. Sie war noch ein Kleinkind, als ihr Vater, Mitglied der bürgerlichen polnischen Heimatarmee der Londoner Exilregierung, 1946 von den Kommunisten umgebracht worden war. Ein Onkel von ihr hatte vor dem Krieg in Marschall Pilsudskis nationalistischer Legion gedient, wodurch die ganze Familie der Verfolgung ausgesetzt war. »Ich bin während der ganzen sowjetischen Okkupation immer Patriotin geblieben.«

Nachdem Frau Wieczorek die freiwillige Tätigkeit für Solidarność wieder aufgenommen hatte, gab es genug zu tun für sie. Der ökonomische Umbruch hatte viele Menschen in eine schwierige Lage gebracht. Gleichzeitig musste der überschuldete Staat sparen und kürzte die Sozialbudgets an allen Ecken und Enden. Die Gewerkschaft entwickelte sich zwangläufig auch in Richtung Hilfsverein für Bedürftige.

Um Kleidung, Lebensmittel und Medikamente für die »neuen Armen« zu beschaffen, suchte man Allianzen mit verschiedensten polnischen und ausländischen Wohlfahrtsorganisationen. Man schnorrte Geld und Sachspenden vom Internationalen Roten Kreuz, von der Caritas, von der Polnischen Liga der Frauen, von Kinderhilfswerken sowie von verschiedenen belgischen, deutschen und amerikanischen Gruppen. Barbara Wieczorek saß dabei als gewählte Vertreterin ihres Bezirks im Warschauer Komitee für Sozialpolitik, das diese Hilfsmaßnahmen auch mit staatlichen Stellen koordinierte. »Alle wohltätigen Organisationen waren darin vertreten, auch Priester und Beamte, und jeder hat eine Aufgabe erhalten«, berichtet sie stolz. Sie selbst war damit zu ihrer ursprünglichen Arbeit zurückgekehrt: der effizienten Versorgung von Bedürftigen. Oft genug ging es dabei um so grundlegende Güter wie Brot für Jugendliche und Kleidung für Pensionisten. Diese organisatorische Arbeit machte die unfreiwillige Pensionistin noch unbezahlt. Als dann aber Solidarność – mit Hauptquartier Danzig – in Warschau ein Büro für Sozialpolitik eröffnen wollte, erinnerte man sich an sie. Jetzt sitzt sie wieder hauptberuflich hinter einem Schreibtisch in einem gemütlich-düsteren Zimmer, das deutlich macht, um welche Art von Gewerkschaft es sich bei Solidarność handelt. Das Kreuz hängt hoch oben an der Wand, und Papst Johannes Paul II. lächelt von den verschiedensten Gegenständen. Frau Wieczoreks Invalidenpension wurde inzwischen ruhend gestellt, da nach den durchgeführten Pensionsreformen strenge Unvereinbarkeitsbestimmungen gelten.

Fünf Jahre hat Frau Wieczorek noch, bis sie ihr wirkliches Pensionsalter, das 60. Lebensjahr, erreicht. Und diese Jahre will sie auf jeden Fall durchhalten. Erstens gefällt ihr die Arbeit, bei der sie durch die laufenden Kontakte zu Abgeordneten und Spitzenbeamten das Gefühl hat, selbst zumindest ein bisschen etwas weiterbringen zu können. Außerdem braucht sie die zusätzlichen Monate, damit ihre Pension nicht ganz so niedrig bleibt wie jetzt. Ihre Invalidenrente würde derzeit bloß 750 Zloty ausmachen. Das wären nicht einmal 2.500 Schilling oder knapp mehr als 300 D-Mark. Die Lebensmittelpreise in Warschau sind zwar etwas niedriger als im Westen, aber nicht um so viel. Dabei gibt es noch deutlich Ärmere als die ehemalige Spitzenbeamtin. 450 Zloty beträgt derzeit die niedrigste Invalidenrente, und damit kann man nicht mehr in Würde leben.

Als Gewerkschafterin hat sie auch andere bedrückende Zahlen schnell bei der Hand: Der Mindestlohn in Polen liegt bei 528 Zloty. Das sei keine bloße Theorie, man würde die Leute tatsächlich zu diesen Hungerlöhnen einstellen. Dazu kämen oft bloß symbolische Sozialleistungen, etwa eine Kinderbeihilfe, von der man gerade ein paar Packungen Windeln kaufen könne. Auch über die Gehälter der nächsten Generation spricht sie bereitwillig: Die Schwiegertochter, eine zweifache Magistra, verdiene nach 15 Dienstjahren als Lehrerin gerade einmal 950 Zloty, der Sohn als Major und gelernter Ingenieur mit drei Sprachen 2.200 Zloty. Wenn Frau Wieczorek auf die Spitzeneinkommen anderswo zu sprechen kommt, wird sie richtig kämpferisch. Leistung und Bezahlung stimmten vor allem dort nicht mehr überein, wo sich Politiker selbst ihre Gehälter genehmigten, wie etwa ein Bürgermeister, der 10.000 Zloty bekomme, oder ein hoher Beamter in der Vojwodschaft, der noch immer 8.000 pro Monat nach Hause bringe. Spottend meint sie sogar, dass das wohl die »neue Demokratie« sei – wenn sich die Volksvertreter so weit vom Volk entfernten.

Die Gewerkschafterin zählt routiniert auch jene Probleme einer Arbeitnehmervertetung auf, die ihre Kollegen in Europa und den USA seit Jahren kennen: die Ausbeutung von unausgebildeten Arbeitern in so genannten Sweatshops; das Ausnutzen von Schlupflöchern in der Arbeitsgesetzgebung, etwa durch Kettenverträge, oder die Entlassung knapp bevor Sozialversicherungszahlungen fällig werden; schließlich das Kündigen von aufmüpfigen Arbeitnehmern, die einen Betriebsrat einführen wollen.

Dennoch meint sie optimistisch, dass sich Polen auf dem richtigen Weg befinde. Die ausländischen Unternehmen seien insgesamt zwar zu mächtig, und der Staat sollte sich wieder mehr um seine Bürger und die Wirtschaft kümmern. Aber nachdem im Parlament die Linke jetzt deutlich weniger Einfluss habe, »werden wir auch aus den ökonomischen Schwierigkeiten wieder herauskommen«.

# Jadwiga Karoń: Zwei Kühe, ein Pferd und ein Acker hinter dem Haus

In die Küche soll sich der Besuch setzen, weil in der Stube ein krankes Enkelkind schläft. Aber so ist es ohnehin richtig in einem Bauernhaus: Alle drängen sich um den Tisch, über dessen rotgemusterte Plastikdecke Jadwiga Karoń immer wieder mit einem Tuch darüberwischt, sobald sich eine Fliege niedersetzen will. Der Großvater drückt sich neugierig in eine Ecke, der Sohn mit seiner jungen Frau und deren Vater, der auf einem Hof ein paar Häuser weiter wohnt, sind ebenfalls da.

Der Kaffee dampft in den großen Gläsern mit der geflochtenen Ummantelung, und von zwei Blechen teilt die Bäuerin große Stükke Mehlspeise aus – Apfelkuchen mit einer Haube aus schwerer Buttercreme und Topfenstrudel. Über dem bernsteinfarbenen Kamin in der Ecke hängt noch ein Hauch vom würzigen Krautgeruch des Mittagessens.

Frau Karoń ist seit sechs Jahren Witwe, und seither führt sie den Hof alleine. Die jungen Leute helfen zwar mit, aber die Hauptlast liegt doch bei ihr. Zwei schwarzfleckige Kühe melkt sie täglich zweimal, dazwischen werden sie auf eine Wiese hinter dem Haus getrieben und angepflockt, wie das hier in der Gegend rund um Krakau üblich ist. »Aber am Abend hole ich sie immer herein, in der Nacht weiß man ja nie. Einem Nachbarn haben sie auch schon einmal eine Kuh gestohlen.« Im Hof grast hinter einem Gatter noch Basia, ein goldbraunes junges Pferd, das hier noch statt eines Traktors seine Dienste tut. Im Sommer wird es vor den mit Heu oder Stroh hochbeladenen Leiterwagen gespannt, im Winter vor den Schlitten, der jetzt an der Scheunenwand lehnt. Dazwischen gackern einige Hühner und Truthähne. Nur der Schweinestall ist gerade leer, die letzten vier Stück hat die Bäuerin vor zwei Wochen verkauft, und ob sie noch einmal Ferkel zur Aufzucht nimmt, weiß sie nicht: »Der Fleischpreis war miserabel.«

2,6 Hektar Acker gehören zum Hof. Das Feld beginnt mit dem Gemüsegarten und ein paar Obstbäumen gleich hinter dem Stadel. Den hat Frau Karoń noch gemeinsam mit ihrem Mann an der Stelle gebaut, wo das strohgedeckte alte Wohnhaus ihrer Eltern gestanden war. »Mein Mann ist aus einer Arbeiterfamilie gekommen. Er hat die Landwirtschaft erst lernen müssen«, erzählt sie. Angebaut wird vor allem Weizen und Hafer, dazu Kartoffeln, weiße Rüben und ein wenig Grünzeug: Blaue Krautköpfe wachsen am Rande des Feldes, Bohnenstauden, Petersilie, Karotten und Zwiebeln drängen sich im Gemüsebeet.

Für den Markt produziert der Hof eigentlich nur die Milch der beiden Kühe. Die Kühlanlage hat Frau Karoń selbst gekauft, das war notwendig, um die drei Kilometer entfernte Molkerei als ständigen Kunden zu gewinnen. Mit dem Getreide braucht sie es erst gar nicht auf dem Markt zu versuchen, die Preise sind so niedrig, dass sie es lieber als Futter verwendet. Gefragt, ob wenigstens sie alleine vom Hof leben könne, antwortet die energiegeladene Frau heftig: »Absolut nicht, nein, unmöglich.«

Bauernhöfe wie dieser waren in Polen auch während der kommunistischen Herrschaft nicht verstaatlicht. Aber von den Erträgen eines derartig kleinen Anwesens konnte man früher ebenso wenig leben wie heute. Der Vater von Frau Karoń hatte als Bauarbeiter dazuverdienen müssen, ihr Mann war Tischler, und sie selbst hatte als Köchin in der Kantine eines Bauunternehmens gearbeitet. Erst vor kurzem ging die 47jährige, die in ihrer Jugend eine Fachschule für Gastronomie besucht hatte, in Frührente. Gesundheitliche Probleme und der Konkurs der Firma waren die Ursachen dafür.

Jetzt kocht sie statt für zweihundert Menschen für fünf und arbeitet von früh bis spät auf dem Hof. Nach 26 Arbeitsjahren bekommt sie noch nicht die volle Pension – ganze 350 Zloty Rente stehen ihr im Monat zu, das sind umgerechnet etwa 1.000 Schilling oder 150 Mark. In der Stadt wäre es nicht genug, um in Würde zu überleben, aber hier auf dem Land wird zusammengelegt: ihre Pension, die kleine Bauernrente des Großvaters und was der Sohn als Kanalarbeiter in einem nahen Städtchen verdient. »Die Bauern hier haben genug zum Essen, aber wenn man Kinderschuhe kaufen muss, heißt's aufs Geld schauen«, sagt die Bäuerin.

Damit Frau Karoń nicht langweilig wird, hat sie zusätzlich noch ein politisches Amt übernommen. Schon zum zweitenmal ist sie »als erste Frau hier« zum Soltys gewählt worden, wie das Schild an ihrem Haus verrät. Das ist der »Dorfschulze«, eine Art Mini-Bürgermeister der Katastralgemeinde Wola Kalinowska. Der langgestreckte Ortsteil gehört zur Großgemeinde Suloszowa. Dort sitzt der Wojd oder Gemeindevorsteher mit seinen Beamten.

Frau Karoń hat in geheimer Wahl die Mehrheit der 550 Bewohner bekommen, und jetzt werden unter ihrem Vorsitz notwendige Bauprojekte des Dorfes, wie Gasanschlüsse oder die Kanalisierung, diskutiert.»Für eine Kläranlage, die gemeinsam mit ein paar anderen Gemeinden betrieben werden soll, haben wir schon eine Wiese gekauft. Aber für den Bau gibt es noch nicht genug Geld.« Der Wojd habe in Warschau und auch in Brüssel bei der EU angeblich schon um Förderungen angesucht.

Einmal im Quartal amtiert die Frau»Dorfschulze« auch als Steuereintreiberin der polnischen Regierung. Dann kommen die Bauern zu ihr, legen das Geld für ihre Grundsteuern auf den Küchentisch, und Frau Karoń stellt ihnen dafür eine Quittung aus. Sie trägt das Geld dann selbst auf die Bank und zahlt es auf ein Regierungskonto ein. Gefragt, ob es Schwierigkeiten mit der Zahlungsmoral gäbe, sagt sie:»nein«, alle zahlten brav ihre Abgaben.

Dabei könnten diese schon eher unter Liebhaberei verbucht werden denn als Ertragssteuern. Von den 550 Bewohnern ihres Dorfes lebt nämlich keine einzige Familie mehr ausschließlich von der Landwirtschaft. Auf den umliegenden, sanft hügeligen Wiesen stehen zwar überall die einzelnen Kühe wiederkäuend in der Landschaft, aber bei den bäuerlichen Betrieben handelt es sich fast durchwegs um Kleinst-Anwesen, die nur mehr im Nebenerwerb geführt werden.

Nicht einmal Frau Karońs angeheirateter Verwandter, der Vater ihrer Schwiegertochter, kann ausschließlich von seinem Hof leben. Dabei ist er mit 15 Hektar Grund einer der größten Bauern im Dorf. Der Schnitt liegt bei dreieinhalb Hektar.»Ich bekomme für eine Tonne Hafer 300 Zloty«, rechnet Waclaw Staroń vor.»200 Liter Diesel kosten mehr, etwa 400 Zloty. Das kann sich nicht ausgehen.« Also arbeitet er in der Schule eines Nachbardorfes als Schulwart und Hausmechaniker. Er hat seinen Betrieb zwar mit Traktor und Mähdrescher mechanisiert und bearbeitet damit auch das Feld seiner Bürgermeisterin und Verwandten, damit sie nicht mehr mit dem Pferd ackern muss. Aber die Maschinen sind nun schon alt und Ersatzteile teuer.»Ich habe in den 80er Jahren investiert, damals waren die Zeiten für Bauern besser. Wir haben mehr Geld für unsere Produkte bekommen und leicht günstige Kredite aufnehmen können.« Heute wäre es für ihn unmöglich, einen neuen Traktor oder eine andere größere Maschine zu kaufen. Wen man ihn fragt, ob er dafür den Markt, die Regierung oder die EU verantwortlich mache, antwortet Staroń:»Schuld waren vor allem die Regierungen der Solidarność. Unter den Sozialisten, die dazwischen einmal regiert haben, war es ein bisschen besser.« Die EU könne nichts für die Fehler Warschaus:»Die sollen sich nicht herausreden. Wenn sie etwas für die Bauern hätten tun wollen, so hätten sie es längst machen können.«

Auch vor dem Ausverkauf von Grund und Boden bei einem Beitritt zur EU hätte er keine Angst:»Das betrifft vielleicht die Leute an der deutschen Grenze, hierher wird sich kaum ein Ausländer verirren.« Lediglich ein paar Polen hätten in der Gegend Wochenendhäuser gebaut.

Was dem Bauern Sorgen bereitet, sind die brachliegenden Felder seines Dorfes:»Das hat es vor acht Jahren noch nicht gegeben. Ich schätze, dass heute von den 280 Hektar unserer Gemeinde schon 100 nicht mehr bearbeitet werden.« Sogar ein ehemals staatliches Gut mit fast 30 Hektar liege zur Gänze brach. Das Problem neben der»Schande«, wie es Staroń nennt, sei das Verwildern der Äcker und der Samenflug des Unkrauts auf die bearbeiteten Felder der Nachbarn. Selbst wenn ein anderer Bauer diese Flächen pachten oder kaufen und dann bearbeiten würde, wäre das kaum rentabel, meint Staroń:»Ich könnte mit meinen Maschinen 100 Hektar schaffen. Aber finanziell ginge sich das immer noch nicht aus.«

Er spricht dabei von einer gemischten Bebauung der Felder. Mit Spezialisierung habe es hier noch kein Bauer versucht. Nicht mit Blumen oder Kräutern oder irgendeinem anderen höherpreisigen Produkt, wie dies die alpinen Bauern in Österreich oder in der Schweiz tun (die dafür noch hohe Förderungen erhalten). Auch eine Direktvermarktung von Fleisch und anderen landwirtschaftlichen Produkten an die wohlhabenderen Städter des nahen Krakau scheint kein Weg aus der Niedrigpreisfalle zu sein:»Das erlauben wahrscheinlich die Tierärzte nicht«, glaubt Frau Karoń,»wegen der Hygiene.«

Ans Aufgeben oder Weggehen denkt hier dennoch niemand.

Staroń: »Ich könnte nicht in der Stadt leben. Ich arbeite manchmal bis Mitternacht, aber ich tue es gerne.« Und auch Frau Karoń setzt nach: »Nie im Leben. Wir gehören hierher. Das ist unser Platz.« Da ist es auch zweitrangig, dass sie noch keinen Urlaub machen konnte, »weil ja die Kühe jeden Tag gemolken werden müssen«. Nein, einmal war sie doch schon im Ausland, drei Tage in Budapest, als sie ihren Schwiegervater, der im Außenhandel arbeitete, auf einer Dienstreise begleiten durfte. Wann das war? 1977, aber Urlaub sei ohnehin etwas für die Jüngeren.

Und ihr Sohn, ob er den Hof einmal weiterführen werde? »Ich weiß noch nicht so recht«, druckst der 25-Jährige verlegen herum. »Natürlich wirst du das«, sagt die Mutter unnachgiebig und lacht dann über das ganze Gesicht ihr Bäuerinnenlachen. Das kann ihr keiner nehmen.

# Justyna Pawlak: Master of Journalism in Columbia – und Schulden für zehn Jahre

»Reporter« lautet die schlichte Berufsbezeichung auf ihrer Business Card. Darüber ist in Blau das weltbekannte Firmenlogo eingedruckt, das noch die Pünktchen der alten Telex-Ticker imitiert: Reuters. Justyna Pawlak ist erst einmal dort angekommen, wohin sie wollte. Sie arbeitet als Wirtschaftsjournalistin bei einem renommierten internationalen Medium. Und sie kann auf Englisch schreiben, »denn mein Polnisch ist nicht ganz so gut. Seit meiner Mittelschulzeit war ich mehr im Ausland als zu Hause.«

Justyna kam nicht als Diplomatenkind in der Welt herum. 1973 in Posen als Kind zweier Akademiker geboren, ging sie in Warschau in die Grundschule und ins Gymnasium. Für einen Sommer, sie war gerade 17 geworden, schickten sie ihre Eltern über Vermittlung von Bekannten auf ein jüdisches Sommercamp in die USA, um Englisch zu lernen – wohl auch ein wenig, um weit weg vom konservativ-katholischen Polen die Traditionen der eigenen Religion zu pflegen.

Aus den geplanten Wochen sollte ein Jahr in der Fremde werden. Eine Gastfamilie nahm das Mädchen auf, und die dortige jüdische Gemeinde organisierte für sie den Gratisunterricht in einer orthodox-religiösen Schule. »Es war eine furchtbare Zeit«, erinnert sie sich heute: »Ich habe mich so eingesperrt gefühlt. Mir war elend, ich habe geweint und wollte nur nach Hause.« Die Eltern redeten ihr aber zum Durchhalten zu, weil die Sprache eine gute Basis für später sei.

»Nie wieder Amerika«, war ihr Motto, als sie für ihr letztes Schuljahr nach Polen zurückkehrte. Diese Haltung sollte nicht lang währen, schon vor dem Ende dieses Jahres überwog das Fernweh wieder. Sie bewarb sich an vier US-Colleges und machte einen »Lotterietreffer«: Die renommierte Brandeis University bei Boston verlieh ihr ein Vierjahresstipendium, in dem sowohl Schulgeld als auch Unterbringung und Verpflegung enthalten waren. »Wir hätten uns das nie leisten können«, sagt ihre Mutter dankbar.

»Beim Abschied waren alle traurig, meine Familie und meine

Freunde«, erinnert sich Justyna, »aber ich habe mich einfach unglaublich gefreut.« Denn jetzt sollte ein richtiges Studentenleben beginnen. Sie betrachtet sich heute eher als Spätzünderin. Weil sie in der Pubertät so brav und angepasst gewesen war, kamen erst jetzt die wilden Jahre. Sie hatte einiges nachzuholen, und als sie merkte, dass das Studium kaum Fortschritte machte, unterbrach sie für ein Semester und ging als schlechtbezahlte Redaktionsaspirantin des Wochenmagazin »Jerusalem Report« nach Israel. Der Wunsch, Journalistin zu werden, hatte sie schon seit der Mittelschule begleitet. Jetzt wollte sie in die Redaktionsluft einmal hineinschnuppern. »Die Arbeit dort hat mich wieder zum Studieren motiviert«, erzählt sie. »Ich habe gesehen, dass man eine solide Ausbildung braucht, um eine gute Journalistin zu sein.« Sie kehrte in die USA zurück und überraschte ihre Professoren mit einem ungewöhnlichen Studienwechsel. Statt der eher schwammigen Richtung »History of Ideas« wollte sie sich auf Politik konzentrieren. Die Studienbehörde akzeptierte den Wechsel, und so machte sie ihren Bachelor in diesem Fach.

Aber mit einem abgeschlossenen College-Studium alleine ist in den USA noch nicht allzuviel anzufangen. Also wurden wieder Bewerbungsschreiben verschickt, diesmal an drei Graduate Universities. An einer von ihnen wollte Justyna den Master of Journalism erwerben, allerdings erst nach einem Reise- und Arbeitsjahr, irgendwo in anderen Ländern. Doch daraus sollte nichts werden. Ihre Bewerbung war so gut, dass sie an allen drei Universitäten akzeptiert worden war, und eine davon hieß Columbia in New York City. Die dortige School of Journalism gilt in der Medienbranche so viel wie Harvard im Management, und so ein Angebot lehnt man nicht ab. Auch nicht, wenn man dafür gleich in mehrere saure Äpfel beißen muss.

Der erste war, dass die Zulassung zum Master-Programm nur für das kommende Jahr galt, dass also das Reise- und Nachdenkjahr daran glauben musste. Zweitens war mit der Aufnahme nur ein ganz kleines Stipendium verbunden. Die Sache würde also sehr teuer werden – viel zu teuer für die Familie. Also ging die junge Polin den Weg, der für Amerikaner, die nicht aus wohlhabenden Häusern kommen, bereits eine Selbstverständlichkeit ist: Sie nahm einen Kredit von 30.000 US-Dollar auf, inklusive Zinsen immerhin 45.000.

Für eine Osteuropäerin ohne irgendwelche Rüklagen war das eine gewaltige Summe. Die Hälfte kam von der Universität selbst, die andere Hälfte von einer amerikanischen Bank. Damit sich die teure Absolventin später nicht in die Karibik oder anderswohin absetzen könnte, ohne die Schuld zu tilgen, wurde eine Ko-Bürgschaft eines amerikanischen Staatsbürgers verlangt. Ein Freund der Familie übernahm dies – gegen Handschlag.

Die polnischen Schulkollegen von Justyna konnten das nur schwer verstehen, schließlich sei zu Hause die Uni gratis, und man habe ein Recht darauf. Die Journalistin findet sich kühl mit den kapitalistischen Gegebenheiten von Angebot und Nachfrage auf dem akademischen Markt ab:»Ich weiß, wie schlecht bei uns die Ausbildung ist. Ich bekomme eine gute Ausbildung, und dafür muss ich eben zahlen.«

Noch im Sommer 1996 zog Justyna nach Manhattan – gemeinsam mit drei anderen Studentinnen in eine Wohngemeinschaft ins Village. In den Ferien jobbte sie bei der jüdischen Monatszeitung »Forward« und in zwei Restaurants, einem eleganteren und einem bodenständigen an der Grenze zum gefährlichen East Village. Dort sah sie das richtige Leben, es gab Drogenhändler, kleine Gauner und Intellektuelle, Farbige und semi-professionelle Pool-Billard-Spieler – eine bunte Szene. So bunt, dass daraus später die Diplomarbeit an der Columbia werden sollte, in Form einer großen Reportage über das Billard-Team.

Bevor es aber soweit war, wurde gebüffelt und recherchiert. Jeder Student erhielt ein Gebiet in der Stadt zugeordnet, aus dem er berichten musste. Darunter war keine einzige, reiche, sichere Gegend. Justyna fand sich mit ein paar Blocks in der South Bronx konfrontiert, und wieder einmal gab es am Abend Tränen und Verzweiflung.»An einem Tag hat es um 17 Uhr geheißen: ›Bis morgen um dieselbe Zeit kriege ich eine Story aus eurem Viertel‹.« Die Studentin entwickelte schreckliche Ängste, aber als diese überwunden waren, lernte sie Amerika so kennen, wie es wenige Europäer tun: »Ich war in den Häusern und habe gesehen, wie manche Menschen leben müssen: zwischen Sperrholz und in unglaublichem Dreck.« Sie schrieb Stories über den Chor einer schwarzen Kirchengemeinde, über den Drogenhandel in Gemüsegeschäften oder über Graffiti-Künstler und die geheimen Codes hinter ihren Werken.

Es war eine aufregende, wunderbare Zeit und Justyna verlor ihr Herz endgültig an das Schreiben. Daran konnte auch die erste Niederlage in ihrem Beruf nichts ändern. Nach dem Diplom übernahm sie die Stelle einer Regionalredakteurin in einem Netz jüdischer Provinzzeitungen in New Jersey. Der Job entpuppte sich als Katastrophe: Der Chefredakteur, der ein professionelles Blatt machen wollte, konnte sich nicht gegen die Wichtigtuer der örtlichen jüdischen Gemeinde durchsetzen, die ein Verlautbarungsblatt haben wollten. Dazu kamen die Einsamkeit als Untermieterin in einer Gegend ohne Bekannte und eine Reihe von Autounfällen, die zwar harmlos waren, aber ihren gebrauchten Ford bald rundherum verkleinerten. Kurz bevor sie nach kaum fünf Monaten die Notbremse zog, überlegte sie strategisch: Wie könnte sie es schaffen, wieder nach Manhattan zurückzukehren? Welches Medium würde einer frischgebackenen Studienabgängerin eine Chance geben und so viel bezahlen, dass Wohnung und Studienkredit finanzierbar wären? Nachdem der Kreditplan eine zehnjährige Tilgungszeit vorsah, sollten die Raten zum leise mahnenden Begleiter der nächsten Jahre werden.

»Es war ganz klar: Die ›New York Times‹ stellt keine wie mich an. Wenn ich in der Stadt leben wollte, dann musste ich über Wirtschaft schreiben.« Zwar hatte Justyna in Columbia lediglich einen einzigen Grundkurs über Business Journalism belegt, dennoch bewarb sie sich bei mehreren Verlagen und fand eine Stelle bei einem wöchentlichen Newsletter, der zum Institutional Investor gehört: »Bondweek«, BW.

Die Anfängerin wurde gleich ins eiskalte Wasser gestoßen. Sie musste über ein enges Spezialgebiet auf dem Anleihemarkt berichten, so genannte »Asset Backed Securities«. »Es war vor allem Branchentratsch, aber auskennen musste man sich doch«, erinnert sich Justyna. Mit Hilfe erfahrener Redakteure baute sie ein Netz von Informanten auf: Analysten, Spezialisten der Rating-Agenturen, Ökonomen aus den Investmentbanken. Und sie lernte auch bald das Spiel der Großen: Wie man die Banker bei Arbeitsessen oder Drinks zum Plaudern bringt, wie man deren Eitelkeit ausnutzt, indem man sie mit einem harmlosen Zitat ins Bild rückt, dafür aber im Gegenzug anonym gewichtigere Informationen zugespielt bekommt. Eine 24jährige, die aus eigenem Antrieb als halbes Kind

Osteuropa verlassen hatte, spielte Smalltalk und Businesstalk mit Leuten im Herzen der Wall Street, mit Leuten, die meist mehr als eine Million US-Dollar im Jahr verdienten. Dennoch gab es Heimweh. Und Justyna wollte noch einmal sehen, ob sie auch in Polen leben konnte. Schwere Krankheiten gleich beider Großmütter riefen sie nach Hause, außerdem ging die Beziehung zu ihrem Freund in Brüche.

PR-Jobs hätte es nach Justynas Angaben in Warschau wie Sand am Meer gegeben, aber das interessierte sie nicht. Sie wollte schreiben, und das auf Englisch.»Auch damals habe ich gewusst, dass ich nur über Wirtschaft berichten würde, weil die polnische Politik international nicht mehr interessant ist.« Also bewarb sie sich wieder einmal, nun bei AP-Dow Jones, aber die Agentur hatte nur ein Zwei-Mann-Büro in Warschau. Eine englischsprachige Wirtschaftszeitung für Ausländer wäre zweite Wahl gewesen, und dann klappte es plötzlich mit Reuters. Jetzt sitzt Justyna in einer Redaktion in einem der neuen Bürocenter und berichtet wieder über Spezialgebiete, in die sie sich schnell eingearbeitet hat: Makroökonomie und Devisenhandel.

Sie strahlt über das ganze Gesicht, wenn sie am Ende des Tages von ihrer Arbeit spricht, aber schon denkt sie an den nächsten Schritt: Sie möchte die mehrjährige konzerninterne Ausbildung von Reuters in London absolvieren,»denn dann wird man ein wirklicher Journalist, nicht einer, der nur auf einem lokalen Markt zählt«.

# Slowakische Republik: Das Erbe des Beinahe-Diktators

Rrrrrrrrr. Rrrrrrr. Hörte man das harte Rattern der Rollen nicht auf dem Straßenpflaster, schienen die Girlies zu schweben. Scheinbar schwerelos schreiben sie auf ihren Skates elegante Kurven zwischen die Cafégärten in der Jirásková-Straße, in der Fußgängerzone von Bratislava. Sie haben kleine Rucksäcke umgeschnallt, und die braungebrannten Beine sind so lang wie die junger Mädchen in anderen Hauptstädten auch.

Überhaupt wirkt hier alles so leicht. Die geschmackvoll renovierte Altstadt von Bratislava ist voll mit jungen Leuten, die gut gelaunt in den Straßencafés Bier oder Cola trinken. Die Eintrittskarten in den urbanen Club stammen von Nike und Adidas. Man zeigt schikke Frisuren, glänzendes Haargel und schrilles Make-up, den hämmernden Rhythmus in den Cafés und Geschäften kennt man auch in New York und LA. Nur gelegentlich schiebt sich aus einem der übriggebliebenen, nichtrenovierten Häuser ein weißhaariger Kopf zwischen Geranien und verstaubte Jalousien und blickt bitter und ungläubig auf das bunte Treiben.

In der Hauptstadt mag es leichter fallen als anderswo in der Slowakei, das gute Leben darzustellen. Hier sind nur fünf Prozent der Menschen arbeitslos. Im ländlichen Osten gibt es dagegen Bezirke, wo die Arbeitslosenrate mit fast 30 Prozent die schmerzliche Grenze schon überschritten hat. Aber auch im reichen Zentrum bleiben trotz mehrjährigem kräftigen Wachstum der Wirtschaft die Löhne und Gehälter niedrig: 10.000 Kronen verdient ein Universitätslektor brutto, kaum mehr als 3.000 Schilling oder etwa 430 D-Mark. Das entspricht dem nationalen Schnitt Unselbstständiger. Ist die müde alte Frau im Fenster in der Jirásková-Straße Mindestrentnerin, so muss sie mit lediglich 4.500 Kronen auskommen. Die Preise in den Supermärkten der Stadt sind zwar niedriger als im Westen, aber bei weitem nicht um so viel, wie die Kluft zwischen den Einkommen ausmacht.

Die Leichtigkeit im Herzen der slowakischen Hauptstadt darf freilich nicht über die wirtschaftliche Situation der lockeren jungen Leute hinwegtäuschen. Viele von ihnen leisten sich Getränke, Zigaretten, Handys und Markenjeans nicht zuletzt deshalb, weil größere

Ausgaben, wie Wohnungs- oder Autokauf, unmöglich bleiben. Die überwiegende Zahl der jüngeren Leute wohnt noch immer bei den Eltern, auch wenn sie schon in den 20ern und voll berufstätig sind.

Da ist es nur allzu verständlich, wenn sie so oft wie möglich nach draußen drängen und ihre wenigen Kronen in den Cafés oder Shoppingcenters ausgeben.

Dabei dürften ihnen die Eltern seit Mitte des Jahres das Kostgeld etwas erhöht haben. Denn das seit 1. Juli 1999 wirkende Sparpaket hat die Slowaken mit einer Brutalität getroffen, die im Westen kaum vorstellbar ist. Fast zehn Jahre nach dem Ende des Kommunismus gibt es extreme Preiserhöhungen sowie Freigaben bis dahin noch geregelter Preise:

– Die Mieten wurden um 70 Prozent angehoben.
– Der Stromkosten sind für Privatverbraucher um 35 Prozent gestiegen.
– Gas ist um 50 Prozent teurer geworden, zur Jahreswende 1999/2000 soll eine Steigerung um weitere 30 Prozent folgen.
– Die Heizkosten haben um 40 Prozent zugelegt, die Telefongebühren um 21 Prozent und die Fahrkarten der Eisenbahn um 15 Prozent.
– Dazu kamen noch Änderungen bei der Mehrwertsteuer: Während der Normalsatz von 23 auf 22 Prozent gesenkt worden ist, wurde der ermäßigte Satz, der z.B. für Lebensmittel gegolten hat, von sechs auf zehn Prozent erhöht, eine weitere Anhebung auf zwölf Prozent steht im Raum.

Diesen Teuerungsschub spürt jeder in seiner Geldtasche, und Wirtschaftsexperten erwarten, dass die Inflationsrate von etwa sieben Prozent auf zwölf bis dreizehn Prozent hinaufschießen wird. Besonders kritisch könnten die Preissteigerungen für Arbeitslose und Pensionisten werden. »Wenn es in einer Familie zwei Pensionen gibt, wird es noch gehen«, kommentiert ein Preßburger Ökonom die Preiserhöhungen. »Aber wenn jemand von einer einzigen Pension Wohnung, Heizung und Strom bezahlen muss, dann kann es sehr eng werden.«

Mit der längst fälligen Preisanpassung der überlang subventionierten »Utilities« war es für die Slowaken aber noch nicht getan. Seit 1. Juni 1999 ist auch eine Importabgabe von sieben Prozent in Kraft, um das überbordende Außenhandelsdefizit einzudämmen.

Eine derartige Abgabe hatte es schon einmal gegeben, sie wurde jedoch stufenweise abgeschafft. Die Nachfrage nach Importgütern – sowohl von Seiten der Privatverbraucher als auch der Industrie – war aber weiterhin so groß, dass sich die neue Regierung gezwungen sah, wieder darauf zurückzugreifen. Für die Importeure und Konsumenten hat das einen deutlichen Rückgang der Nachfrage zur Folge. Josef Pöschl, Ökonom beim Wiener Institut für Internationale Wirtschaftsvergleiche WIIW, hat nicht zuletzt auch deshalb die Wachstumserwartungen für die Slowakei im Jahr 1999 auf Null zurückgestellt, im Jahr 2000 erwartet er gar ein Schrumpfen der Wirtschaft um zwei Prozent.[1] Die internationale Rating-Agentur Moody's war noch optimistischer. Ihre Prognose lautete: Stagnation für 1999 und ein zaghaftes Wachstum von zwei Prozent im Jahr 2000.[2]

## Die Folgen der Mečiar-Zeit

In Europas Hauptstädten war die Erleichterung über den Doppel-Wahlsieg des Anti-Mečiar-Bündnisses groß. Im Herbst 1998 war es gelungen, die linksnationale HZDS-Regierung des Premiers Vladimír Mečiar durch eine bunte Koalition, die von ganz links bis bürgerlich-konservativ reichte, aus dem Amt zu heben. Mikuláš Dzurinda wurde Premierminister. Im Frühjahr folgte mit der Präsidentenwahl der zweite Schlag. Rudolf Schuster, ein gewendeter ehemals hochrangiger KP-Funktionär und langjähriger Bürgermeister der ostslowakischen Industriestadt Košice, konnte Mečiar im Kampf ums höchste Amt im Staat klar auf Distanz halten.

»Es ist erfreulich, dass diese Regierung gewählt wurde«, gibt Regina Ovesny-Straka, Vorstandsvorsitzende der Bank Austria Creditanstalt Bratislava, die Meinung der internationalen Gemeinschaft wieder. »Das bedeutet eine Rückwendung zu Europa hin, ein Ende der slowakischen Isolation und im Dezember 1999 eventuell das Aufrücken in die erste Runde der EU-Beitrittswerber.«

Die Slowakei war von der Europäischen Union, obwohl sie die ökonomischen Kriterien für die erste Gruppe der Beitrittskandidaten klar erfüllte, wegen ihrer politischen »Unreife« unter die weniger chancenreichen Staaten wie Kroatien, Rumänien und Bulgarien zurückgereiht worden. Schuld daran war die autoritär-populistische Politik des damaligen Premiers Mečiar. Er hielt es weder mit der Pressefreiheit sehr genau noch mit demokratisch-fairer Vorgangsweise gegenüber politischen Gegnern. Seinen Machtkampf mit dem Staatspräsidenten Michal Kováč ließ er auch mit Mitteln des Geheimdienstes austragen.

Die offizielle Regierungslinie lautete zwar »EU- und Nato-Anwartschaft«, vor dem Hintergrund scharfer westlicher Kritik an seinem Führungsstil intensivierte Mečiar allerdings seine Kontakte zu Moskau. Rund 60 Kooperationsverträge hat sein Kabinett mit Russland abgeschlossen, unter anderem zur gemeinsamen Rüstungsproduktion. Auch die Wirtschaft blieb von dieser Politik nicht unbeeinflusst. Die Massenprivatisierung wurde gestoppt. Mečiar ließ deren für 1995 geplanten zweiten Durchgang absagen. Statt dessen wurde ein Großteil der industriellen Güter der slowakischen Wirtschaft in äußerst dubiosen Verfahren an Freunde und Politgefährten des Premiers abgegeben.

Aus Angst vor dem Ausverkauf des Landes und wohl auch aus durchdachtem Machtkalkül privatisierte man Betriebe zuletzt fast nur noch an Inländer, und zwar vorwiegend an Parteigänger Mečiars und seiner HZDS. Die Erlöse aus den Verkäufen an kapitalschwache Manager und Funktionäre waren für das Budget zu vernachlässigen, der politische Schaden an einer anderen Front erheblich, da der Zufluss an ausländischem Kapital stagnierte.

»Die Einstellung der Leute unter Mečiar war jener in Russland sehr ähnlich«, kommentiert Manfred Wimmer, bei der Ersten Bank in Wien für Länderrisiken auf Ostmärkten zuständig. »Man hat aggressiv in die eigene Tasche privatisiert.« Mit der direkten Übernahme großer Staatsfirmen durch Manager oder Outsider hat das praktisch ohne Eigenmittel funktioniert. Sie konnten auf Kredit kaufen und sich dann aus der Substanz der Unternehmen refinanzieren. Es ging aber auch durch das systematische Aushöhlen der Unternehmen mit Hilfe privat gegründeter Nebenfirmen des Managements. Manche dieser Geschäftspraktiken gab es wohl auch in anderen Reformstaaten. Die Unregelmäßigkeiten in der Slowakei übertrafen aber jene in Ungarn, Polen oder Tschechien doch um einiges. Die neue Regierung ließ ab Mitte 1999 sogar 23 große Privatisierungen wieder aufrollen, bei denen sie offensichtliche Missverhältnisse vermutete. Von einer größeren Zahl rückwirkender Untersuchungen hat man nur deshalb Abstand genommen, weil man potentielle ausländische Investoren nicht allzusehr verunsichern wollte.

Dass im regionalen Vergleich wenig ausländisches Kapital ins Land kam, war einer der unangenehmsten Nebeneffekte der nationalistischen Vetternwirtschaft der Regierung Mečiar. Vor dem Hintergrund des guten Ausbildungsniveaus der Slowaken und der von den wenigen internationalen Unternehmen im Land hochgelobten Arbeitsmoral der lokalen Belegschaften sind die absoluten Zahlen der FDIs (Foreign Direct Investments) eine einzige Niederlage. Kaum zwei Milliarden US-Dollar wurden von internationalen Konzernen im Land in slowakische Hardware angelegt. Das ist weniger als ein Zehntel der Auslandsinvestitionen, die Ungarn zu seinem Exportboom der letzten Jahre verholfen haben. Damit konnten die Slowaken pro Kopf bloß ein Siebentel des Kapitals der Ungarn anziehen, ein Viertel von dem der Slowenen oder immer noch bloß die Hälfte des Kapitals der Tschechen oder der Polen. Die jetzige Regierung will das nun ändern – mit gutem Grund:»Die Auslandsinvestitionen sind für das Land von ganz existentieller Bedeutung«, kommentiert die Bank Austria Creditanstalts-Bankerin Ovesny-Straka.»Wenn neue, internationale Unternehmen aufsperren, kann man alte, unrentable schließen.«

## Eine gute industrielle Basis

Dabei hatte sich die Slowakei nach der für viele überraschenden Trennung aus dem gemeinsamen Staat mit den Tschechen anfänglich recht gut behauptet. Die Aufteilung der Staatsgüter von Unternehmensanteilen bis zu Kampfflugzeugen war relativ glatt über die Bühne gegangen, ebenso der rasche Aufbau staatlicher Institutionen in Bratislava, wie Parlament, Nationalbank und Ministerien.

Auch die Wirtschaft erwies sich als stärker denn erwartet. Den ersten Umstellungsschock, der von einer Geldentwertung begleitet worden war, hatten die Slowaken noch gemeinsam mit Prag durchgemacht. Als unabhängiges Land gelang es ihnen dann sogar, eine beachtliche Stabilität zu erreichen. Obwohl ausländische Investoren nicht mit Steuergeschenken ins Land geholt worden waren, begannen einige dennoch, Tochterunternehmen aufzubauen.

Der größte internationale Investor ist Volkswagen; er betreibt in Preßburg ein Getriebewerk und eine Automontage. Der US-Handelsriese K-Mart hat seine slowakische Beteiligung an einigen Warenhäusern mittlerweile an die britische Tesco-Gruppe abgetreten, ebenso Siemens die Kablo Bratislava an die italienische Pirelli-Gruppe. Der deutsche Konzern ist aber auch mit einer Elektromotorenproduktion in der Ostslowakei vertreten. Whirlpool baut Küchengeräte, IKEA besitzt neben einem Möbelhaus auch eine eigene Produktion, Danone erzeugt Milchprodukte. Weitere große Investoren sind die österreichischen Geldinstitute Bank Austria Creditanstalt, Erste, RZB und Volksbanken, sowie die Firmen Henkel, Eduscho, Wüstenrot, Wienerberger, Billa, BauMax, OMV und Palmers.

Auch die slowakische Industrie, die erst in den 50er und 60er Jahren im ehemaligen Agrarland aufgebaut worden war, konnte frühe Teilerfolge aufweisen. Günstige Entwicklungen bei den Rohstoffpreisen bescherten beispielsweise dem riesigen Stahlwerk VSŽ im ostslowakischen Košice einen Boom. Andere Branchen standen vor allem rund um die mittelslowakische Rüstungsindustrie allerdings vor schweren Problemen.

Anders als im urbanen und intellektuelleren Bratislava hatte dort Mečiar seine Machtbasis. Den Kleinstädtern und Leuten vom Land imponierte er mit starken Sprüchen, die sich teilweise auch gegen Nachbarländer und gegen die Minderheiten im Land richteten – gegen Ungarn und Roma. Der Politiker wollte seiner Klientel aber nicht nur mit Parolen imponieren. Es galt auch, ihnen mit allen Mitteln die veralteten Betriebe zu erhalten, beziehungsweise diese den eigenen Parteifreunden gleich direkt zuzuschanzen.

Im Handels- und im Dienstleistungssektor erfolgte zwar im ganzen Land eine durchgängige Privatisierung von Klein- und Kleinstunternehmen, aber der Verkauf von Anteilen an größeren Unternehmen wurde sehr undurchsichtig gehandhabt. Darüber hinaus finanzierten die großteils immer noch staatlichen Banken den neuen Privatunternehmern großspurige Einkaufstouren in andere Branchen. So entwickelte sich etwa das Stahlwerk VSŽ zu einem riesigen Konglomerat mit Hunderten von Tochterfirmen, darunter Beteiligungen an Banken oder dem Besitz eines Fußballklubs in Prag. »Wenn man den Fuhrpark der Firmendirektoren in Košice gesehen hat, ist man sich mit einem Mittelklasse-Audi wie ein Bittsteller vorgekommen«, erinnert sich ein westlicher Banker.

Da manchen der neuen Unternehmer sowohl ökonomische Kenntnisse als auch Kapital, neue Produkte und Märkte fehlten, waren die Schwierigkeiten abzusehen. Um zu verhindern, dass diese Firmen oder ihre Kredit gebenden Banken ins Wanken gerieten, erfand die Regierung Mečiar eine staatliche Auffangholding, die den maroden

Unternehmen unter die Arme greifen sollte. Tatsächlich waren einige Firmen nahe dem Zusammenbruch. Als das Stahlwerk VSŽ riesige Verluste schrieb, erhielt es einen Sanierungsmanager verpasst und musste eine große Zahl von Beteiligungen verkaufen. Die drittgrößte Bank der Slowakei, die Investitions- und Entwicklungsbank IRB, wurde im Winter 1997/98 unter Kuratel der Nationalbank gestellt und dadurch de facto vor der Insolvenz bewahrt. Die beiden größten Banken, die VUB und die Sparkasse Slovenska Sporitelna stehen vor der Privatisierung und müssen vorher gnadenlos saniert werden. Dies wird vermutlich die Entlassung von Tausenden Mitarbeitern zur Folge haben. Internationale Beobachter schätzen, dass in den Großbanken 30 bis 40 Prozent aller aushaftenden Kredite uneinbringlich sind.[3]

### Die Verwaltung hinkt nach

Auch die Modernisierung der slowakischen Verwaltung wurde ziemlich nachlässig betrieben. Eine Reihe von EU-konformen Gesetzen passierte zwar das Parlament noch unter Mečiar, aber oft fehlten die entsprechenden Durchführungbestimmungen oder die Beamten, die sie exekutieren konnten. Manchmal waren die Beamten auch ganz einfach korrupt. »Wenn man den Lohnzettel eines Polizisten oder Richters sieht, kann man deren Versuchungen auch verstehen«, so ein westlicher Manager.

Unter diesen Voraussetzungen ist das Terrain für westliche Akteure sehr wackelig. »Die Bürokratie ist noch schlimmer als bei uns in Österreich«, klagt der aus seinem Heimatland nicht gerade verwöhnte Manager des Milchverarbeiters Rajo in Bratislava, Peter Albrecht. Es gebe ständig neue Gesetze, die von den Beamten nicht exekutiert würden, und bei der Anmeldung von Produktinnovationen oder bei steuerrechtlichen Angelegenheiten könne man durchaus von einer »Katastrophe« sprechen. »Da ist auch keine schnelle Änderung zu erwarten«, gibt sich Albrecht skeptisch.

Auch Christian Totzauer von der Salzburger Porsche Holding, die in der Slowakei als Generalimporteur und Autoeinzelhändler tätig ist, kann von negativen Erfahrungen mit den slowakischen Behörden berichten. »Wir haben im Vorjahr in einem Monat einen Fehler bei der Umsatzsteuer gemacht. Im darauf folgenden Monat hat unser Steuerberater den Irrtum korrigiert und die entsprechende Summe nachgezahlt. Dennoch hat man uns eine Strafe von 100

Prozent aufgebrummt. Da sieht man, was die Behörden von ausländischen Investoren halten.«

Dabei sind die Ausländer mit den Arbeitern und Angestellten in ihren Tochterunternehmen in der Slowakei durchaus zufrieden. Peter Simon, in der Geschäftsführung der Henkel Austria-Gruppe in Wien, kann für seine slowakische Waschmittelproduktion »die besten Herstellungskosten« in die Bilanzen schreiben. »Bei so hochtechnisierten Produktionen ist nicht die Lohnquote das Thema«, erklärt Simon. »Da geht es um Maschinenbedienung und Materialwirtschaft. Unsere slowakischen Mitarbeiter sind wirklich super.«

Henkel gründete 1991 – in der damaligen Tschechoslowakei – ein Jointventure mit dem Lebensmittel- und Chemiekonzern Palma. Anreiz war unter anderem das Waschmittel Palmex, Marktführer in der gesamten Republik. Simon: »Wir wollten eher die Marke als die Steine der Fabrik.« Heute wird Palmex nach wie vor nach Tschechien exportiert und konnte dort auch seine führende Stellung behaupten. Daneben produziert Henkel-Palma, das mittlerweile zu 100 Prozent Henkel gehört, auch Persil und andere Konzernmarken. Simon will keine unangenehmen Erfahrungen mit der Bürokratie gemacht haben. Nur die Bewertungsverfahren beim Kauf seien langwierig gewesen: »Sie haben geglaubt, dass ihre Steine Gold wert sind.« Die Produktion habe allerdings vor der Modernisierung durch Henkel keineswegs westeuropäischen Standard erreicht. »Die Leute sind extrem lernfähig«, so Simon. »Gegenüber Tschechien halte ich das Land für dramatisch unterbewertet.« Ihm zufolge säßen in der Regierung in Prag einfach die besseren PR-Agenten.

Auch die Manager von Volkswagen und anderen deutschen Industriebetrieben in der Slowakei sprechen durchwegs positiv von ihren Belegschaften. Ein Betriebsberater in Bratislava schwächt dieses Lob etwas ab: »Die Leute sind vor allem dort gut, wo sie klare Vorgaben haben. Eigenständiges Arbeiten und Kreativität hat ihnen das frühere System zum Gutteil ausgetrieben. Das wird erst die nächste Generation zusammenbringen.«

Für diese Generation wird das Land aber Jobs brauchen. Jobs, die nur in einem Umfeld zustande kommen können, das aus multinationalen Exportunternehmen und lokalen Zulieferern besteht. »Wir sind ein kleines exportintensives Land«, erklärt Helena Múdra von der Eximbank in Bratislava. »Viele Vorprodukte werden aber eingeführt und unsere eigene Wertschöpfung ist noch zu gering.«

## Steuerzuckerl für ausländische Konzerne

Die neue Regierung hat diesen Zusammenhang erkannt und im Frühjahr in einem Dokument des Ministerrats festgehalten:»Länder, die nicht aktiv direkte Auslandsinvestitionen anstreben bzw. sich nicht an deren Bildung beteiligen, sind auf dem heutigen harten Konkurrenzmarkt zum Misserfolg verurteilt«, heißt es da.[4] Im Gegensatz zur Vorgänger-Administration wird den Multis ein wahres Hohelied gesungen: Die Präsenz»bedeutender Weltkonzerne« bringe»Zuversicht in die Stabilität des Landes, feste Weltmarkt-Positionen, internationales Know-how und Forschungsfinanzierung«.[5]

Die Regierung beließ es nicht bei schönen Worten. Seit April 1999 gibt es eine Reihe von Vergünstigungen für ausländische Investoren, die an die Anfänge der Ostöffnung in anderen Ländern, etwa in Ungarn erinnern. Fünf Jahre Einkommensteuerbefreiung erhalten Unternehmen, die zumindest fünf Millionen Euro investieren und die produzierten Güter mehrheitlich ausführen. In Krisenregionen im Osten des Landes brauchen es bloß 2,5 Millionen Euro Grundkapital zu sein, im Tourismus gar nur 1,5 Millionen, damit der Investor in den Genuss der Befreiung kommt. Immerhin noch eine 50prozentige Steuerermäßigung gibt es für Zusatzinvestitionen in bestehende Fabriken. Für zusätzliche Arbeitplätze in Problemgebieten werden staatliche Zuschüsse in Aussicht gestellt, außerdem können bereits aufgeschlossene Industriegelände»zu einem symbolischen Preis« erworben werden.

Die Regierung hat aber auch andere Schwächen des Landes angesprochen.»Bei der Rechtssicherheit und der Durchsetzung von Forderungen gibt es immer wieder Probleme«, kritisiert Otto Ilchmann, in der Wiener Erste Bank für die Zentraleuropa-Strategie zuständig.»Manche Unternehmen in der Slowakei zahlen einfach ihre Schulden nicht. Und es passiert ihnen nichts.« Im offiziellen Preßburger Papier zu den Direktinvestitionen finden sich dazu klare Worte: Das slowakische Rechtssystem müsse stabilisiert und dem der EU angenähert werden. Es gehe auch um»eine eindeutige Definition der strafrechtlichen Verantwortung der Statutarorgane einer Gesellschaft« sowie um die»Vereinfachung und grundsätzliche Beschleunigung der Gerichtsverfahren und der Vollstreckbarkeit von Gerichtsbeschlüssen.« Auch von»Programmen, die gegen die Korruption gerichtet sind«, ist die Rede.

Diese Entwicklungen werden in westlichen Konzernzentralen aufmerksam beobachtet. Vorerst warten die ausländischen Investoren allerdings noch ab. »Wir registrieren ein verstärktes Interesse«, berichtet die Chefin der Bratislavaer Bank Austria Creditanstalt, Ovesny-Straka. »Aber von konkreten Projekten höre ich einstweilen nichts.« Auch der österreichische Handelsdelegierte in Bratislava, Philipp Marboe, hat bei den Unternehmern seines Landes eine eher abwartende Grundstimmung festgestellt. Im ersten Quartal 1999 sind die österreichischen Exporte in die Slowakei um rund zehn Prozent zurückgegangen. Zu den etwas mehr als 1500 Jointventures und Direktinvestitionen ist kaum etwas dazugekommen. »Es wird heuer ein schwieriges Jahr«, prognostiziert Marboe. »Ich empfehle den Österreichern dennoch, dranzubleiben, auch wenn es momentan keinen Boom geben kann.« Er glaube an die allmähliche Erholung des Marktes. Dennoch sei bei der Partnersuche in der Slowakei extreme Vorsicht geboten: »Etwa 50 Prozent der Unternehmen sind zahlungsunfähig, man muss sich vorher unbedingt genau erkundigen, wie es um den potentiellen Geschäftspartner steht.«

Große westliche Unternehmen im Land sind wohl über jeden Zweifel erhaben. Und manche der Exportproduzenten lassen ihre Fabriken auf vollen Touren laufen. Ein Beispiel dafür ist Volkswagen Bratislava. Rund 60 Kilometer östlich von Wien steht ein Automobilwerk, in dem im Vorjahr die Rekordzahl von 125.000 Fahrzeugen zusammengebaut wurde: Golf, Golf 4motion und Bora 4motion. 5.000 Beschäftigte erhalten dort deutlich höhere Löhne als in der übrigen Metallbranche, und viele von ihnen müssen sogar quer durchs Land in Pendlerbussen anreisen, weil der Arbeitsmarkt in Preßburg nicht genügend qualifizierte Leute bereitstellen konnte. Dabei investiert VW weiter: In Nitra erzeugen in einem Jointventure mit Siemens 2.200 Mitarbeiter Bordnetze für den gesamten Autokonzern, im mittelslowakischen Martin wurde vor kurzem ein Komponentenwerk für Getriebeteile in Betrieb genommen. Solche Investitionen braucht das Land so dringend wie ein Hungriger ein Stück Brot. Damit junge Leute auch in anderen Teilen des Landes nach Arbeitsschluss am Nachmittag im Kaffeehaus sitzen können – bei westlicher Popmusik, fröhlich und gut angezogen.

# Ladislav Haramia: Stoisch durch den Stoßverkehr – und die Wohnung voller Frauen

Ausgepumpt und fertig ist er nach seinem Arbeitstag, die feingliedrigen Hände des schweren Mannes zittern noch eine Zeitlang nach unter dem Tisch. Immerhin hatte er schon um vier Uhr früh seine Schicht begonnen, den klapprigen alten Dieselbus durch den morgendlichen Berufsverkehr der slowakischen Hauptstadt gelenkt, dann einige Stunden Pause gemacht und von zwölf bis neunzehn Uhr den zweiten Teil seiner Arbeit erledigt.

Nicht nur die Länge seines Arbeitseinsatzes, die zehn Stunden Nettoarbeitszeit, haben an ihm Spuren hinterlassen. »Die Autofahrer zeigen einfach keine Toleranz mehr«, moniert er müde. »Die Straßen sind überlastet, und die Leute fahren sehr wild.«

Die Außenwelt hinter den Scheiben seines Busses ist aber nicht der einzige Stressfaktor, der Haramia zum heimlichen Beben bringt. Manchmal höre er Leute hinter seinen Schultern auf den Sitzplätzen schimpfen, allerdings nicht wegen einer unüberlegten oder hektischen Fahrweise des Buschauffeurs, denn so etwas gebe es bei ihm nicht. Nein, wegen etwas ganz anderem. Immer wieder einmal streike der Bus aufgrund eines technischen Defekts, »und nur die, die sich Gedanken machen, wissen, dass der Fehler nicht bei mir liegt. Die anderen schimpfen drauflos.« Aber er stecke das weg, müsse das wegstecken. In 21 Jahren Busfahren habe er sich eine harte Haut zugelegt.

Langsam setzt er seine Worte hintereinander, ungefragt würde er wohl kaum die Stille eines Raumes stören. Er denkt nach und überlegt, es wirkt nicht so, als ob er darauf abziele, gut anzukommen beim Gegenüber. So denke er halt, das mag nicht besonders aufregend sein oder originell, aber dafür stehe er ganz dahinter. Mit seinen nervösen Händen und seinem schwer ruhenden Bauch, mit seinen traurigen Augen und dem bubenhaften Haarschopf, in dem die ersten Silberfäden Einzug halten.

Achtundvierzig ist Ladislav Haramia. In seinem Jeanshemd und mit dem Bart könnte er als Jazzmusiker oder alternativer Kulturredakteur durchgehen. Uniform trägt er bei der Arbeit schon seit

Jahren keine mehr. Sie gehe ihm auch nicht ab. Er ist mehr fürs Informelle – auch wenn er dahinter bescheidene Sorgfalt und unterkühlte Verantwortung verbirgt. Aber diesen hohen Ansprüchen wird seine Wirklichkeit nur sehr eingeschränkt gerecht.

Sein ungarischer Ikarus-Bus hat immerhin schon acht Jahre auf dem Buckel. Den Kilometerstand kann Haramia nur sehr grob schätzen,»500.000 bis eine Million können es sein. Ich fahre den Bus erst seit einem halben Jahr.« Eines sei jedenfalls sicher, das Fahrzeug gehöre schon längst nicht mehr eingesetzt,»wie 80 Prozent aller Busse der Verkehrsbetriebe von Bratislava«.

Am Geld fehle es überall. Die Kommune könne weder neue Fahrzeuge kaufen noch die dringend notwendigen Ersatzteile für die alten Busse, von denen manche den Rost mit sich tragen wie eine Krätze. Die Mechaniker in den Werkstätten müssten immer wieder improvisieren, aber oft würde alles nichts mehr helfen. Der Bus bleibe auf offener Strecke liegen oder könne nicht mehr aus der Garage fahren. Haramias Urteil über sein Betriebsmittel fällt vernichtend aus:»Wenn die Passagiere wüssten, in welchem Zustand die Busse sind, würden sie zu Fuß gehen.«

Ladislav Haramia war zur Gemeinde gegangen, weil die Verkehrsbetriebe damals als besonders gut zahlendes Unternehmen galten. Damals.»Heute wird unsere Verantwortung überhaupt nicht gewürdigt.« Im Branchenvergleich zählten die Fahrer jetzt eher zu den mager besoldeten. Seine Frau arbeitet ebenfalls, als Verkäuferin, und das Paar hat»drei Mädchen aufgezogen und etwas lernen lassen«. Das ging nur mit zwei Gehältern.

Zwei der Mädchen, 24 und 23 Jahre alt, verdienen schon ihr eigenes Geld, eine als Verkäuferin in einem Lebensmittelgeschäft so wie die Mutter, die andere in der PR-Abteilung einer Mobiltelefonfirma. Die Jüngste beendet mit 19 gerade ihr letztes Berufsschuljahr, das sie wegen einer Krankheit nachholen musste. Auch sie möchte Verkäuferin werden, und der Vater ist ziemlich sicher, dass sie eine Stelle finden wird. Aber trotz ihrer Vollzeitjobs wohnen auch die beiden älteren Mädchen noch zu Hause in der Dreizimmer-Genossenschaftswohnung am östlichen Stadtrand von Bratislava. Sie teilen sich ihr Kinderzimmer wie eh. Nein nein, er wolle sie nicht überwachen oder länger als notwendig in seiner Obhut behalten, schüttelt der Vater den Kopf. Sie seien großjährig und hätten auch ihre

Freunde. Er mische sich bei diesen Dingen nicht ein. Die beiden Töchter könnten sich einfach nicht einmal die kleinste eigene Wohnung leisten. Es gebe zwar Angebote am Markt, diese würden aber unerschwinglich teuer sein und deshalb bis auf weiteres unerreichbar bleiben.

Die Folgen in der dicht bewohnten Wohnung sind absehbar. Laut Haramia gebe es immer wieder Zank zwischen den Töchtern und auch der Mutter. Mit der Erklärung »Frauen sind eben so, sie kommen untereinander einfach nicht zurecht«, versucht der harmlose Brummbär ein wenig hilflos den Macho herauszukehren, der er nicht ist. Er erledige genauso seine Pflichten im Haushalt. Seine Frau arbeite manchmal auch an den Wochenenden, und da sei es nur fair, die Aufgaben zu teilen. Auch die Töchter würden im Haushalt mithelfen, nicht nach einem genauen Plan, sondern was eben gerade zu tun sei. Er liebe sie, aber manchmal gingen sie ihm so auf die Nerven, »dass ich mir wünsche, sie seien am anderen Ende der Welt«.

Dabei möchte er sich nach seinen Tagen im Stau der Hauptstadt, nach den technischen Macken des Busses und nach der Aggression der anderen Verkehrsteilnehmer eigentlich nur in seinen vier Wänden verstecken. Die Genossenschaftswohnung in der gepflegt wirkenden Plattenbausiedlung mit dem Einkaufszentrum und der schicken Pizzeria konnte er vor einigen Jahren kaufen, und deshalb sind die laufenden Mietkosten jetzt recht günstig. Nur bei der Erhaltung gibt es hier und da unliebsame Überraschungen. Das Regierungspaket mit den Preisliberalisierungen und Erhöhungen, das Mitte 1999 in Kraft getreten ist, war für Haramia und seine Familie ein »schwerer Schlag«. Jetzt wird das frei verfügbare, ohnehin knappe Budget noch enger.

Dabei treibt er ohnehin keinen großen Luxus. Das Familienauto, der Škoda 120, ist schon 18 Jahre alt, zum Urlaub geht es maximal in die heimatlichen Berge an einen Stausee bei Orava oder ins tschechische Karlsbad. »Das ist ja jetzt Ausland«, fügt Haramia mit einer Mischung aus Bitterkeit und Schalk dazu. Wien hat er schon einmal besucht, denn dort wohnt eine Verwandte seiner Frau. Vor vielen Jahren waren sie auch einmal an der jugoslawischen Adria bei Split, »als die Grenzen in den Westen noch nicht offen waren«. Aber eigentlich gibt ihm das Meer nicht viel. So lässt er offen, ob es die

Zwänge der Ökonomie sind oder sein freier Wille der Grund dafür ist, warum er nicht in die Ferienströme seiner Landsleute und Nachbarn einschwenkt.

Urlaube sind aber nicht das Hauptinteresse von Haramia und seinen Arbeitskollegen. Dazu ist ihre Situation am Arbeitsplatz viel zu ernst. Auch in den einst krisensicher scheinenden Sektoren sind Unsicherheit und Angst eingekehrt. »Wenn heute ein Unfall passiert«, so Haramia, »dann können sie dich einfach hinauswerfen.« Im übrigen werde der Belegschaft ohnehin der Eindruck vermittelt: »Wem es nicht passt, der soll ruhig gehen.«

Ja, es könne auch ihn erwischen, und was dann? Über einen möglichen anderen Job, etwa bei einem privaten Busunternehmen oder einer der internationalen Firmen, die ihre Arbeiter vom Land in die Fabrik herankarren, hat er sich noch keine großen Gedanken gemacht. Aber möglich sei es schon, dass man ihn hinauswerfe. Ab 40 werde es auf jeden Fall schwer, selbst wenn man immer ordentlich gearbeitet habe. Entlassungen müssten auf jeden Fall kommen, die Verkehrsbetriebe seien übervoll mit Personal. Laut Haramia gebe es deutlich mehr Fahrer als Busse. Das komme daher, dass die Regierung lieber unterbeschäftigte öffentlich Bedienstete gesehen habe als Arbeitslose. Dass sich das rechnerisch nicht ausgehen könne, sei klar.

Haramia ist wohl Gewerkschaftsmitglied. Die Gewerkschaft sei aber viel zu schwach, sich gegen ein Management zu wehren, das das Geld in die eigenen Taschen schaufle. Er sieht auch in der unmittelbaren Zukunft keine Verbesserung für die Verkehrsbetriebe, weder beim Budget noch beim Management. Dieses bestehe immer noch eher aus ehemaligen KP-Funktionären denn aus modernen Profis. Während sich das Land in Arm und Reich aufteile, herrsche in öffentlichen Betrieben immer noch eine Art »stiller Kommunismus«. »Nach außen reden viele von Effizienz und Kapitalismus, aber die Taten sehen anders aus als die Worte«, meint Haramia.

Er habe bei der letzten Wahl die Konsequenzen gezogen und als »einfacher Mann und Busfahrer« die bürgerlich-liberale Anti-Mečiar-Koalition SDK gewählt: »Ich wollte, dass die Mečiar-Zeit ein Ende hat. Mir ist die Entwicklung zu sehr Richtung Russland gegangen.« Auch früher, in den kommunistischen Zeiten, habe er nicht an die jubelnden Versprechungen geglaubt und sich seine

Gedanken nicht vorgeben lassen. Eine einzige Meinung könne man nicht akzeptieren. Deshalb blicke er auch nicht mit einem romantischen Blick zurück, nur weil man etwas mehr in der Geldtasche gehabt hätte. Er wollte immer ein normales Leben leben, in Ruhe gelassen werden, seine Arbeit tun.

Zum Bilanzziehen will er sich nicht überreden lassen. Der Blick zurück bringe ja doch nichts, oder nur, wenn davon etwas für die Zukunft abfalle. Und dann schweigt er.

# Lubica Pernischová: Kampf gegen den Tod in der Intensivstation – und abends das Leben?

Ganz aufgekratzt ist sie heute. Ihr Mann ist dieses Wochenende zu Hause von seiner Arbeit in Zürich, und morgen soll es in die Schweiz in die Ferien gehen. Die drei Töchter, dreizehn, vier und drei Jahre alt, packen aufgeregt ihre Spielsachen zusammen, dazwischen geben die Schwiegereltern noch gute Ratschläge. Es tut sich was in der Wohnung von Lubica Pernischová. Ferien in der teuren Schweiz für eine slowakische Provinzärztin? Na ja, in Wahrheit wohnen alle im Quartier des Mannes, der als Programmierer für eine Zürcher Großbank den Gastarbeiter spielt. Während er arbeitet, wollen Mutter und Töchter rund um den See Ausflüge unternehmen, so weit das Budget eben reicht.

Dr. Pernischová wirkt jünger, als ihre 37 Jahre auf dem Papier vorgeben. Sie wirft beim Reden den dunklen Haarschopf mädchenhaft hin und her, schreibt mit den blankgeschrubbten Arzthänden große Buchstaben in die Luft, funkelt finster und intelligent ihr Gegenüber an. Das, was sich an Müdigkeit unter ihren Augen festgraben will, lässt sie nicht zu, noch nicht: »Ich schaffe das alles schon, es geht.«

»Alles« ist ein Halbtagsjob im Spital von Zlaté Moravce auf der Intensivstation. Vier Betten mit Komapatienten, postoperativen Problemfällen oder Schockpatienten sind zu betreuen. Nachdem sich im Alltagsbetrieb familienfreundliche Vormittagsschichten nicht einplanen lassen, arbeitet die Ärztin von Dienstag bis Donnerstag volle acht Stunden, dazu kommt noch mindestens einmal im Monat ein langer Wochenenddienst.

»Alles« heißt aber auch, den Haushalt für sich und die drei Mädchen zu führen. Trotz glücklicher Ehe ist Frau Pernischová Alleinerzieherin. Ihr Mann mußte vor einigen Monaten in die Schweiz ziehen, da es weder in der krisengebeutelten 15.000-Seelen-Kleinstadt noch in der näheren Umgebung für ihn einen Job gab.

Frau Pernischovás Glück, wie das vieler arbeitender Mütter, ist die nahe Oma, die sich gerne für die Kinderbetreuung einspannen lässt. Dennoch geht es knapp her mit der Zeit. Die eine Tochter muss in den Kindergarten gebracht werden, die andere zum Tanzen oder zum Sport. Dazwischen ist das Essen vorzubereiten, die Wäsche zu waschen, die Wohnung sauberzumachen. Wenn die Oma einmal nicht kann, springt auch eine Nachbarin im Wohnblock zum Aufpassen ein – gegen Bezahlung natürlich.

Klagen hört man von ihr keine, das gestattet sich die disziplinierte Frau nicht. Mit den Kindern funktioniere es ganz gut, bloß die Probleme aus dem Alltagsmanagement ließen sie manchmal kürzer atmen. »Eng wird es, wenn ich fürs Auto Reifen brauche oder wenn im Haushalt etwas kaputtgeht. Mit dem Schraubenzieher bin ich nicht so gut, aber ich muss alles selbst reparieren.« Ob ihr der Mann nicht auch als Partner abgehe und die Abende nicht einsam seien, wenn die Kinder schlafen? »Dann falle ich schon todmüde ins Bett, das ist normal.« Für Sentimentalitäten ist weder Platz noch Zeit.

Zeit hat sie auch in der Arbeit keine, denn auf der Intensivstation geht es immer wieder um Leben und Tod. Früher hatte sie Angst, war aufgeregt, ob sie alles richtig mache. Aber jetzt liebe sie diese Arbeit, weil man sofort Resultate sieht. Wenn ein Koma-Patient am nächsten Tag ein »Danke« auf den Lippen habe, wenn wieder einmal ganz kühl die richtigen Schritte gesetzt wurden, so wie die Pragmatikerin das gelernt hat. Natürlich gebe es immer wieder Fehlschläge, Tote wären gerade an ihrer Station unvermeidlich, aber der oftmalig wiederkehrende Erfolg wiege das alles auf.

Dabei wurde Frau Pernischová aus Emotion Ärztin, nicht aus Kalkül. Sie hatte als 17jährige Herzprobleme und musste einige Zeit in einer Kinderklinik in Bratislava verbringen. Dort gab es eine junge Frau Doktor, der die Kinder mit einer derartigen Begeisterung zuliefen, dass sie beschloss, ebenfalls Ärztin zu werden. Zuerst waren die Eltern skeptisch. Der Vater, ein Lehrer, wollte die Tochter in seiner Schule als Nachfolgerin sehen. Sein trotz kommunistischer Gesellschaftsordnung konservatives Weltbild sah die Vorteile der »typischen Frauenarbeit«: Sie würde zu Mittag für die Kinder zu Hause sein und auch die langen Ferien wären nicht zu verachten. Schließlich stimmte er aber doch dem Studium in Bratislava zu.

Das war in den 80er Jahren. Für die Studenten zeigte sich das sozialistische System damals von seiner besten Seite. Wohnen im Heim war billig, ebenso das Essen in der Mensa. Die beiden Gehälter der Eltern – die Mutter arbeitete als Verkäuferin – rechtfertigten nur knapp kein Sozialstipendium, aber nach zwei Semestern war der Notenschnitt von Lubica gut genug, um sie für eine Begabtenförderung zu qualifizieren. In den Ferien verdiente sie etwas beim slowakischen Fernsehen dazu. Dort hielt sie eine Kinderschar vor deren Auftritt im Nachmittags-TV bei Laune. Während des Schuljahres kamen noch zusätzlich ein paar Kronen zusammen, wenn sie Jüngersemestrigen mit Nachhilfe unter die Arme griff. Das ökonomische Erwachen folgte zu Studienende, 1986. »Mit dem Stipendium und allen Vergünstigungen ist es mir als Studentin eindeutig besser gegangen. Auf einmal habe ich mit dem kleinen Gehalt für alles zahlen müssen.« Wäre sie alleine geblieben, hätte sie sich gerade eine Einzimmerwohnung leisten können. Auch sonst wäre sie nur knapp über die Runden gekommen.

Aber sie heiratete und wurde bald mit ihrer ersten Tochter schwanger. Mit zwei Gehältern und einer Dienstwohnung vom Spital ging es so einigermaßen. Aber als die Krise kam und ihr Mann die Arbeit verlor, spitzte sich die Situation zu. Er musste im Ausland auf Jobsuche gehen. Seine gute Qualifikation ermöglichte die Arbeitsgenehmigung in der sonst so verschlossenen Schweiz.

Frau Pernischovás Halbtagsverdienst ist trotz der verantwortlichen Arbeit und ihrer dreizehn Dienstjahre äußerst niedrig. 10.000 Kronen oder kaum 3.500 Schilling bzw. 500 D-Mark bekommt sie brutto. Der eine oder andere Nachtdienst ist darin schon inkludiert. Dabei scheint dieses Gehalt im slowakischen Schnitt gar nicht so wenig zu sein; viele Arbeiterinnen und Arbeiter erhalten auch für eine Vollzeitbeschäftigung nicht mehr. Aber die Sozialleistungen, die der Staat früher geboten hat, bröckeln dahin, und plötzlich hat alles ein Preisschild bekommen.

Gut ein Drittel des Verdienstes der Ärztin gibt sie für Nebenkosten der Kinder aus: für die Tanzschule, den Klavierunterricht und den Kindergarten der Kleinsten. Noch einmal 2.000 Kronen kalkuliert sie monatlich für Kleider der Töchter. Im Juli ist die Miete der Dreizimmerwohnung, die am Spitalsjob hängt, mit einem Schlag von 1.500 auf 2.500 Kronen erhöht worden. So notwendig die späten Preisliberalisierungen für die Gesamtwirtschaft sein mögen, so hart treffen sie die Menschen. Und nicht jede Familie hat einen hochqualifizierten Spezialisten in einer Schweizer Bank. Mit seinem Frankenverdienst sind kleine Annäherungen an den Wohlstand möglich. Frau Pernischová fährt so wie ihr Mann ein eigenes Auto, einen betagten Opel Kadett. Sie war auch schon mit den Töchtern am Meer – in Caorle und Lignano auf einer Bus-Pauschalreise. »Mit dem eigenen Auto und drei zappeligen Kindern auf dem Rücksitz wäre mir die weite unbekannte Strecke zu gefährlich gewesen.« Der niedrige Verdienst der Ärzte ist aber nicht ihre einzige Sorge. Das staatliche Gesundheitssystem steht unter enormem Kostendruck. Laufend werden zuerst Betten eingespart, und als nächster Schritt folgt das Argument, dass für die wenigen Betten der Personalstand zu hoch sei. »Besonders meine männlichen Kollegen sorgen sich um ihren Arbeitsplatz«, erzählt Dr. Pernischová. Insgesamt leide auch die Arbeitsatmosphäre darunter. Es gehe gereizter zu als noch vor wenigen Jahren, man spüre förmlich die Angst.

Gerade bei den einfachen Provinzspitälern spare man am meisten. Der neue Verwaltungsdirektor in Zlaté Moravce kämpfe zwar engagiert für seine Anstalt mit ihren fünf Abteilungen, den 30 Ärzten und den etwas mehr als 100 Betten, aber man wisse ja nie. Die ökonomische Situation im Spital sei jetzt »so schlecht wie noch nie«. In der Anästhesie seien die notwendigen Medikamente oft derart knapp, dass Routineoperationen wochenlang verschoben werden müssten. Nur mehr die Notfälle dürften in den Operationssaal. Manche Pharmafirmen oder Gerätehersteller belieferten die Spitäler nicht mehr, weil sie für frühere Leistungen nicht bezahlt worden wären.

Aber das Provinzspital Frau Pernischkovás schwindelt sich immer wieder über die monetären Vorgaben hinweg. Fälle, die es selber behandeln könnte, reicht es an nächsthöhere Kliniken weiter. Das spart zwar im Gesamtsystem nichts ein, hilft aber dem eigenen Budget und ermöglicht den Kranken eine Behandlung in einem überschaubaren Zeitraum. Für die Patienten ist das etwas umständlicher, aber wenigstens werden sie versorgt.

Wer von seiner medizinischen Berufung überzeugt ist, kann auch davon nicht entmutigt werden, und Frau Dr. Pernischová liebt ihre Arbeit trotz aller Schwierigkeiten. Ein Leben ohne Spital kann sie sich nicht vorstellen. Sie möchte auch ihre medizinische Weiterbildung abschließen. Sie ist zwar schon Fachärztin für Anästhesie und darf den Primar vertreten, aber um selbst einmal Abteilungsleiterin oder Klinikchefin werden zu können, braucht sie noch einige weitere Prüfungen.

Außerdem will sie so bald wie möglich wieder zu einer Vollzeit-Beschäftigung an der Klinik zurückkehren. Mit den drei schulpflichtigen Mädchen werde das aber in der nächsten Zeit nicht möglich sein. Erst müsse ihr Mann wieder aus dem Ausland zurückkommen. Aus rein praktischen Gründen, um ihr zu helfen. Aber bestimmt auch, weil er ihr sehr fehlt. Selbst wenn sie das nicht so leicht zugeben würde.

# Éva Kósa: Ein schmales Gehalt vom ungarischen Gymnasium

In Hastings war das Gefühl wieder da. Diese Mischung aus Ohnmacht und Zorn, aus Trauer und Ärger. Zuerst konnten die drei Professorinnen, die mit ihren Schülern Sprachferien machten, gemütlich beisammensitzen, nachdem die Schüler in den Unterkünften eingecheckt hatten. Doch irgendwann beim Plaudern kam die Rede auch aufs Geld. Und der Vergleich ging aus wie immer, wenn Éva Kósa aus der Slowakei mit westlichen Kollegen zusammentrifft. Die französischen Professoren verdienen umgerechnet etwa 1.200 Pfund Sterling netto pro Monat. Als sie mit ihren 120 Pfund herausrückte, machte sich erst große Verwunderung breit, dann peinliche Stille.»Ich komme mir in so einer Situation immer so minderwertig vor«, sagt sie müde.»Wir haben etwa gleich lang studiert, arbeiten gleich viele Stunden an ähnlichen öffentlichen Schulen, aber meine Arbeit ist nur ein Zehntel wert.«

Dabei wollte sie immer unterrichten. Ihr Vater und ihre Tante, die beide Lehrer waren, dienten als Vorbilder. Schon als kleines Mädchen spielte sie Schule und saß mit fünf bei ihrem Vater hinten in der Klasse, wo sie Lesen und Schreiben lernte, lange bevor sie selbst in die Schule kam.

Éva wurde 1953 in einem kleinen südslowakischen Dorf in eine ungarische Familie hineingeboren. Diese Sprache und Kultur waren ihr selbstverständlich, aber einen ersten Bruch mit den Traditionen ihrer Eltern erlebte sie in der Grundschule. Als der Pfarrer zum Religionsunterricht in die Klasse kam, musste sie hinausgehen.»Die Lehrerkinder durften keinen Religionsunterricht bekommen. Ich war sehr traurig, dass man mich von meinen Mitschülern getrennt hat.«

Ihr Vater bekam einige Jahre später die Macht des kommunistischen Staatsapparates noch stärker zu spüren. Er war in der Dorfschule bereits zum Direktor avanciert, als man ihm den Beitritt zur Partei nahe legte. Da er sich weigerte, wurde er wieder zum einfachen Lehrer degradiert.»Er war eigentlich kein Antikommunist«, erinnert sich die Tochter.»Aber er hat gemerkt, dass es bei der Partei nur um persönliche Vorteile gegangen ist, und sie gar nicht gemeint haben, was sie sagten. Außerdem war er zu stolz, um dabei mitzumachen.«

Als Physik- und Mathematiklehrer ließ man ihn in Ruhe arbeiten, aber Anfang der 60er Jahre zog die Familie in die nächstgrößere Stadt, in die 25.000-Seelen-Gemeinde Dunajská Streda im Herzen des ungarischen Siedlungsgebietes. »Ich glaube, die Eltern wollten vor allem uns Kindern eine bessere Chancen geben.« Éva hatte einen älteren Bruder und eine jüngere Schwester. Mit einem Wohnungskredit baute man ein Einfamilienhaus, der Vater fand in der Stadt eine Stelle als Lehrer und die Mutter arbeitete in der Küche des nahen Bezirksspitals.

Nach der Matura an der ungarischen allgemeinbildenden Oberschule, dem Vorläufer des heutigen ungarischen Gymnasiums, war für Éva klar: Sie würde selbst Professorin werden. Ihre Fächerwahl an der Universität in Bratislava wurde nicht von allen Freundinnen verstanden. Neben Ungarisch hatte sie sich auch für Deutsch entschieden. »Das war damals nicht besonders populär.« Aber Éva hatte bereits früher als Freifach am Nachmittag Deutsch gelernt. Außerdem war sie als Folge einer Brieffreundschaft schon als Schülerin einen Monat allein im »befreundeten Ausland« gewesen, »in der DDR bei Carola«. Ein paarmal war die Jungmädchenpost schon hin- und hergegangen, als ihre deutsche Brieffreundin sie um einen Gefallen bat: In der Slowakei wären gewisse wichtige Dinge leichter zu bekommen, deshalb sollte ihr Éva Jeans besorgen, und auch gleich ein weiteres Paar für ihren Freund. Genaue Farbwünsche und Maße lagen bei.

»Das war auch bei uns nicht so leicht«, erzählt die heutige Professorin rückblickend. »Man musste in ein spezielles Geschäft nach Bratislava fahren und sich vorher um teures Geld Devisen kaufen. Aber meine damalige Lehrerin hatte mir einen Tipp gegeben. Ich sollte die Hosen besorgen, aber nur unter der Bedingung, dass ich sie selbst liefern könnte.« Unmittelbar nach der Matura saß sie in der Eisenbahn und fuhr über Prag und Dresden nach Eisenhüttenstadt – »in die große Welt«, wie sie heute ironisch nachsetzt. Die ersten Tage verstand sie kaum ein Wort, weil ihre Gastgeber und auch die Jugendlichen dort Dialekt sprachen und viel zu schnell redeten. Die Tränen und das Heimweh gingen aber vorbei und die Neugierde auf die Welten jenseits der Grenze war geweckt.

Am deutschsprachigen Ausland interessierten sie weniger Politik und Ökonomie, eher Unterhaltendes. Im österreichischen Fernsehen schaute sie nicht Nachrichten an, sondern Spielfilme. Während ihres Lehramtsstudiums für Ungarisch und Deutsch in Bratislava war sie Stammkundin in einem Laden für gebrauchte Bücher. Sie las stapelweise Arztromane.

Weil ihre Heimatstadt Dunajská Streda weniger als 50 Kilometer von der Universität entfernt lag, hatte Éva keinen Anspruch auf einen Platz in einem Studentenheim. Da das Pendeln aber zu mühsam gewesen wäre, wohnte sie gemeinsam mit einer Kollegin in einem kleinen möblierten Zimmer. »Das war damals ganz schön teuer und für meine Eltern eine große Anstrengung«, erzählt sie. Gegen Studienende entspannte sich dann die ökonomische Situation. Zuerst hatte sie durch ihren Notenschnitt ein Begabtenstipendium bekommen, und im Jahr vor den Schlussprüfungen konnte sie schon Ungarischstunden in einer Mittelschule in Preßburg halten. »Damals habe ich wahrscheinlich mehr Geld gehabt als irgendwann später.«

Überdies hatte sie für die Sommermonate einen lukrativen Nebenjob als Dolmetscherin für ausländische Reisegruppen in den Karpaten gefunden. Es waren jeweils zweiwöchige Aufenthalte mit Vollpension in einem modernen Gewerkschaftsheim. Sie betreute ostdeutsche oder ungarische Urlauber rund um die Uhr und durfte auch an deren Wanderungen teilnehmen. Diese Sommerarbeit, die ihr viel Freude machte, behielt sie bis zur Wende, auch als sie schon als Gymnasialprofessorin zu arbeiten begonnen hatte.

Einen Posten hatte sie leicht gefunden – in Galanta, einer gemischt ungarisch-slowakischen Kleinstadt etwa 30 Kilometer von zu Hause entfernt. Mehrere Jahre wohnte sie noch im elterlichen Haus und pendelte täglich mit dem Bus. Zweimal pro Woche sprach sie beim dortigen Bürgemeister vor, ob er nicht eine Wohnung für sie habe. »Der war schon grün und gelb, wenn er mich gesehen hat.« Das hartnäckige Lobbying half, und schließlich konnte sie eine 34 m² große Zweizimmerwohnung beziehen.

Die Arbeit am ungarischen Gymnasium mochte Frau Kósa sehr. Das 30-köpfige Lehrerkollegium der Schule, in deren Gebäudekomplex auch ein slowakisches Gymnasium untergebracht war, bestand aus 24 Männern und nur sechs Frauen. Außerdem war Frau Professor Kósa die Jüngste und wurde gebührend hofiert.

Der Partei trat sie ebensowenig bei wie ihr Vater. Sie wollte sich erst gar nicht auf Karriere- und Direktionskurs begeben. »Ich habe immer nur ordentlich und ruhig leben wollen.« Die Politik holte sie nach der Wende aber wieder ein. Nicht nur, dass wegen der zweifachen Krise in der Slowakei (erst die Umstellungsinflation und dann die Auflösung des gemeinsamen Staates) die Gehälter der öffentlich Bediensteten rapide an Wert verloren. Unter der zweiten Regierung Mečiar begannen die slowakisch-nationalistischen Töne lauter zu werden. Diese richteten sich einerseits gegen die Roma und andererseits gegen die 600.000 Menschen zählende ungarische Minderheit im eigenen Land.

Sie selbst hatte persönlich nie Diskriminierung oder Beschimpfung hinnehmen müssen, »ich spreche Slowakisch ohne Akzent«, aber sie weiß von den aufgeheizten Massen Fußballstadien, wo Ungarn gelegentlich »über die Donau«, also nach Ungarn, oder »ins Gas« gewünscht wurden. Von heimattreuer und anti-ungarischer Propaganda abgesehen, drehte die Regierungspolitik der sozialistisch-nationalen Koalition auch real an einer minderheitenfeindlichen Gesetzesschraube. Erst einmal wurden die Grenzen der Wahlkreise im Süden der Republik neu gezogen, sodass zahlreiche Ungarn plötzlich nicht mehr in einem homogenen Gebiet wohnten, sondern in kleinere Verwaltungseinheiten in Minderheitspositionen rutschten. Dann nahm man sich symbolische Ziele vor: Die stets zweisprachigen Schulzeugnisse in der ungarischen Siedlungsgegend durften nur noch in der offiziellen Staatssprache ausgegeben werden. Außerdem plante die Regierung die schrittweise Umstellung des Unterrichts auf Slowakisch, und dabei sollte mit den ideologisch wichtigen Fächern Geschichte und Geographie begonnen werden.

Das brachte sogar die sonst eher unpolitische Frau Kósa um ihre Ruhe. »Ich verstehe einfach nicht, warum er das gemacht hat«, grübelte sie Mečiars Motivation nach. »Wir sind doch nicht alle einfach minderwertig.« Die ungarischen Funktionäre mobilisierten ihre Anhänger, es gab Protestnoten von westlichen Regierungen und europäischen Institutionen.

Der Wahlsieg der vereinigten Opposition bereitete Mečiar im Herbst 1998 einen schnellen Abgang, und auch ins Präsidentenamt konnte er nicht zurückkehren. Frau Kósa hat wie die meisten ihrer Landsleute ihre Stimme der ungarischen Liste gegeben, »aber ob sie dieses Vertrauen verdienen, müssen sie erst zeigen«. Bei der Debatte um ein neues Minderheitengesetz konnten sie jedenfalls nicht alle ihre Wünsche durchsetzen, der Kompromiss dürfte jedoch reichen, um europäische Vorbehalte gegen einen EU-Beitritt zu besänftigen. Beim Schulschluss im Sommer 1999 hielten die ungarischen Schulkinder jedenfalls schon wieder zweisprachige Zeugnisse in Händen.

Für Frau Kósa ist damit die schwierige alltägliche Wirtschaftslage wieder zum Hauptproblem geworden. Sie hatte sich mit dem Doktorat in Philosophie und einem zusätzlichen Studium für Englisch noch weiterqualifiziert. Versuche, in eine andere Branche zu wechseln, klappten aber allesamt nicht. Im Tourismus werden keine Akademiker genommen, weil Absolventen der Hotelfachschule billiger sind. Beim Versuch, eine eigene Sprachschule zu eröffnen, kapitulierte sie vor der Bürokratie.

Ihre derzeitige Antwort auf das knappe Gehalt heißt Arbeit, Arbeit, Arbeit. Nach der Schule unterrichtet sie zweimal in der Woche am Nachmittag in einer privaten Sprachschule. Sie übernimmt gelegentlich erwachsene Einzelschüler, deren Deutsch oder Englisch für einen ausländischen Geschäftspartner aufpoliert werden muss. Ab und zu macht sie auch noch Fachübersetzungen, und im Garten betreut sie das Gemüse und die Kartoffeln ihrer Mutter, »denn bewegen muss man sich ja ohnehin«.

Eigentlich könnte sie öfter ins Ausland reisen. Sie ist ungebunden, und um die alte Mutter würde sich in dieser Zeit der Bruder kümmern. »Aber da stehe ich immer nur vor den Schaufenstern, und kaufen kann ich mir nichts.«

# Jaroslav Ružička: Ein Anwalt mit besten Verbindungen

Empfang und Besprechungsraum bieten besten internationalen Standard: schwarze, moderne Schränke, Anrichten und Ledersessel, ein riesiger, auf Hochglanz polierter Kunststeintisch mit eleganten Stahlrohrbeinen, moderne Kunst an den Wänden. Die Szenerie ist von Deckenspots beleuchtet. Der Chef passt ästhetisch gut ins Bild. Im anglo-amerikanischen Raum würde man den großgewachsenen 40jährigen Anwalt wohl »impeccable« nennen: dunkler Anzug, weißes Hemd, rahmenge- nähte Schuhe, schwerer Stahl-Chronograph am Handgelenk. Sein Deutsch ist bis auf einen feinen slowakischen Akzent makellos, sein Englisch kaum schlechter. Dabei kann die Beratungsfirma CCS-Consulting von Dr. Jaroslav Ružička bloß als früher Vorposten der internationalen Business Community in Bratislava gelten. Das modern-anonyme Büro ist in einem der ersten renovierten mittelalterlichen Häuser in der schma- len Kapitulská-Gasse untergebracht. Die Fassaden der Gebäude ne- benan zeigen vielfach noch die bröckelnden Spuren der jahrzehnte- langen Vernachlässigung unter den kommunistischen Herren. Ste- ven Spielberg hat hier schon zweimal Filmszenen gedreht, und das bestimmt nicht, weil er westliche Büros als Set-Hintergrund suchte.

Ružička hat sich 1991 selbstständig gemacht, gemeinsam mit zwei ausländischen Partnern, einem Exil-Slowaken und einem Öster- reicher. Als promovierter Jurist an der Universität von Bratislava mit Zielrichtung wissenschaftlicher Karriere stand er damals kurz vor der Habilitation. Aber er wagte den Sprung in die Selbstständigkeit als Freiberufler. Seine Überlegung unmittelbar nach der Wende war, dass westliche Unternehmen bei der Gründung von Tochtergesell- schaften auf dem östlichen Markt kompetente Beratung brauchen würden. Dazu sollte den ausländischen Firmen ein Paket an Dienst- leistungen angeboten werden, das über bloß juristische Angelegen- heiten hinausreichte. Man suchte daher nach einer gesellschafts- rechtlichen Konstruktion, die es erlaubte, Juristen, Buchhalter und Wirtschaftstreuhänder unter einem Holdingdach zu vereinigen.

»Wenn eine große internationale Kanzlei hierherkommt, muss sie sich meist lokale Leute suchen«, argumentiert Ružička. »Wir wollten den Kunden eine umfassende Betreuung bieten.« Das Konzept ging auf. Im letzten Jahr setzte CCS-Consulting mit 70 Mitarbeitern in Bratislava, Prag und Zagreb bereits 65 Millionen Kronen um. Das sind immerhin 20 Millionen Schilling oder knapp drei Millionen D-Mark.

Ružička gibt sich nicht nur westlich, er arbeitet auch zehn bis zwölf Stunden am Tag, und das sechs- bis siebenmal in der Woche. Pro Jahr spult er rund 40.000 Kilometer mit seinem Audi A6 zwischen Bratislava, Prag, Wien und München herunter. Manche seiner früheren Uni-Kollegen begegnen ihm deswegen mit Unverständnis. »Die Lehrverpflichtung für einen Dozenten liegt bei sechs Wochenstunden«, berichtet der Unternehmer mit einem Anflug von Sehnsucht, der schnell wieder vorüber ist. »Dass man mit diesem Arbeitseinsatz öfter Tennis spielen kann als ich, ist klar. Aber dass sich damit kein so schönes Auto ausgeht, wollen sie nicht einsehen.«

Ružičkas lange Arbeitstage haben ihm eine Villa in bester Lage in Bratislava eingetragen. Seine Frau, ebenfalls eine gelernte Juristin, braucht nicht zu arbeiten und kann sich auf die Erziehung der beiden Kinder konzentrieren. Dass ihm sein Beruf einen Lebensstandard bietet, der über dem gesellschaftlichen Umfeld seiner Heimatstadt liegt, ist dem Juristen bewusst. »Ich gehöre sicherlich zu der höchsten Einkommensschicht hier.« Dann folgt aber ein trockener Nachsatz: »Unter denen, die ihr Geld mit ehrlicher Arbeit verdienen. Also nicht unter Spekulanten und betrügerischen Privatisierern.«

Auch für die eigene Kanzlei zieht er eine moralische Grenze: »Viele Berater haben sich in den letzten Jahren ihren Namen mit unsauberen Geschäften ruiniert. Sie haben Geld aus Unternehmen herausgezogen und ins Ausland verschoben.« Seine Consulting-Gruppe fand sich schon alleine durch ihren Kundenkreis auf der anderen Seite. CCS vertritt nämlich vor allem internationale Unternehmen, und diesen sollte die Insider-Privatisierung unter Premierminister Vladimír Mečiar und seiner HZDS-Partei auch die fettesten Brocken vor der Nase wegschnappen.

Die Klienten von CCS lesen sich in der slowakischen Wirtschaft, die im regionalen Vergleich nicht gerade reichlich mit ausländischen Investoren gesegnet ist, wie ein Who's Who des internationalen Kapitals. Aus dem Finanzbereich gehören dazu die Wiener Bank Austria Creditanstalt, die Tatra Bank und Istrobanka, hinter denen die ebenfalls österreichischen RZB und Erste-Banken stehen, sowie die HypoVereinsbank aus München. Exxon-Esso und Agip finden sich in diesem Kreis, oder die Kette von Handwerker-Märkten der BauMax-Gruppe. »Ein bisschen Glück braucht man schon, besonders am Anfang«, erinnert sich Ružička. »Es war sicher ganz entscheidend, dass ich den BauMax-Gründer Karlheinz Essl persönlich kennengelernt habe.«

Überhaupt lebt seine Firma zu einem Gutteil von persönlichen Kontakten. Etwa 50 Telefonate führt der Anwalt am Tag, davon gilt die eine Hälfte fachlichen Problemen, die andere Hälfte ist organisatorischer Art oder hat mit Lobbying zu tun. Die alten Kontakte aus der Studienzeit sind heute Gold wert. »Ich verwende das nicht irgendwie unsauber«, insistiert Ružička. »Aber ich kann den Vizepremier anrufen, der mit mir an derselben Fakultät war, und fragen, was tatsächlich in einem neuen Gesetz stehen wird.«

Diese Kontakte bestehen in dem kleinen Land naturgemäß nicht nur zur Regierung, die seit Herbst 1998 an der Macht ist, der Anwalt pflegte sie auch in der Mečiar-Zeit. Das mag ein Grund dafür sein, dass er die jetzige Regierung kritisiert, sie setze zu sehr auf Revanche – etwa bei der Verhaftung des ehemaligen Geheimdienstchefs oder beim Verfahren gegen den früheren Innenminister. »So ein Kampf ›Gut gegen Böse‹ kann nicht ewig dauern. Nach fünf oder sechs Monaten reicht es, und die täglichen Probleme werden nicht gelöst.« Auch das Wiederaufrollen dubioser Privatisierungsfälle sieht Ružička nicht nur positiv. »Es gibt keinen Zweifel darüber, dass vieles nicht in Ordnung war. Aber bei Privatisierungen gibt es auch im Westen immer eine Grauzone zwischen Politik und Geschäft. Jetzt werden teilweise auch Leute über die Medien fertiggemacht, die keine Gauner sind.«

Der Anwalt weiß genau, wie viele Privatisierer sich auf Kosten recht gut geführter Betriebe immens bereichern konnten. Unternehmen wurden mittels neugegründeter Sub-Firmen systematisch ausgehöhlt, indem man die wertvollsten Vermögensteile der alten Firmen in die neuen transferierte. In Tschechien und in der Slowakei kreierte der Volksmund dafür sogar einen eigenen Begriff, etwas wackelig übersetzt heißt er »tunnellieren« – Schätze durch unterirdische Stollen davonschaffen.

»Dennoch sind das nicht die dringlichsten Probleme des Landes«, behauptet der Anwalt. »Das Wichtigste ist, die Institutionen des Staates funktionsfähig zu machen. Sicherheit und Anti-Korruptionsmaßnahmen haben oberste Priorität.« Seiner Meinung nach gebe es zwar ein passables Gesetzeswerk für die Wirtschaft, das sich nicht zuletzt an deutschen und österreichischen Vorbildern orientiere. Aber es fehle an Durchführungsbestimmungen und an Personal. Bei letzterem würden sich gleich zwei gravierende Mängel bemerkbar machen: Einerseits die Knappheit an guten, qualifizierten Beamten und andererseits jene an sauberen Beamten. Korruption in Gerichten und in der Polizei sei nicht wegzudiskutieren.

Wenn Ružička Schwachstellen aufzeigt, die ihm und seinen Klienten den Arbeitsalltag erschweren, plaudert er aus der Praxis. »Es ist absolut unakzeptabel, wenn eine Eintragung ins Handelsregister sechs Monate dauert. Oder wenn ich zur Durchsetzung einer Exekution bei großen Forderungen vier Jahre warten muss.« Von 100 eingebrachten Konkursen würden vielleicht zehn auch abgewickelt werden, für die restlichen Causen fehlten Richter, Durchführungsbestimmungen und Fälle aus der Praxis, an denen man sich orientieren könne.

Nachdem er sich dem größten Ärger von der Leber geredet hat, kommt gleich wieder der stolze Slowake durch. »Aber glauben Sie nicht, dass das nur bei uns so ist. Die Situation in Prag ist nicht viel anders, die Tschechen haben sich nur besser vermarktet.« Im Übrigen müsse man auch sehen, was sich in seinem Land trotz der internationalen Isolation während der Mečiar-Jahre alles entwickelt habe. »Das alte System vergisst man zwar sehr schnell, aber man kann es nicht in ein paar Jahren völlig umstellen und auf einen so hohen Standard wie in Deutschland bringen.« Bei den Beamten gebe es bereits eine junge Generation, die Fremdsprachen beherrsche und international denke. Aber bis auch ihre Arbeit internationalen Standards entspreche, wären einige Jahre Praxis nötig.

Seiner Meinung nach habe die Slowakei in der internationalen Arbeitsteilung nach wie vor gute Chancen. Unternehmen wie Volkswagen oder Siemens berichten über eine hohe Produktivität und gut ausgebildete Mitarbeiter in ihren slowakischen Fabriken. Auch von deutschen Mittelständlern, die sich mit Betriebsstätten hier angesiedelt hätten, höre er ähnliches.

Wichtig sei vor allem, die »Hit-and-Run-Mentalität« wegzubekommen und die Menschen an ein längerfristiges ökonomisches Denken zu gewöhnen. Man müsse investieren und könne nicht nur auf das schnelle Abkassieren aus sein. Manche Unternehmer, mit denen er spreche, wunderten sich darüber, daß er seine Junganwälte und Konzipienten so gut bezahle und ihnen ein Dienstauto zur Verfügung stelle. »Die sagen: ›Das ist doch eigentlich Geld aus deiner Tasche.‹«

Was sie dabei nicht sehen, sind die Zwölfstundentage der Youngsters, ähnlich wie jene ihrer Kollegen in den Bürotürmen von Manhattan oder Frankfurt. Was sie nicht sehen, sind die Samstage oder Sonntage, die in der Kapitulskágasse eingelegt werden. Und was sie ebenfalls nicht sehen, ist, dass Ružička in einem hochkompetitiven Umfeld für junge Spezialisten bis jetzt noch nicht zur Konkurrenz oder zu einem multinationalen Konzern davongelaufen ist.

# Slowenien: Der vorsichtige Weg zur Marktwirtschaft

Wenn eine Landschaft das Prädikat »frisiert« verdient, dann diese. Wer die wenigen Kilometer von der steirischen Grenze nach Marburg fährt, glaubt sich in ein Märchenland versetzt. Scheinbar nach komplizierten geometrischen Berechungen haben die slowenischen Bauern ihre Mini-Weingärten an die steilen Hügel geklebt: hier ein Dreieck, dort ein Trapez, da laufen die Reihen von oben nach unten, dort quer zum Hang. Dazwischen drängeln sich ein paar Reihen Mais, dann folgt wieder ein teppichgroßes Gemüsebeet oder ein winzigkleiner Kartoffelacker.

Mit dem gleichen Perfektionismus, derselben beinahe pedantischen Sauberkeit, behandeln die Slowenen ihre Städte. In Laibach glänzt nicht nur das historische Zentrum mit seinen renovierten Kirchen, sandgestrahlten Brücken und pastellfarbenen Fassaden, auch auf den Vorstadtstraßen liegt kaum ein weggeworfenes Stück Papier, die städtischen Busse blitzen frisch gewaschen, und der Rasen vor den Fabrikstoren scheint fast wie sorgsam maniküriert.

»Preußen des Balkans« hat man die Slowenen während ihrer Zugehörigkeit zur Sozialistischen Föderativen Republik Jugoslawien etwas unscharf genannt, und von den impulsiveren, handfesteren Serben war das nicht unbedingt als Kompliment gemeint. Ein amerikanischer Bustourist, der in wenigen Stunden den Kleinstaat am Südrand der Karawanken durchquert, würde sich schwer tun, die Unterschiede zum nahen Österreich auszumachen: Die Städte Laibach und Graz können ihren Geschwisterstatus nicht leugnen. Wenn es irgendwo ein zweites Salzkammergut gibt, dann liegt es rund um Bled. Und der Grauburgunder gehört diesseits und jenseits der steirischen Grenze zu den besten Weißweinen, die Mitteleuropa zu bieten hat.

Slowenien, das frühere Krain, war seit 1282 ein Kernland der Habsburger. Das sieht man den Verwaltungsgebäuden in Laibach und Marburg noch heute an. Seine Intellektuellen zog es zum Studium oder zur Arbeit in die Reichshauptstadt Wien. Bahnbau und erste Industrialisierung erfolgten mit dem Kapital der Donaumonarchie. Auch heute ist noch manches slowenische Unternehmen stolz auf sein Gründungsdatum rund um die Jahrhundertwende.

Die meiste Zeit ihrer bewussten Geschichte waren die Slowenen aber gemeinsam mit Kroaten, Serben, Mazedoniern, Montenegrinern, Bosniern und Kosovo-Albanern Teil des südslawischen Vielvölkerstaates Jugoslawien. Ihr Austritt aus diesem Verbund im Sommer 1991, der von einem zehntägigen Kurzkrieg begleitet war und mehr als 70 Tote forderte, stellte die erste Neuziehung von Grenzen in Europa nach dem Zweiten Weltkrieg und nach dem Helsinki-Prozess dar.

## Weg von Belgrad

Der Drang nach Unabhängigkeit der knapp zwei Millionen Slowenen entsprang keiner spontanen Hitzköpfigkeit, er hatte sich langsam verdichtet. Ab dem Machtantritt Slobodan Miloševićs in Serbien 1987 gewannen die Zentrifugalbewegungen schnell an Aufwind, und von 1988 bis 1991 kristallisierten sich zwischen Laibach und Belgrad die politischen Divergenzen Zug um Zug heraus – mit beängstigender Geschwindigkeit. Alle, die den Gesamtstaat Jugoslawien noch retten wollten, und sei es als bloße Konföderation, wurden von den geschaffenen Tatsachen immer wieder überrollt.

Viktor Meier, der jahrzehntelang als Korrespondent über Jugoslawien berichtete, bezeichnet bereits die Jahre 1986/87 als »Schicksalsjahre« für die Abspaltung Sloweniens von Belgrad. Seiner Analyse nach hätte sich das kommunistische Regime sowohl einer demokratischen Öffnung als auch wirtschaftlichen Reformen widersetzt. Während Milošević in Belgrad auf die alte Garde, besonders auf das Militär, gesetzt habe, seien in Laibach junge reformorientierte Kader an die Macht gekommen, unter ihnen der spätere Präsident Milan Kučan.[1]

Tatsächlich wurden bald große Teile der Gesellschaft in Serbien, in Slowenien und in anderen Republiken polarisiert. Und als Milošević zuerst die Autonomie des Kosovo und der Vojvodina beschränken wollte und immer mehr Serben zu Großdemonstrationen, sogenannten »Meetings«, lockte, wurden demokratische, oppositionelle Töne in Slowenien immer lauter – erst unter Intellektuellen und Studenten, bald bis weit in die Partei hinein.

Schon 1988, im sogenannten »Laibacher Frühling«, eskalierte die

Lage erstmals. Einige Journalisten und Studenten wurden wegen Geheimnisverrats von einem Militärgericht zu Haftstrafen verurteilt, spontane Demonstrationen folgten als Antwortet darauf. Aber für die Intellektuellen hatte das noch nicht den endgültigen Bruch mit dem Gesamtstaat zur Folge. Einer der Verurteilten erinnerte sich später:»Anfang 1989 hätten ich und die meisten anderen noch immer für Jugoslawien optiert. Aber dann hat Milošević mit seinen Attacken im Kosovo begonnen, mit Angriffen auf Slowenen innerhalb des Militärs, mit dem ganzen irrationalen Druck. Das hat uns viel schneller hinausgetrieben.«[2]

Auch Wolfgang Libal, ebenfalls langjähriger Jugoslawien-Korrespondent, sieht die»Schuldzuweisung« für den Bruch ähnlich:»Es sind also die Politik Milošević und die durch sie ausgelösten Ereignisse des Jahres 1988, von denen die große Spaltung innerhalb Jugoslawiens ihren Ausgang nimmt.«[3] Die Slowenen änderten noch 1989 gegen Belgrader Widerstände ihre eigene Verfassung und sahen darin erstmals auch das Austrittsrecht aus Jugoslawien als letztes Mittel vor. Milošević plante daraufhin Massendemonstrationen von Serben in Laibach. Die slowenischen Politiker sperrten jedoch die Grenzen. In der Folge suspendierten mehr als 130 große serbische Unternehmen ihre Wirtschaftsbeziehungen mit der Teilrepublik – Politik ging vor Geschäft. Die wirtschaftliche Desintegration hatte also noch vor der politischen Trennung begonnen.

Am Kongress der Jugoslawischen Kommunistischen Partei im Jänner 1990 erfolgte der endgültige Bruch. Die Slowenen stellten eine Anzahl von Anträgen, die in Richtung Demokratisierung und Konföderation hinausliefen und den Belgrader Zentralismus frontal attackierten. Sie wurden allesamt von der serbischen Mehrheit niedergestimmt, worauf die slowenische Delegation auszog – auf Nimmerwiedersehen.

Im darauffolgenden April hielt Slowenien die ersten freien Wahlen ab. Die Kommunisten, die ihren Namen inzwischen auf»Bund der Kommunisten – Partei der demokratischen Erneuerung« erweitert hatten, erlebten gegen das oppositionelle Wahlbündnis DE-MOS (Vereinigte Demokratische Union Sloweniens) eine klare Niederlage. Lediglich Parteiführer Kučan wurde zum Präsidenten gewählt.

Im Dezember folgte eine Volksabstimmung über die staatliche

Unabhängigkeit von Jugoslawien. Mit 88 Prozent fiel die Mehrheit dafür sehr deutlich aus. Innerhalb der nächsten sechs Monate wollte man in Laibach die staatlichen Institutionen von Ministerien bis zur Notenbank aufbauen, Gesetze und Verwaltungsbestimmungen erarbeiten. Der Absprung sollte wohlvorbereitet Mitte des Folgejahres erfolgen.[4]

Die jugoslawische Volksarmee wollte dies verhindern – teils mit Truppen aus ihren Kasernen in Slowenien, teils mit zugezogenen Soldaten aus benachbarten Landesteilen. Allerdings hatte sie nicht mit dem gut organisierten und kompromisslosen Widerstand der slowenischen Territorialarmee gerechnet. Außerdem wollte sich der Generalstab nicht zu einer wirklich brutalen Vorgangsweise durchringen. Die Slowenen schlossen die Bundesarmee jedenfalls in ihre Kasernen ein und lieferten ihr einige Gefechte um Grenzstationen und Straßenverbindungen. Nach zehn Tagen gab Belgrad nach. Eine vermittelnde EU-Troika absolvierte noch einige nicht ganz überzeugende Auftritte vor dem Abzug der Truppen. Slowenien hatte de facto den Sprung in die Unabhängigkeit geschafft. Die Anerkennung durch einzelne europäische Staaten sowie durch die EU und die UNO folgte in den nächsten Monaten.

## Was bleibt – die Wirtschaft eines Kleinstaates

Während der neue unabhängige Staat politisch-rechtlich abgesichert schien, hing die Ökonomie Sloweniens plötzlich in der Luft. Obwohl sich seine Unternehmen offener und exportorientierter entwickelt hatten als jene in anderen jugoslawischen Teilrepubliken, waren sie doch in erster Linie auf den internen Markt des Gesamtstaates ausgerichtet gewesen.

»Eine These aus der Zeit vor der Unabhängigkeit muss man jedenfalls deutlich zurückweisen«, analysiert der Laibacher Ökonom und Rektor der dortigen Universität, Jože Mencinger.»Dass nämlich die slowenische Wirtschaft von der jugoslawischen unterdrückt worden war. In Wahrheit haben ihre Betriebe im Inland durch den geschützten Markt höhere Preise erzielt und damit teilweise ihre Exporte in den Westen subventioniert.«

Dieser große Inlandsmarkt fiel nun mit einem Schlag weg, und das traf praktisch alle größeren Firmen schwer. Der Lebensmittelerzeuger Kalinska etwa verlor plötzlich rund 70 Prozent seiner

Abnehmer.[5] Auch Henkel-Zlatorog, ein Jointventure des deutschen Waschmittelproduzenten mit einer slowenischen Firma, fiel in dieses Loch. Die Planzahlen für das 1989 gegründete Gemeinschaftsunternehmen in Marburg waren von einem Absatzmarkt von 23 Millionen ausgegangen. Nun blieben nicht einmal zwei Millionen potentieller Kunden übrig. Die Mitarbeiter mussten in kürzester Zeit von 1.300 auf 550 reduziert werden, hektisch suchte man innerhalb des Konzerns andere Abnehmer für das nun überdimensionierte Chemiewerk.

Die volkswirtschaftlichen Daten Sloweniens sahen dementsprechend trist aus: 1991 fiel das Bruttonationalprodukt um 11 Prozent, im Jahr darauf nochmals um 3,6 Prozent. Die Industrieproduktion ging in beiden Jahren sogar um zweistellige Prozentzahlen zurück und blieb auch noch 1993 rückläufig.

Zu diesem Produktionsrückgang kam noch ein anderes gravierendes makroökonomisches Problem. Die Slowenen hatten aus dem jugoslawischen Gesamtstaat eine reichlich instabile Währungssituation geerbt, und der neue, eigene Tolar verzeichnete schon am Jahresende 1991 eine Inflationsrate von mehr als 200 Prozent. Ein Jahr später waren es immer noch fast 100 Prozent. Aus Stabilisierungsgründen blieben der Regierung bei dringend nötigen Programmen zur Ankurbelung der Konjunktur die Hände ziemlich fest gebunden.

Die harte Geldpolitik zeitigte allerdings bald positive Ergebnisse. Man brachte die Inflation in mehreren großen Schritten nach unten, und schon 1996, früher als in den meisten anderen Reformstaaten, war die Rate einstellig. Als hilfreich erwies sich auch der Umstand, dass viele Slowenen im Ausland als Gastarbeiter Devisen erwirtschaftet hatten und der Staat einen Teil dieser Gelder über die Privatisierung von Wohnungen ins Land holen konnte.

Trotz aller Schwierigkeiten gaben sich die slowenischen Finanzpolitiker selbstbewusst und traten gegenüber internationalen Institutionen wie Weltbank und IWF in vielen Bereichen, etwa einer vorgeschlagenen Fixkurspolitik, kompromisslos auf. Das Hereinfließen von mobilem Spekulationskapital versuchte man durch verschiedenste Maßnahmen zu verhindern, wie beispielsweise durch eine mehrjährige Behaltefrist ausländischer Investoren von slowenischen Anleihen oder Aktien. Das ließ den Kapitalmarkt zwar nur recht langsam wachsen, schützte aber die Wirtschaft vor unliebsamen Schwankungen.

Der Turnaround war jedenfalls innerhalb weniger Jahre geglückt: Ab 1993 begann eine ununterbrochene Wachstumsphase der slowenischen Wirtschaft. Diese wurde von mehreren Faktoren getragen: Einerseits war es gelungen, die Exporte (früher waren das Inlandslieferungen in andere jugoslawische Republiken) in Richtung Westen, also in die EU, umzupolen. Diese Exporte machten im ersten Halbjahr 1999 bereits rund 70 Prozent der Gesamtausfuhren aus. Damit ist Slowenien europäischer als manches EU-Land. Dazu kam zwischen 1990 und 1994 eine wahre Gründerwelle von Klein- und Mittelbetrieben. Diese steigerten ihren Umsatzanteil an allen Unternehmen von kaum acht auf mehr als 22 Prozent, den Anteil an allen Exporten immerhin von einem auf elf Prozent.[6] Und schließlich sprang auch die Inlandsnachfrage an. Die Slowenen vertrauten ihrem neuen Staat und seiner Wirtschaft und steckten zunehmend weniger Geld in Form von DM-Scheinen unter die Matratze oder in Fremdwährungskonten.

Insgesamt bietet der Kleinstaat acht Jahre nach dem Sprung in die Unabhängigkeit wirtschaftlich ein recht positives Bild. Slowenien liegt, was die makroökonomischen Daten der Reformstaaten angeht, neben Polen und Ungarn an der Spitze.

– Das Wachstum sollte 1999 trotz Kosovo-Krise immer noch bei akzeptablen dreieinhalb Prozent liegen. Nach mehreren Jahren ähnlicher Zuwächse ist auch für das Jahr 2000 eine derartige Steigerung zu erwarten.[7]

– Die Währung, der Tolar, erweist sich bei einer Inflationsrate um die sieben Prozent als einigermaßen stabil (und das nur wenige Jahre nach der jugoslawischen Hyperinflation).

– Das Land verfügt über Devisenreserven von etwa fünf Milliarden US-Dollar, diese könnten die gesamte Auslandsverschuldung kompensieren.

– Die Arbeitslosenrate, berechnet nach den Kriterien der Internationalen Arbeitsorganisation ILO, liegt mit weniger als acht Prozent unter dem EU-Durchschnitt.

– Das BIP pro Kopf, berechnet nach Kaufkraftparitäten, beträgt bereits 14.000 US-Dollar. Damit liegt es nur mehr etwa ein Drittel hinter jenem Österreichs, also schon deutlich über der Hälfte

des EU-Durchschnitts und auch schon in Reichweite ärmerer südlicher EU-Länder.[8]
– Im Zuge der Vorbereitungen auf den EU-Beitritt hat Slowenien bereits eine ganze Reihe von Wirtschaftsgesetzen dem Aquis Communautaire angepasst.

## Die Schattenseite des Karawankenstaates

Das ist aber nur die eine, glänzende Seite der Medaille. Auf der anderen Seite hat Slowenien mit erheblichen Problemen zu kämpfen. Die Arbeitslosenrate – laut ILO-Daten bloß 7,9 Prozent – hält nach Laibacher Zählung immerhin bei 14,5 Prozent, und das trotz eines beträchtlichen »grauen« Sektors der Wirtschaft. Je nach Modellen und Schätzungen umfasst dieser 20 bis 30 Prozent der Gesamtwirtschaft.

Außerdem hat der Staat in den letzten Jahren zahlreiche ältere Arbeitslose aufgefangen und in Frühpension geschickt. Was man sich kurzfristig an politischer Stabilität erkaufte – es gibt im Parlament sogar eine eigene Pensionistenpartei, welche die rechtsliberale Regierung Janez Drnovšeks unterstützt –, kommt jetzt durch die Hintertür als gewaltiges finanzielles Problem der Pensionskassen wieder herein. Die Relation zwischen produktiv Beschäftigten und Pensionisten ist in Slowenien noch schlechter als im ohnehin überalteten Österreich.

Ein erster Anlauf zu einer umfassenderen Pensionsreform ist im Frühjahr 1999 gescheitert. Ein Mehrsäulenmodell, bei dem eine staatliche Grundsicherung durch private Pensionsfonds ergänzt werden sollte, war zwar in Diskussion, wurde aber auf unbestimmte Zeit verschoben. Bis auf weiteres bleibt es bei der einzigen staatlichen Pensionskassa. Allerdings wurden die Anspruchsniveaus gesenkt.[9]

Eine der größten Schwächen der slowenischen Wirtschaft stellt das relativ niedrige Niveau ausländischer Direktinvestitionen dar. Das wurde schon 1996 in einem Bericht des Laibacher »Instituts für Makroökonomische Analyse und Entwicklung« kritisch vermerkt, und seither hat sich die Situation nicht wesentlich geändert: »Es ist offensichtlich, dass Slowenien im Bereich ausländischer Direktinvestitionen auch hinter andere, weniger erfolgreiche Reformländer zurückfällt.« Die Laibacher Ökonomen haben für diese negative

Entwicklung eine betriebswirtschaftliche Begründung:»Ein Vergleich der Geschäftsergebnisse zwischen slowenischen Unternehmen mit und ohne ausländisches Kapital hat ergeben, dass erstere erfolgreicher waren, mehr exportierten und höhere Erträge erwirtschafteten.«[10]

Es gibt zwar eine Reihe renommierter internationaler Konzerne, die in Slowenien Produktionsstätten betreiben, wie beispielsweise der Autohersteller Renault, die Zigarettenfirmen Reemtsma und Seïta oder das Industriegasunternehmen Messer Griesheim, aber mit insgesamt 2,6 Milliarden US-Dollar an Direktinvestitionen liegt Slowenien weit hinter den Spitzenreitern der Reformstaaten Polen und Ungarn, die bis 1999 32 bzw. 20 Milliarden US-Dollar fremdes Kapital anlocken konnten. Zieht man die Größe des Landes in Betracht, so pendeln sich die slowenischen Pro-Kopf-Zahlen zwar leicht über jenen von Polen, aber deutlich hinter denen Ungarns ein.

Folgende Gründe können dafür genannt werden:
– Sloweniens Unternehmen befanden sich nicht direkt in Staatsbesitz, sondern waren im Rahmen der»Selbstverwaltung« vergesellschaftet. Sie gehörten allen – und doch niemandem.
– Der Prozess der Eigentumsumwandlung wurde durch die Restitutionsverhandlungen für manche ehemals enteignete Firmen aufgehalten.
– Bei den anderen Unternehmen setzten oft komplizierte Verfahren zur Umwandlung ein: Einige staatliche Fonds bekamen Mindestanteile. In den meisten Fällen wurden Management und Belegschaft zu Eigentümern.
– Außerdem gab es eine weitverbreitete öffentliche Angst vor einem »Ausverkauf« ans Ausland. Daher erfolgten nur wenige Verkäufe an ausländische Konzerne – etwa an Siemens, Kapsch oder Bosch. Der überwiegende Teil der Privatisierung spielte sich unter Slowenen, meist Insidern, ab.

Die Nachteile dieses Systems sind offensichtlich: Die Firmen erhielten weder zusätzliches Kapital noch Know-how oder Zugang zu den internationalen Vertriebswegen der multinationalen Konzerne. Die Vorteile liegen andererseits darin, dass die Mitbesitzer verantwortlich mit ihren Maschinen umgehen und dass sie auch längerfristigen Investitionsprogrammen zustimmen. Wenn es dem Unternehmen einmal schlechter geht, können sie statt einer Lohnerhöhung, die auf den internationalen Märkten Preisprobleme ergäbe, im Ausgleich dafür Anteile erhalten. Diese Strategie brachte den Haushaltsgerätehersteller Gorenje nach der Krise in die schwarzen Zahlen zurück.[11]

Der österreichische Handelsdelegierte Raymund Gradt vermutet, dass sich in einer nächsten Phase bereits privatisierte slowenische Firmen verstärkt nach ausländischen Partnern umschauen werden – wohl auch, weil sie müssen. Diese Phase hat möglicherweise bereits begonnen. Hinter den Kulissen wurden schon Unternehmen in rein slowenischem Besitz umstrukturiert. Das geschah manchmal mit Hilfe »sanfter Konkurse«, die nur zur Umgehung der strikten Arbeitsgesetze dienten und einen Abbau des überhöhten Personalstandes im jeweiligen Betrieb ermöglichten, wobei sofort eine Auffanggesellschaft bereit stand.

»Die Slowenen werden dennoch aufpassen müssen, dass sie nicht überholt werden«, warnt ein österreichischer Banker bei einem Hintergrundgespräch in Laibach. Er verweist auf die hohen Lohnnebenkosten und die kräftigen Steigerungen der Lohnstückkosten, die durch Gehaltserhöhungen und einen langfristig harten Tolar hervorgerufen wurden.

Schon haben erste lohnintensive Fertigungen das Land Richtung Osten verlassen. Beispielsweise verlängerte der Sportartikelerzeuger Adidas vor einigen Jahren einen langfristigen Abnahmevertrag mit einer slowenischen Schuhfabrik nicht mehr. Handelsdelegierter Gradt sieht noch eine ganze Reihe anderer Unternehmen, die wegen der relativ hohen Lohnkosten bald weiter nach Osten ziehen könnten, in deutlich billigere Nähereien in der Ukraine oder in Rumänien. »Mittels moderner Technik und Datenübertragung ist es kein Problem mehr, Schnittmuster und ähnliches innerhalb großer Entfernungen schnell zu verschicken. Beim Nähen sollte es in diesen Ländern keine Probleme geben.«

Außerdem verfügt Slowenien, ähnlich wie Österreich, nur über wenige eigene Konzerne und internationale Markennamen: etwa den erfolgreichen Haushaltsgerätehersteller Gorenje, die kränkelnde Skifabrik Elan oder den Mineralwasserabfüller Radenska. Die Industrie des Landes muss sich mit allen Problemen des Preisdrucks im Ringen der Produzenten und Systemlieferanten verdingen, hauptsächlich als Zulieferer für die westeuropäische, und da vor allem die deutsche Wirtschaft. Von deutschen Wachstumsschwächen ist Slowenien gleichermaßen betroffen wie Österreich. So hat eine Konjunkturdelle in Deutschland 1996 beinahe zu einem Nullwachstum in Slowenien geführt. Ähnliche Probleme zeigten sich dann wieder zum Jahreswechsel 1998/99.

## Erfolgreich in Nischen

»Dennoch würde ich die Lage insgesamt nicht kritisch sehen«, gibt sich Gradt nach seiner mehrjährigen Arbeit in Laibach optimistisch. Er verweist vor allem auf eine Reihe von Infrastrukturprojekten, die sich, teilweise mit internationaler Finanzhilfe, im Planungs- und Baustadium befinden. Von Save-Wasserkraftwerken über den Autobahn- und Bahnausbau bis zur Abwasseraufbereitung und Müllverbrennung reichen die Vorhaben zur Modernisierung des Landes. Ähnliches geschieht quer durch die Branchen in privaten Klein- und Mittelbetrieben. Die Investitionsquote liegt durchwegs hoch, viele der international tätigen Unternehmen sind zertifiziert, es gibt immer wieder Neuansiedlungen und erfolgreiche Nischenanbieter, die mit Spezialprodukten auf den Weltmärkten ihren Platz finden.

So hat vor einigen Jahren der österreichische Lederhersteller Schmidt Feldbach im slowenischen Ptuj eine Stanzerei und Näherei mit 450 Beschäftigten, vor allem Frauen, eröffnet. Schmidt liefert Ledersitzbezüge für die deutsche Automobilindustrie, etwa für VW, Audi und Porsche. Und der Anteil der teuren Sonderausstattung nimmt vor allem bei höherpreisigen Modellen stetig zu. Die Erweiterung nach Süden hatte ein klares strategisches Ziel. Man wollte einen größeren Teil der Wertschöpfungskette selbst in der Hand haben und dadurch höhere Preise erzielen. In der Steiermark hatte man wohl das Leder gegerbt, aber dann zur Verarbeitung an andere Firmen weitergegeben. In Slowenien stellt der Schmidt-Tochterbetrieb jetzt fertig genähte Bezüge her, die dann nur mehr über den Schaumstoff des Autositzes gezogen werden müssen.

Die Gründe für den Standort Slowenien lagen erstens in den günstigeren Lohnkosten. Ein Schmidt-Manager:»Eine Näherei können Sie heute in Deutschland oder Österreich nicht mehr eröffnen.« Zweitens fiel die Wahl auf das südliche Nachbarland wegen der räumlichen Nähe und der politischen Stabilität.»Wir haben Ungarn damals einfach nicht so getraut.«

Der slowenische Unternehmer Igor Agrapovic hat sich vor ein paar Jahren mit einem noch spezialisierteren Produkt selbständig gemacht: mit Motorradauspuffen. Die Banken sahen die Sache skeptisch, also musste er einen langsamen Wachstumskurs einschlagen. Heute sieht man den Namenszug seiner Firma im Fernsehen bei der Übertragung von internationalen Motorradrennen. Zu seinen Kunden zählen Honda, Suzuki oder Yamaha. Der Betrieb von Agrapovic beschäftigt mittlerweile 60 Mitarbeiter und hat bereits einen eigenen Windkanal zur Optimierung der Anbauteile angeschafft. Ein weiterer Wachstumskurs ist vorgezeichnet. Soeben stellt der Gründer seine Firma organisatorisch vom Eigentümer-Unternehmen zum Management-Geführten um.

Dennoch wird es längerfristig ohne zusätzliches internationales Kapital für Slowenien schwierig werden, die Arbeitslosigkeit zu senken und das hohe Niveau des Sozialstaats zu halten.»Diese reservierte Haltung bedarf dringend einer Korrektur, wenn die wirtschaftlichen Chancen, die Slowenien besitzt, genutzt werden sollen«, heißt es in einer deutschen Länderanalyse.[12]»Ausländisches Kapital ist für eine Steigerung der Investitionen ebenso notwendig wie technisches und organisatorisches Know-how zur Modernisierung der Betriebe.«

Der kleine, aber relativ wohlhabende Zwei-Millionen-Markt in Slowenien selbst ist das schwächere Argument für ein Engagement vor Ort. Es sind eher die Erwartungen, mit einer kompetenten, gut ausgebildeten Arbeiterschaft Qualitätsprodukte für den Reexport herzustellen. Dazu kommt wohl immer noch, wie etwa bei Henkel, die Hoffnung, mit einem Standbein in Laibach, Marburg oder Koper auch wieder einmal weiter südlich, Richtung Balkan, liefern zu können. Die wenigen internationalen Jointventures aus der Zeit vor der Unabhängikeit, neben Henkel zum Beispiel Renault, wurden ursprünglich für ganz Jugoslawien errichtet und verfügen über die entsprechenden Kapazitäten.

»Man hat 1991 mit dem Verlust des serbischen Marktes gerechnet«, rekapituliert Gradt,»aber dass auch Bosnien und Kroatien ausfielen, hat die hiesige Wirtschaft schwer getroffen.« Dann gab es eine kleine Erholung und vorsichtige Versuche, ehemalige Märkte wiederaufzubauen. 1999 hat der Kosovo-Konflikt erneut einen dikken Strich durch diese Kalkulation gezogen.

Jetzt müssen die slowenischen Unternehmen eine Doppelstrategie verfolgen: Die Schwächeren sollten versuchen, ihre Exportposition in Westeuropa zumindest zu halten, die Besseren sollten sie weiter ausbauen. Und wenn sich auf ihrem einstigen Heimatmarkt zwischen Sarajevo, Zagreb und Belgrad eine politische und wirtschaftliche Erholung abzeichnet, werden sie schnell parat stehen. Denn diesen Markt kennt wohl niemand besser als sie.

# Slavko Fras: Vom Theaterkritiker zum Chefredakteur – eine jugoslawische Karriere

»Ich war einer der letzten Präsidenten Jugoslawiens«, sagt er ein wenig kokett und schüttelt seine weiße Mähne. Natürlich residierte Slavko Fras nie als Staatspräsident in Belgrad wie einst der jetzige slowenische Regierungschef Janez Drnovšek. Aber kurz vor dem Zerfall des südslawischen Vielvölkerstaates hatte man ihn, den Slowenen, noch zum Präsidenten des Journalistenverbandes gewählt. Er war sicher um einiges zu intelligent, die pompösen realsozialistischen Inszenierungen je ernst zu nehmen. Er erzählt auch heute mit deutlicher Ironie davon. Nur ein einziges Mal konnten ihn die Sowjets ein wenig beeindrucken. Bei einem Empfang in Tiflis, als direkt neben dem Flugzeug eine große Limousine angefahren kam, um ihn und seinen Stellvertreter abzuholen. »Wir haben zuerst gerätselt, für welche Delegation dieses riesige Auto wohl sein würde, und dann war es für uns.«

Von Inszenierungen verstand Fras eher als Beobachter etwas. Der gebürtige Marburger studierte in den 50er Jahren slowenische Literatur und vergleichende Literaturwissenschaft in Laibach und entdeckte dabei seine Liebe zum Theater. Diese sollte ihn auch bei seiner späteren journalistischen Tätigkeit nie verlassen.

Die Jugend war freilich hart. Er konnte zwar gratis die Universität besuchen, aber da er kein Stipendium bekommen hatte, musste er Geld verdienen, um sich über Wasser zu halten. Der Vater konnte ihm als einfacher Arbeiter nicht viel beisteuern. »Nach 1948 war die schwierigste Zeit in Jugoslawien«, erinnert er sich. »Die Russen hatten das Land gerade verlassen, und die Amerikaner trauten uns noch nicht.«

Was kann aber jemand arbeiten, der außer Literatur nichts gelernt hat? Schreiben. Also übernahm er einen Job als Nachrichtenredakteur und Radiosprecher beim zweisprachigen slowenisch-italienischen Sender in Koper an der adriatischen Mittelmeerküste. Dabei leckte er erstmals Blut: »Ich habe gemerkt, dass mir die Arbeit gefällt.« Aber er wusste, dass er auch als Journalist einen akademischen Abschluss brauchte, um Kompetenz vorweisen zu können. Sollte es mit der Berufung nicht ganz klappen, könnte er immer noch Literaturprofessor in einem slowenischen Provinzgymnasium werden.

Zur praktischen Umsetzung seiner Pläne erinnerte er sich an eine Tante in Wien, die seinem Vater früher versprochen hatte, dass der Bub nach der Matura bei ihr wohnen und an der Wiener Universität studieren könne.

Slavko bastelte selbst an seinem Auslandsaufenthalt. Seinen Professoren in Laibach erklärte er, dass er den Wiener Lebensabschnitt des slowenischen Schriftstellers Ivan Cankar und seine deutschsprachige journalistische Arbeit erforschen wolle, die ihn in der Hauptstadt der Habsburgermonarchie ernährt hatte. Die Tante musste ein Papier unterschreiben und übersetzen lassen, in dem sie versicherte, für seinen Lebensunterhalt aufzukommen. Daraufhin erhielt er einen Pass.

Nun begann das akademisch-journalistische Leben des jungen Intellektuellen. Meist fuhr er schon in der Früh mit der Staßenbahn von der Sieveringer Wohnung der Tante in die Universitätsbibliothek am Ring, um die Zeitungsarchive nach Cankar-Texten durchzublättern. Gleichzeitig suchte er noch lebende Zeitzeugen, die den Schriftsteller gekannt hatten und über ihn erzählen konnten. Am Abend standen meist Theateraufführungen auf dem Programm, die er von den billigsten Stehplätzen verfolgte. Um sich die Theaterbesuche leisten zu können, machte er Übersetzungen für österreichische Unternehmen, die in Slowenien Geschäfte abwickelten. Außerdem begann er, an verschiedene Redaktionen in Slowenien Reportagen und »Briefe aus Wien« zu schicken, gelegentlich auch Theaterkritiken. Nachdem die ersten gedruckt wurden, konnte er fortan auf Pressesitzen gratis die geliebte Bühnenluft schnuppern. »Damals habe ich mit vielen Menschen an den Wiener Theatern Freundschaft geschlossen«, erinnert er sich.

Aber die Wiener Zeit ging schneller vorbei als erwartet, und 1956 machte er zu Hause sein Diplom. Und schon wenige Monate später war er mit einem Mini-Forschungsstipendium des slowenischen Kulturministeriums nach Wien zurückgekehrt. Wieder schickte er seine Theater- und Kulturgeschichten in den Süden, diesmal vor allem an die kleine, aber feine Vierzehntagezeitung »Nasi Razgledi«. Dann kam ihm die Geschichte zu Hilfe. Nach der Niederschlagung der ungarischen Revolution von 1956 berichtete er für mehrere slowenische Zeitungen aus Wien. Plötzlich erhielt er vom Chefredakteur der »Ljudska Pravica« einen Brief: »Wir haben beschlossen, dich als Korrespondent mit einem Gehalt von 3.000 Schilling einzustellen.« Fras heute: »Das war damals sehr viel Geld für mich.«

Durchschläge seiner Artikel schickte er an einen slowenischen Freund in der Redaktion der Belgrader Parteizeitung »Borba«. Sie wurden übersetzt und ins Blatt aufgenommen: »Von unserem Wiener Korrespondenten.« Die Arbeitsbedingungen bei den Zeitungen waren damals klar definiert: Stories schickte man mit der normalen Briefpost, das Telefon war für Revolutionen oder Fußball-Ländermatches vorbehalten, Telex gab es noch nicht. In Wien lernte er auch seine erste Frau kennen, eine Australierin, die ebenfalls Auslandskorrespondentin war.

1961 berief ihn die Laibacher Zeitung »Delo« als außenpolitischen Redakteur in die Zentrale, und bald musste er sich ideologisch deklarieren. Fras war zwar Jungkommunist gewesen, dann hatte er sich eine Zeit lang mehr fürs Theater als für die Politik interessiert. Jetzt meinte sein Chefredakteur: »So geht das nicht weiter, du wirst Parteimitglied.« Bald darauf folgte die Funktion des Vorsitzenden der Journalistengewerkschaft im »Delo«-Verlagshaus.

Bei der Zeitung ging es mit ihm in den nächsten Jahren steil bergauf. Fras gründete eine erfolgreiche Samstags-Beilage, wurde Chef vom Dienst und Reisekorrespondent mit Schwerpunkt deutsch-österreichischer Raum. Als »Delo« 1970 ein Büro in der Bundesrepublik eröffnete, fiel die erste Wahl auf Fras. Er übersiedelte nach Bonn und berichtete drei Jahre lang aus Westdeutschland, lernte dort die Spitzen der Politik kennen und wurde sogar zum Vize-Präsidenten der Auslandspresse gewählt. Aber als seine beiden Kinder langsam auch zu Hause nicht mehr Slowenisch redeten, übersiedelte er wieder nach Laibach.

Er wurde stellvertretender Chefredakteur von »Delo«, und als sein Chef starb, leitete er die Zeitung ein Jahr lang interimistisch. »Es war aber nicht meine Sache, ein Kollektiv mit 200 Leuten zu führen, mit all den Sitzungen und Personalangelegenheiten.« 1978 zog er sich auf die Position des Ressortleiters der Kulturredaktion zurück, um Anfang der 80er Jahre noch einmal für drei Jahre den Auslandsposten in Wien zu übernehmen.

Von dort holte man ihn in die Chefredaktion der Kulturzeitung »Nasi Razgledi« zurück, bei der er einst als Student begonnen hatte. »Das war ein journalistisches Paradies«, schwärmt er noch heute. Im Vergleich zu früher hatte er jetzt mit Intellektuellen und Künstlern zu tun und nicht mehr mit Politikern, von denen er einen Großteil als »nicht gerade intelligent« abkanzelt. Die Mitgliedschaft im PEN-Club als Essayist und Kulturpublizist sowie die Präsidentschaft im slowenischen, dann auch im jugoslawischen Journalistenverband markieren die Höhepunkte seiner Karriere. »Und damit, glaube ich, kann ich recht zufrieden sein.«

Aber damit war es nicht getan. Auf einem jugoslawisch-österreichischen Journalistenseminar in Belgrad fragte ihn der Chefredakteur der österreichischen Nachrichtenagentur APA, ob er nicht gelegentlich aus Slowenien berichten wollte, das damals noch Teil des bereits unruhig gewordenen Nach-Tito-Jugoslawiens war. Er sagte zu, und es als 1991 zur Unabhängigkeitserklärung Sloweniens und zum zehntägigen Mini-Krieg kam, war es mit dem ruhigen Job in der Kulturzeitschrift mit einem Schlag wieder vorbei. Fras schrieb am Höhepunkt der Auseinandersetzungen 17 Agentur-Berichte an einem Tag – selbst für einen jüngeren Journalisten wäre das ein Monster-Programm. »Ich war absolut gegen den Zerfall Jugoslawiens«, beschreibt er heute seine damalige Haltung. »Ich war sicher, dass es Krieg geben würde. Bis zum Schluss hoffte ich, dass kluge Köpfe in der serbischen Partei Milošević stürzen würden. Aber dazu ist es leider nicht gekommen.«

Fras hat sich mit seinem geschrumpften Heimatstaat abgefunden. 1992 ging er als Chefredakteur in Pension, die APA-Korrespondenz betreibt er weiterhin. Sie hat ihn so frisch erhalten, dass er zehn Jahre jünger wirkt als die 71 Jahre, die in seinem Pass stehen. Er verfügt nach wie vor über exzellente Kontakte zur politischen Elite, auch zu den Newcomern. Vor einigen Jahren hat er noch gesagt, dass er nie einen Computer anrühren werde. Jetzt surft er täglich im Internet, um zu schauen, was es Neues gibt.

Wirtschaftlich gibt es für ihn nichts zu klagen: »Die Ökonomie ist für mich persönlich kein Thema, außer journalistisch.« Gemeinsam mit seiner zweiten Frau, die erst vor kurzem ihren Job als Pressesprecherin des Gesundheitsministers an den Nagel gehängt hat, verfügt das Pensionistenpaar über ein passables Einkommen. Der Kauf des neuen Renault Megane hat kein nennenswertes Loch ins Haushaltsbudget gerissen, und die Einkünfte aus den APA-Artikeln dienen dazu,»dass man den Kindern zum Geburtstag etwas mehr geben kann als nur ein Stück Schokolade«.

Er liest täglich vier Zeitungen, dazu noch einige Wochenblätter, checkt regelmäßig via PC die Meldungslage in der eigenen Agentur, und am Abend sieht er nach den slowenischen Nachrichten im Fernsehen noch die österreichische Nachrichtensendung Zeit im Bild 2.

Er kauft am Markt ein, plaudert mit den Standlerinnen, und gelegentlich bleibt er in der Altstadt zu einem kurzen Gespräch mit dem einen oder anderen Intellektuellen stehen.

Einmal im Monat geht er zum Stammtisch in ein Gasthaus, das vorwiegend serbische Spezialitäten serviert. Dort tafelt er mit drei anderen einst einflussreichen Journalisten-Kollegen, die trotz ihrer Pensionierung noch immer aktiv sind. Dann freut er sich diebisch, wenn ihn ein jüngerer Reporter erkennt und an einem Nebentisch den Hals reckt, weil er gerne wissen möchte, was die»Viererbande« gerade so ausheckt.

## Milena Štular: Die Farbe Rot: Hosenanzug, Dienst-Alfa und Unternehmens-Logo

Wenn weibliches Selbstbewusstsein einen Vornamen hat, dann lautet er Milena. Natürlich ist sie freundlich und lebenslustig, die Marketingdirektorin des Laibacher Lebensmittelkonzerns Kolinska. Ohne Frage gehören Lächeln und auch Lachen zu ihrem bevorzugten Repertoire. Aber allzu sehr sollte man ihr wohl nicht widersprechen. Dann spannen sich nämlich ihre Muskeln an, und der Blick wird härter. »Tough Lady« würden die US-Management-Theoretiker wohl sagen, von denen sie in den letzten Jahren so viel gelernt hat.

Frau Štular leitet die zehnköpfige Marketing-Abteilung eines der größten Lebensmittelherstellers Sloweniens. Kolinska wurde bereits vor 90 Jahren gegründet und zählt damit ein Vielfaches an Jahren des jungen slowenischen Staates. Heute würde man »Auslandsgründung« dazu sagen und im globalen Business English »Foreign Direct Investment«. 1908 existierte allerdings noch der vorletzte Binnenmarkt Sloweniens, die Habsburgermonarchie. Die Unternehmer, die damals in Laibach eine kleine Fabrik für Ersatzkaffee aufbauten, kamen aus der späteren Tschechoslowakei, das damals ebenfalls noch zum Inland zählte. Das Mutterwerk stand in Kolin, daher der Name.

Das Unternehmen, das im sozialistischen Jugoslawien Marschall Titos vergesellschaftet wurde, erlebte ab den 70er Jahren einen steilen Aufstieg. Man nahm zahlreiche Verfahren und Produkte neu ins Sortiment auf, die Erzeugnisse reichten von Gewürzen bis zu Süßigkeiten, von Speiseeis und Kartoffelflocken bis zu Senf und Babynahrung. Ebenfalls in den 70er Jahren begann man, für den jugoslawischen Markt internationale Markenartikel in Lizenz zu erzeugen: Suppenwürfel und Packerlsuppen für Knorr sowie Mayonnaisen für Thomy.

Den vorläufigen Höhepunkt erlebte Kolinska 1987 mit einer Produktionsmenge von mehr als 33.000 Tonnen Lebensmitteln und einem Umsatz von rund 420 Millionen Schilling oder 80 Millionen D-Mark. Dieser wurde von fast 1.500 Mitarbeitern erwirtschaftet.

»Das war wohl die schönste Zeit in unserem Leben«, erinnert sich Frau Štular. »Die Umstände im sozialistischen Jugoslawien waren nämlich gar nicht so schlecht. Die Menschen hatten sichere Jobs, eine gute medizinische Versorgung, und auch die Jungen kamen alle gleich unter. Heute gibt es eine hohe Arbeitslosigkeit, viele Jugendliche stehen auf der Straße, und für einen guten Arzt muss man zahlen.«

Sie selbst zähle sicher zu den Gewinnern der Veränderungen: »Ich bin ganz glücklich. Früher hätte ich in meiner Position nicht so viel verdient.« Mit ihrem Mann, einem Elektroingenieur in einem Planungsbüro, und ihren beiden Söhnen, die Wirtschaft studieren, gehöre sie zur »oberen Mittelklasse«.

Aber damit befinde sie sich in einer schmalen Schicht, den meisten anderen gehe es heute schlechter. Sie könne auch im internationalen Vergleich bestehen. Ihr Gehalt liege zwar bloß bei der Hälfte eines Kollegen in Deutschland oder Österreich, »aber trotz der hohen Lebensmittel- und Konsumgüterpreise ist das Leben hier insgesamt doch noch billiger«. Vor allem aber gehöre zu ihrer Gage ein Dienstwagen, ein roter Alfa 156, nagelneu und so schnell, dass ihren Söhnen der Schlüssel vorenthalten bleibe. »Es ist das erste Auto, in das ich mich richtig verliebt habe«, sagt sie stolz.

Milena Štular hatte an der Universität in Laibach Ökonomie belegt und 1978 das Studium mit dem Diplom abgeschlossen. Das Wort »Marketing« konnte sie allerdings auf akademischem Boden kein einziges Mal hören. Den Klang und seine Bedeutung lernte sie aber schnell, nachdem sie als Product Manager bei Kolinska angeheuert hatte. Vor allem die multinationalen Lizenzgeber schickten sie immer wieder auf mehrwöchige Kurse und Seminare, in denen sie mit dem ABC des Marketings vertraut wurde: Marken, Werbung, Verkauf, Präsentation, Verpackung. Auch ihr Arbeitgeber finanzierte großzügig teure Management-Fortbildungskurse. Und diese konnte sie bald außerhalb des gesicherten Normbetriebs brauchen. Denn nach dem Zerfall Jugoslawiens stürzte auch Kolinska in eine tiefe Krise. Mit einem Schlag waren dem Lebensmittelriesen 70 Prozent des Marktes abhanden gekommen. Es gingen zwar keine Fabriken verloren, und auch die Verkaufsbüros in den anderen Republiken waren bloß gemietet gewesen, aber das laufende Geschäft brach gravierend ein.

Das Unternehmen hatte man inzwischen – auf slowenische Art – privatisiert. Die Anteile waren an Mitarbeiter und andere slowenische Bürger gegen Privatisierungszertifikate abgegeben worden, weitere Anteile hielten einige staatliche Fonds. Kolinska notierte auch als eine der ersten slowenischen Aktien an der Laibacher Börse, aber erst später kauften ausländische Anleger ein paar Prozent davon.

Wichtiger als die sanften Eigentümerwechsel waren aber die harten Maßnahmen im Unternehmen. Das Management, das in der slowenischen Konzernlandschaft als kompetent gilt, griff in der Not beinhart durch: Schrittweise reduzierte man den Personalstand auf die Hälfte, einige Produktionen wurden geschlossen, andere zusammengelegt.

Während die Rationalisierungen im Unternehmen durchgesetzt wurden, musste Frau Štular ein Marketingkonzept erarbeiten, um so viel verlorenes Terrain wie möglich wieder zurückzugewinnen. Ihre Analyse sah folgendermaßen aus:
– Mittelfristig bestehe für die Produkte keine nennenswerte Exportchance ins westliche Ausland.
– Im slowenischen Markt gebe es noch Potentiale für eine Ausweitung, vor allem aber müsse man gegen die jetzt hereindrängenden westlichen Markenartikel zu Felde ziehen.
– Die früheren Käufer innerhalb Jugoslawiens (nach der Abspaltung Sloweniens Export-Ausland) sollten einen Gutteil der Produkte in Erinnerung behalten haben und daher relativ leicht reaktivierbar sein.
– Und schließlich müsse man in Mittel- und Osteuropa neue Exportmärkte aufbauen.

»Wir haben mit dem slowenischen Markt begonnen«, erinnert sich Štular. »Da gab es nur ein riesiges Problem: Wir hatten kein Geld für eine große Werbekampagne. Gerade als wir es dringend benötigt hätten, waren wir zwei Jahre lang praktisch nicht im Fernsehen vertreten.«

Die Marketingleiterin und ihr Team mussten also mit geringen Kosten und viel Kreativität an die Aufgabe herangehen. »Entscheidend war der Point of Sale, dort war bis dahin viel zu wenig passiert.« Man kopierte manche Aktionen im Westen, andere entwickelte man selbst. So definierte Frau Štular die Filialleiter und Geschäftsführer von Supermärkten und Einzelhandelsgeschäften als wichtigste Zielgruppe. Wären diese erst einmal erobert, würden sie die Kolinska-Produkte gut in den Regalen platzieren und auch persönlich empfehlen.»Damals ist noch nicht alles zentral entschieden und vorgegeben worden«, so Štular. Es gab Geschenke, Wettbewerbe und Gewinnspiele für die Marktleiter, und tatsächlich sprangen sie auf die neue Art der Werbung an. Die Verkäufe im Inland gingen nach oben.

Auch das Hoffen auf die Erinnerung an die alten »jugoslawischen« Marken stellte sich als richtig heraus. In Mazedonien und Kroatien, aber auch in Serbien griffen die Konsumenten, sobald sie dazu Gelegenheit hatten, wieder zu Kolinska-Produkten. In Serbien, wohin man sich 1997 zurückgewagt hatte, ergab eine große Marktstudie mit 1.000 befragten Personen, dass sich diese sogar nach sieben Jahren Unterbrechung die Markennamen gut gemerkt hatten.»Man muss aber ehrlicherweise dazu sagen, dass in der Zwischenzeit in Serbien kaum internationale Konkurrenz tätig war, die neue Marken hätte prägen können«, relativiert die Marketingleiterin. Jedenfalls wagte sich ihr Unternehmen mit Babynahrung wieder nach Belgrad. Kolinska war sogar das erste slowenische Unternehmen, das im dortigen Fernsehen Werbespots schaltete. Die zunehmenden Spannungen im Kosovo und die klare politische Haltung Laibachs ließ den kurzen Exportausflug bald wieder enden, als die serbische Regierung Einfuhren untersagte.

Ein anderer Babynahrungs-Markt von Kolinska, der russische, boomte ebenfalls nur kurzfristig und brach nach dem Bankenkrach und seiner nachfolgenden Krise in sich zusammen. In mehreren ex-jugoslawischen Nachbarstaaten konnte man aber wieder Fuß fassen. Heute gibt es bereits in Kroatien, Mazedonien und Bosnien-Herzegowina Vertriebsgesellschaften. Und das, obwohl sich die Exporteure teilweise mit Schutzzöllen von 60 bis 80 Prozent herumschlagen müssen. Einige Nischenprodukte, wie bestimmte Gewürzmischungen, werden in beträchtlichen Mengen nach Tschechien und in die Slowakei geliefert. 1999 wird der Gesamtanteil der Exporte trotz gestiegenem Inlandsabsatz bei etwa 40 Prozent liegen, 25 Prozent davon in Ex-Jugoslawien und 15 Prozent im »wirklichen« Ausland.

Für die nächsten Jahre gibt sich Frau Štular recht optimistisch. Ihr Unternehmen solle kräftig wachsen, aber dazu brauche es weitere Märkte, da zu Hause der Marktanteil weitgehend ausgereizt sei. »Jugoslawien wird sich öffnen, und auch Russland wird sich wieder erholen müssen.« Auch die westlichen Märkte und Produkte bleiben weiterhin verlockend. »Ich erwarte eigentlich, dass einmal ein großer multinationaler Konzern kommt und zu uns sagt: ›Stellt für uns eine Suppe für ganz Südeuropa her.‹« Das würde endlich Economies of Scale ermöglichen, und man müsste sich nicht mehr mit den kleinen Mengen herumschlagen. Dabei brauche das nicht unbedingt ein internationaler Markenartikelhersteller sein. »Wenn uns eine große Handelskette wie Spar seine Eigenmarke produzieren lässt, wäre das ein Traum«, schwärmt die Marketing-Direktorin.

Ein Traum der Karrierefrau hat sich aber ohnehin schon erfüllt. Rot und mit einem aggressiven Maul steht er vor dem Verwaltungsgebäude. Er frisst Straßenkilometer und vielleicht auch widerspenstige Verhandlungspartner.

# Srečo Rehberger: Mit 2.000 D-Mark Eigenkapital vom Kletterer zum Unternehmer

Das bescheidene Chefbüro könnte in Aspen, Colorado, auf dem Dach eines Supermarktes liegen oder genausogut in Butte, Montana. Der Boss, in Poloshirt, Trekking-Hose und mit nackten Zehen in Sportsandalen, ginge leicht als John, Bob oder Bill durch. Der schmale Körper, dem man die gesunde Ernährung ansieht, ist trotz seiner 38 Jahre Faser für Faser durchtrainiert, kein Gramm Fett belastet ihn.. Srečo Rehberger hat schon viel Luft der US-Rockies eingeatmet.

Von seinem kargen Schreibtisch, auf dem das unerlässliche Handy liegt, schaut er auf großformatige Fotos, die ihn in senkrechten sonnenbestrahlten Felswänden zeigen, manchmal auch in Überhängen. Rehberger war fünf Jahre lang als Profi-Kletterer um die Welt gezogen, bevor er zu Hause, in Slowenien, zum Unternehmer wurde. Schon während der Mittelschule hatte er den Drang nach oben gespürt, und Mitte der 80er Jahre schmiss er sein Forstwirtschaftsstudium hin, um sich ganz den Felswänden in seiner Heimat und auf anderen Kontinenten zu verschreiben.

Die Heimat Rehbergers, der aus einem Dorf in der Nähe von Kranj stammt, hieß damals noch Jugoslawien, und es war das kleine Grundgehalt des jugoslawischen Staates, das ihm ein Leben als Extrembergsteiger überhaupt ermöglichte. Dazu kamen noch Zuschüsse von einzelnen jugoslawischen Unternehmen, die ihm Expeditionen ins europäische Ausland, nach Amerika und Asien erlaubten.»Das waren alle möglichen Firmen. Sie kamen eher aus der Industrie und waren gar nicht mit der Sportartikelbranche verbunden«, erinnert sich Rehberger. Mit modernem PR-orientierten Sponsoring kann man diese Unterstützungen noch nicht in Verbindung bringen. Damals gehörte es ganz selbstverständlich zum Weltbild der Manager, dass aus ihren Erträgen noch andere, gesellschaftliche Aufgaben zu finanzieren wären, wie etwa soziale, kulturelle oder sportliche Aktivitäten.

Dass er nicht ewig in den Felswänden von Viertausendern hängen würde können, wurde dem Kletterer bald klar, obwohl er bereits international bekannt war. Er überlegte, wie er seine speziellen Kenntnisse nutzen könnte.

1991, als Slowenien unabhängig geworden war und sich ein wirtschaftlicher Wandel abzeichnete, beschloss er, den Sprung in die Selbstständigkeit zu wagen. Geld von der Bank zu bekommen, war unmöglich.»Ich konnte weder eine Bilanz noch irgendwelche andere Sicherheiten für einen Hypothekarkredit vorweisen.« Sein Startkapital betrug ganze 2.000 D-Mark. Damit kaufte er erst einmal ein paar französische Klettergurte und italienische Kletterschuhe, um sie in einem gemieteten Mini-Lokal in der Kleinstadt Skofia Loka unweit von Kranj anzubieten.

Abnehmer fanden sich schnell. Rehberger:»Damals hat es solche Ausrüstungen in Slowenien überhaupt nicht gegeben. Alle Kletterer mussten selbst ins Ausland, nach Italien oder Österreich, fahren, um sich die Sachen zu besorgen.« Das übernahm nun der Jungunternehmer für sie. In den nächsten Jahren verkörperte er in seiner Firma alles in einer Person: Einkäufer, Verkäufer, Fahrer. In seinem alten VW-Golf brach er regelmäßig nach Graz oder Udine auf, um so viel Ware zu besorgen, wie er gerade bar zahlen konnte. Verzollt wurde am Loibl-Pass,»das war mit den österreichischen und slowenischen Zöllnern in etwa einer Stunde erledigt«. Personal hatte er damals noch keines, und wenn er auf Einkaufstour war, blieb das Geschäft geschlossen.

Die Firmengründung war übrigens recht einfach vonstatten gegangen. Für ein Handelsgeschäft brauchte Rehberger keinen Befähigungsnachweis. Lediglich die Eintragung ins Handelsregister hatte sich etwas hingezogen, und auch die Bürokraten von der staatlichen Überweisungsagentur mussten erst von seiner Seriosität überzeugt werden.»Das ist zwar ein Überbleibsel aus der sozialistischen, jugoslawischen Zeit, aber insgesamt gar nicht so schlecht«, beschreibt er die zentrale Agentur, die außerhalb des Bankenapparates, ähnlich wie eine Girozentrale, für alle Geldtransaktionen innerhalb des Landes zuständig ist.»Wir haben so ein Agenturbüro gleich gegenüber, und das Geld bekommt man innerhalb eines Tages überwiesen. Ich glaube, das geht jetzt auch schon elektronisch, aber so weit sind wir in der Firma noch nicht.«

Langsam weitete der Jungunternehmer sein Angebot aus. Zu den Klettergeräten kamen bald andere Artikel: Gore-Tex-Jacken,

Fleece-Pullover, Rucksäcke. Die Einnahmen wurden sofort wieder in neue Einkäufe investiert. Gleichzeitig bemühte er sich darum, internationale Marken als Generalvertreter und Importeur für den slowenischen Markt zu bekommen. Silvretta-Tourenskibindungen und Hagan Tourenskis waren seine ersten Erfolge, der Durchbruch kam aber mit den breiteren Produktpaletten des Sportbekleidungsherstellers Salewa und des Bergschuhherstellers Lowa. Plötzlich war Rehberger zu einem Großhändler in einem kleinen Spezialmarkt geworden.

Und wieder erkannte er seine Chance: Einerseits setzte er weiter darauf, mit einer Vielzahl von besonderen Produkten eine Exklusivstellung zu bekommen. So importierte er spezielle Geräte für die Bergwacht, die Polizei und die Alpintruppen der slowenischen Armee, Tragbahren für die Bergung von Abgestürzten, Seilwinden und ähnliches. Andererseits erkannte er, dass sich dieser Markt auch einem breiteren Publikum öffnete. »Die Parkplätze am Fuß der Berge sind am Wochenende immer voll«, hat Rehberger beobachtet. »Outdoor« war das Zauberwort, das als sportlicher Trend auch Slowenien erfasste. Dabei handelt es sich nicht mehr nur um die Extremkletterer, sondern auch um jene Städter, die zwar weniger gefährlich und anstrengend, aber doch professionell ausgerüstet in der Natur unterwegs sein möchten. Ähnlich wie in Österreich und Deutschland wurde aus dem biederen Wandern plötzlich das modische Trekking, und der gevifte Geschäftsmann hat es verstanden, daraus Kapital zu schlagen.

Zweimal im Jahr schickt er einen mehrseitigen bunten Katalog an 40.000 Haushalte. Darin wird vor allem teure, hochwertige Sportbekleidung für eine breite Konsumentenschicht beworben. In einem Kästchen sind aber stets Klettergurte, Seile und Ausrüstungsgegenstände für Hochalpinisten abgebildet. »Das machen wir nicht, weil die uns sonst nicht finden würden«, erklärt der Unternehmer seine Marketing-Strategie. »Aber die Wanderer denken sich: ›Wenn dort die Kletterer einkaufen, die Achttausender besteigen, dann ist das Geschäft auch für mich kompetent.‹«

Das Unternehmen ist in den acht Jahren seit der Gründung ordentlich gewachsen. Heute betreibt Rehberger drei Filialen von Pro Montana, es gibt neun Angestellte, und der Chef betreut mittlerweile 12 internationale Marken für den slowenischen Markt. Zu den rund 20 Kunden im Land gehören auch große Handelsketten wie beispielsweise Hervis. Von ihnen kommt aber auch die größte Bedrohung für den kleinen Spezialisten. Die österreichische Kastner & Öhler-Warenhausgruppe ist bereits mit mehreren Sportgeschäften im Lande präsent, Intersport bereitet den Markteintritt gleich mit sechs Filialen vor, eine französische Kette steht ebenfalls vor dem Start. Die Konkurrenz wird ohne Zweifel um vieles härter, und die Antwort Rehbergers auf diese Herausforderung könnte aus einem Management-Lehrbuch stammen: »Wir müssen bei Beratung und Service einfach besser als die anderen sein. In einem großen Sportgeschäft können sich die Angestellten nicht so gut in die einzelnen Spezialgebiete einarbeiten.«

Gleichzeitig will er seine eigene Firma zu einer kleinen Kette ausbauen. Noch in diesem Jahr sind zwei Neueröffnungen geplant, davon eine in der Hauptstadt Laibach. Insgesamt soll Pro Montana auf sechs bis acht Geschäfte anwachsen. Darum, dass ihm die großen Ketten seine Generalvertretungen abspenstig machen könnten, sorgt er sich weniger. »Die Produzenten wissen genau, dass dort die Gefahr besteht, dass ein gut gehendes Produkt von einem Jahr zum anderen durch eine eigene Handelsmarke ersetzt wird und sie dann vor dem Nichts stehen. Da bleiben sie lieber bei einem unabhängigen Vertreter.«

Als drittes Standbein hat Rehberger vorsichtig begonnen, touristische Dienstleistungen in sein Angebot aufzunehmen. In der Filiale im Fremdenverkehrsort Bled bieten seine Angestellten geführte Berg- und Klettertouren an, man kann Rafting, Mountainbiking und Kanufahrten buchen. Im Gesamtkatalog der Firma werden auch Auslandstouren, etwa in den Himalaya, in die österreichischen Hohen Tauern oder die italienischen Dolomiten beworben. Während die Kunden in Bled vor allem Ausländer sind, spricht das internationale Bergreise-Angebot die einheimischen Slowenen an. Aber auch wenn diese nicht gleich auf große Reisen gehen, so sollten sie zu Hause ein wenig von der Ferne träumen – und sich zumindest eine Himalaya-taugliche Jacke kaufen.

2,5 Millionen D-Mark wird Rehberger 1999 umsetzen, gegenüber dem Vorjahr ist das eine Steigerung von mehr als 20 Prozent. Und obwohl er den Großteil der Gewinne wieder ins Unternehmen gesteckt hat – eines der drei Geschäfte ist schon im Eigentum –, konnte sich der Jungunternehmer in den acht Jahren einen gewissen Wohlstand erarbeiten. »Wir haben noch kein eigenes Haus«, schränkt er ein. Mit seiner Frau, die als Exportleiterin in einer Strickwarenfabrik arbeitet, und den beiden kleinen Kindern wohnt er in einem Stockwerk im Haus der Schwiegermutter. Das »noch« bleibt aber klar im Raum stehen. Wenn die Zeit gekommen ist, wird er wohl sein eigenes bauen. Die beiden Familienautos, einen Volvo-Kombi und einen 3er BMW, zeigt er gerne her: »Es geht uns wirklich gut.«

Aber materieller Wohlstand ist nicht alles. Seine alte Sehnsucht nach den Bergen hat ihn auch als Unternehmer noch nicht verlassen. Das Mittelgebirgs-Wandern mit der Familie kann auf Dauer nicht wirklich erfüllend sein für jemanden, der schon auf der anderen Seite der Welt die schwierigsten Wände bezwungen hat. Die eine oder andere große Bergreise möchte er schon noch machen, »wenn es das Geschäft hier zulässt«.

## Andreas Gabrovec: Kranbauer, Küchenbauer, Weinbauer

»Wie bitte?« Es liegt nicht an der Sprache, dass der junge slowenische Arbeiter die Frage nicht versteht. Andreas Gabrovec wurde als »Gastarbeiter-Kind« vor 27 Jahren in Stuttgart geboren, deshalb ist sein Deutsch beinahe perfekt. Er muss erst den rosafarbenen Gehörschutz etwas umständlich aus den Ohren herausfummeln, denn in der Halle herrscht ein ohrenbetäubender Lärm.

Im Marburger Werk des Salzburger Kranbau-Unternehmens Palfinger entsteht das schwere Gerippe der Kräne, die dann später wie orangerote Riesen-Scampi von LKWs in ganz Europa herunterleuchten. Dabei handelt es sich um klassischen Metallbau, der auch im Elektronik-Zeitalter noch physische Gewalt und menschliche Muskelkraft benötigt. Die dicken Bleche werden mit mächtigen Maschinen gebogen, bekommen Löcher gebohrt, Gewinde eingeschnitten, werden zu mächtigeren Gebilden zusammengeschweißt und dann unter großem Getöse irgendwo zwischengelagert.

Gabrovec, 27, bewegt sich wieselflink in der düsteren Halle, die aufmerksamen Augen beobachten alle Vorgänge ganz genau. »Aufpassen muss man immer«, weiß er. »Es kann irgendwo etwas herunterfallen, und auch die Gabelstapler sind sehr schnell unterwegs.« Helmpflicht besteht zwar nicht im Werk, aber die Schuhe der Arbeiter sind vorne über den Zehen mit festen Stahlkappen versehen. Vor Gabrovec' Arbeitsplatz gibt es eine Kreuzung zweier Hallenstraßen, da ist der Staplerverkehr besonders dicht. Bis jetzt sei ihm, »Gott sei Dank«, noch nichts passiert. »Aber die Freundin zu Hause weiß schon, dass es hier gefährlich ist.«

Vor seiner eigenen Maschine, an der er täglich acht Stunden lang steht, habe er keine Angst – Respekt vielleicht, aber er habe in den Jahren viel Routine im Umgang mit ihr erworben. Außerdem gebe es Sicherheitssysteme. Beispielsweise müsste ein Schutzfenster geschlossen sein, bevor der Befehl zum Anfahren umgesetzt werden dürfe.

Gabrovec bedient eine computergesteuerte CNC-Maschine, die in erster Linie bohrt, aber auch fräsen und Gewinde schneiden kann.

Von seinem Schichtführer bekommt er Pläne für ein Werkstück, das bearbeitet werden muss. Alles andere ist dann seine Sache. Als erstes schaut er via Display an seiner Maschine im Zentralrechner nach, ob es für diesen Arbeitsgang schon ein Programm von früher gibt, das er herunterladen kann. Wenn nicht, muss er ein neues schreiben. Je nach Komplexitätsgrad dauert das 15 bis 20 Minuten, dann kann ein langsamer Probelauf mit einem Werkstück beginnen. Schicht für Schicht trägt die Maschine das Metall ab, sodass bei einer Fehleinstellung noch letzte manuelle Korrekturen möglich sind. Schließlich überlegt er noch, wie eine größere Stückzahl möglichst effizient bearbeitet werden kann, etwa indem er gleichzeitig mehrere dünnere Werkstücke einspannt und gemeinsam anbohren lässt. Hat er alle Einstellungen und Prototypen zu seiner Zufriedenheit erledigt, geht es ans Produzieren. Manchmal sind es nur wenige Stück, die gebraucht werden, dann wieder muss er Serien von mehreren Hundert erzeugen. Die Teile können ganz klein und leicht sein, aber auch bis zu fünf Kilo wiegen.

Gabrovec kommt gut mit der Maschine zurecht, sowohl mit der Mechanik als auch mit der elektronischen Dateneingabe. Am Anfang sei es noch eine Herausforderung gewesen, jetzt sei es »schon mehr ein Job«. Er gilt in der Firma als guter, zuverlässiger Facharbeiter. Für diesen Ruf hat er einiges lernen müssen.

Er war noch im alten Jugoslawien aufgewachsen, bevor sich Slowenien aus dem gemeinsamen Staat verabschiedete. Die Eltern von Gabrovec waren aus Deutschland wieder nach Hause gezogen, in ein kleines Dorf in der Nähe der Weinbaustadt Ptuj. Dort besuchte er die Grundschule und absolvierte später eine Metallarbeiterausbildung, die dem deutschen und österreichischen dualen Lehrsystem nicht unähnlich war. Drei Jahre lang ging er in eine Fachschule, unterstützt durch ein Fabrikstipendium. Dafür musste er in diesem Unternehmen einen Teil des Geldes in den Ferien wieder abarbeiten. Außerdem enthielt die Ausbildung Praktika in mehreren Firmen der Branche.

Knapp vor dem 18. Lebensjahr war Andreas mit seiner Metallerlehre fertig. Er fand sofort einen Job beim örtlichen Großbetrieb Metalna, der auf Stahl-, Kran- und Brückenbau spezialisiert war. Und hier ging das Lernen gleich weiter. »In der Schule und daneben im Betrieb haben wir schon viel Praktisches mitgekriegt«, erinnert sich Gabrovec. »Aber eine CNC-Maschine haben wir nur ganz kurz im Lehrsaal gesehen. Das bisschen Theorie, das wir darüber gelernt haben, war nicht ausreichend, um darauf zu arbeiten.« Diese Lücken konnte er bei Metalna schließen. Gemeinsam mit anderen Jungarbeitern durchlief er ein sechsmonatiges innerbetriebliches Training, das ihn an alle möglichen Arbeitsplätze im Großbetrieb führte. »Alleine haben sie uns noch nicht arbeiten lassen, es war immer ein Betreuer dabei.« Er lernte Schweißen und Bohren, und auch in der Montage wurden die Juniors eingesetzt. »Vor allem von den älteren Arbeitern haben wir viel gelernt.« Nach diesem halben Jahr folgte eine Prüfung, die aus einem theoretischen Teil und der Anfertigung eines Werkstückes bestand. Danach erhielt er den ersehnten unbefristeten Dienstvertrag als Facharbeiter.

Damit begann eine unbeschwerte Zeit für ihn. Da er noch zu Hause wohnte, blieb von seinem Lohn recht viel übrig: »Ich verdiente ziemlich gut und konnte jedes Wochenende zweimal am Abend weggehen.« Auch die Anschaffung eines kleinen Gebrauchtwagens der Marke »Yugo« sei »kein Problem« gewesen, betont Gabrovec.

Drei Jahre später kam er zum slowenischen Militär. 1990 hatte er noch den Einberufungsbefehl in die jugoslawische Armee zugestellt bekommen. Weil er damals aber den Führerschein noch nicht hatte, dieser aber für seine vorgesehene Dienststelle nötig gewesen wäre, wurde er für einige Monate zurückgestellt. »Bald darauf wurde uns aber schon gesagt, dass Slowenen nicht mehr zum jugoslawischen Militär gehen würden.« 1991 erfolgte die staatliche Unabhängigkeit Sloweniens, und der Aufbau einer eigenen Armee brauchte seine Zeit. Gabrovec diente in der Infanterie in einer Spezialeinheit für Aufklärung, und nach der sechsmonatigen Grundausbildung kehrte er als Reservist wieder in seinen alten Betrieb zurück. Dort hatte sich die Situation inzwischen drastisch verschlechtert. Metalna balancierte am Rande der Insolvenz (diese sollte später tatsächlich eintreten), die Belegschaft war extrem verunsichert und hielt bereits Warnstreiks gegen eine mögliche Betriebsschließung ab.

Auf dem Fabriksgelände hatten sich zu diesem Zeitpunkt schon mehrere ausländische Privatfirmen eingekauft und einzelne Betriebsteile übernommen. Unter ihnen war der Salzburger Kranbauer Palfinger, der in den österreichischen Werken qualitativ hochwertig, aber teuer produzierte. Zusätzlich bereiteten dem Unternehmen die Währungsabwertungen in Italien, Spanien und Nordeuropa immer wieder Probleme. Das Palfinger-Management suchte daher in Osteuropa nach einem Produktionsstandort mit günstigeren Löhnen, um durch eine Mischkalkulation mit den eigenen Werken zu Hause auf den eingebrochenen Märkten wieder Fuß fassen zu können. »Die Arbeiter in Marburg hatten schon Erfahrungen mit dem Kranbau, Metalna war ein Lieferant der deutschen Firma Liebherr«, erinnert sich Palfinger-Marketingleiter Herbert Ziegelböck. Innerhalb der Reformstaaten habe Slowenien zwar die höchsten Löhne gefordert, aber auch die höchste Qualität geboten. »Wir haben uns nicht getraut, weiter nach Osten zu gehen«, so Palfinger.

Gabrovec hörte jedenfalls 1993 von einem Kollegen, dass die Österreicher auf dem Firmengelände Leute suchten, und bewarb sich. Wieder gab es Schulungen – diesmal in Salzburg und in Oberösterreich –, teilweise an dem Maschinentyp, den er später in Marburg bedienen würde. Gabrovec bewährte sich auch im lauten Alltag des Kranbaus und wurde zum verlässlichen Arbeiter.

Ganz so locker wie früher sitzt das Geld heute nicht mehr im Säckel, meint Gabrovec, weil er seit kurzem Vater ist und seine Freundin zu Hause beim Baby bleibt. Außerdem hat er gerade im Haus des Schwiegervaters einen 80m² großen Dachboden ausgebaut, fast ganz alleine. Auch das Kinderzimmer und die Eichenholzregale fürs Wohnzimmer konnte er nach Maß selbst tischlern. Die notwendigen Geräte und Maschinen stammten aus der früheren Werkstätte des Schwiegervaters. Nur bei den Elektroinstallationen und beim Fliesenlegen sind ihm Freunde aus der Nachbarschaft zu Hilfe gekommen.

Mit teureren Handwerksfirmen hätte er den Umbau zwar auch geschafft, aber es hätte viel länger gedauert. Kredit wollte er keinen aufnehmen, »man weiß ja nie«. »Nein, zur Zeit kann ich mich nicht beklagen«, gibt sich Gabrovec selbstbewusst. Im Vorjahr musste wegen des Umbaus zwar der übliche Sommerurlaub an der kroatischen Adriaküste entfallen, und heuer dürfte die kleine Tochter die Fahrt ans Meer verhindern. »Aber nächstes Jahr sind wir in den Betriebsferien sicher wieder in Umag oder in Rab.«

Dafür arbeitet er auch fleißig. Zuerst im Unternehmen und dann noch zu Hause am kleinen Hof der Schwiegereltern, der vom eigenen neuen Heim nur ein paar Schritte entfernt ist. Dort baut die Familie auf fünf Hektar Getreide, Zuckerrüben, Kartoffeln und Gemüse an. 25 Schweine und eine Schar Hühner werden ebenfalls gefüttert. Und die Weinhecke rund ums Haus bringt etwa 500 Liter Roten im Jahr. »Ohne Hecke ist ein Haus kein Haus«, weiß Gabrovec.

Die Lebensmittel aus der eigenen Produktion verbilligen zwar das Alltagsleben, aber das Geld für den gebrauchten Renault 21, die Urlaube und das Material für den Wohnungsausbau konnte der Arbeiter nicht in der Landwirtschaft erarbeiten. Er druckst ein wenig herum und weiß nicht recht, wie er es sagen soll. Sein handwerkliches Geschick, das er am eigenen Dachboden bewiesen hat, möchte er auch anderen nicht vorenthalten. Und von der Nachbarschaftshilfe nach Arbeitsschluss in der Fabrik bleibt auch noch der eine oder andere Tolar übrig.

# Tschechische Republik: Die zweite Transformationskrise in Prag

Plötzlich standen alle Räder still. In der ersten Februarwoche 1997 beendeten die tschechischen Eisenbahner die Phase des fast friktionsfreien Übergangs zur Marktwirtschaft mit einem fünftägigen landesweiten Streik. Zehntausende Pendler waren betroffen, in Kraftwerken und Heizanlagen spekulierte man bald darüber, wie lange die Kohle-Vorräte noch reichen würden. Exportierende Betriebe produzierten auf Lager. Die Verzweiflung der Eisenbahner war zu einem gewissen Grad verständlich. Denn ihnen drohte Schlimmes. Eine ganze Reihe von Nebenbahnen stand zur Stilllegung an. Von der damals noch 100.000 Mitarbeiter zählenden Belegschaft sollten kurzfristig fast 10.000 wegrationalisiert werden. Für die nächsten Jahre waren noch einmal 30.000 Eisenbahner-Jobs für eine rote Liste vorgesehen.

Der Bahnstreik sollte aber erst der Auftakt zu dem sein, was im Frühjahr 1997 auf die tschechische Wirtschaft zukommen würde. In den Monaten zuvor war einiges aus dem Ruder gelaufen. Nach beachtlichen Anfangserfolgen beim Umbau ihrer Wirtschaft in Richtung Kapitalismus lebten die Tschechen deutlich über ihre Verhältnisse. Mehrere Reallohnerhöhungen bescherten der Bevölkerung mehr Vielfalt in ihren Einkaufstaschen. Aber erstens waren diese Erhöhungen nicht durch entsprechende Produktivitätsschübe in den Unternehmen gedeckt und zweitens kauften die Konsumenten damit vorrangig im Ausland ein. Als Folge verschlechterte sich die Handelsbilanz dramatisch.

Auch auf der Arbeitgeberseite entsprachen die Leistungen nicht ganz den monetären Ergebnissen. Die Unternehmen konnten frühere Exporterfolge nicht fortsetzen. Die Nachfrage im westlichen Ausland ging wegen einer Wachstumsschwäche in diesen Ländern zurück. Die tschechischen Firmen waren zwar teilweise formell privatisiert, aber noch weit davon entfernt, auch modern und effizient zu wirtschaften. Darüber hinaus hatte ein kräftiger Anstieg der Krone die Umtauschverhältnisse zu Ungunsten von Prag verschlechtert.

Die Nationalbank versuchte dennoch verzweifelt, den Kronenkurs zu halten. Mit relativ hohen Zinssätzen gab sie vor, die Inflation zu bekämpfen, stützte aber in Wahrheit den Kurs und ermöglichte es ausländischen Anlegern bequem, hohe Renditen zu erwirtschaften. Der liberalisierte Kapitalverkehr lockte sehr schnell heißes Geld nach Prag, wo sich bei bis dahin stabilem Wechselkurs höhere Zinsen lukrieren ließen. Erst als die Anleger wegen des explodierenden tschechischen Außenhandelsdefizits nervös wurden und ihr Geld schnell in Sicherheit brachten, kam es zum Crash.[1]

Im Mai 1997 musste Prag die Krone um etwa zehn Prozent abwerten. Erstmals wurde der internationalen Öffentlichkeit bewusst, dass der scheinbar perfekte Systemübergang der Regierung unter Václav Klaus über mehr Schillern als Substanz verfügte. Klaus sollte übrigens noch im selben Jahr von Präsident Václav Havel entlassen und durch einen parteilosen Technokraten, den Chef der Nationalbank, Josef Tošovský, als Leiter einer Übergangsregierung ersetzt werden.

## Aus der Eiseskälte in den Westen

Die Tschechen und Slowaken hatten bereits einmal, 1968, versucht, den Kommunismus wenigstens teilweise zu überwinden oder zumindest mit einem »menschlichen Antlitz« zu versehen. Die Flut von Liberalisierungen im Rahmen des »Prager Frühlings« ging den Herrschern in Moskau wie in anderen KP-Metropolen aber entschieden zu weit und schien ihre eigene Machtbasis zu gefährden. Im August 1968 rollten die Panzer des Warschauer Paktes durch Prag und schlugen den friedlichen Aufstand gewaltsam nieder. Es folgte eine jahrzehntelange geistige Friedhofsruhe. Der Historiker Timothy Garton Ash schrieb damals: »Die heutige Tschechoslowakei kann man mit einem See vergleichen, der ständig mit einer dicken Eisschicht bedeckt ist.«[2] Der sensible Historiker fühlte zwar schon, dass es unter dem Eis Bewegungen gab. Diese konnten aber die Politik noch lange nicht beeinflussen. Mit einem riesigen Apparat an Polizei und Nachrichtendiensten herrschte das Regime mit harter Hand. Die wenigen Dissidenten, die im Ausland durchwegs mehr Bekanntheit und Zuspruch fanden, hielt man an der kurzen Leine. Männer wie Havel wurden immer wieder ins Gefängnis gesteckt, führende Intellektuelle hatten Berufsverbot und mussten manuelle Arbeiten leisten. Die berühmte Charta 77 unterschrieben anfangs in der Tschechoslowakei übrigens nur 242 Menschen, bis zum Systemwandel 1989 bloß rund 2.000.

Die Wirtschaft der Tschechoslowakei galt unter den kommunistischen Partnerländern als fortgeschritten, überdurchschnittlich industrialisiert und mechanisiert. Der Lebensstandard der Bevölkerung war – relativ betrachtet – hoch. Viele Menschen hatten die Möglichkeit, sich an den Wochenenden in ihr privates Reich, die Datschen auf dem Land, zurückzuziehen und die Politik Politik sein zu lassen.

Ab der zweiten Hälfte der 80er Jahre bekam dieses Bild Risse. Das Wirtschaftswachstum verlangsamte sich, die Auslandsverschuldung nahm von einem niedrigen Niveau weg deutlich zu. Im Spätherbst 1988 erhielt die Prager Regierung einen von ihr in Auftrag gegebenen Bericht, der die ökonomischen Szenarien für das Land im Jahr 2010 darstellen sollte. Die Ergebnisse beschrieben ein Land, »das darum kämpft, in der zweiten Liga der Industriestaaten zu bleiben«.[3]

Die Wirtschaft war aber nicht der einzige Bereich, der unruhig zu werden begann. In Moskau hatte Michael Gorbatschow klar ausgesprochen, dass er zwar weiter Kommunisten in der Regierung haben wollte, aber seine Panzer nicht mehr zu deren Schutz einsetzen würde. Auch in der Gesellschaft begann es wieder zu brodeln, und die katholische Kirche intensivierte ihre Kontakte mit den Intellektuellen. Ab 1988, dem 20. Jahrestag der sowjetischen Invasion, gab es immer wieder Demonstrationen, die von der Polizei mehr oder weniger brutal beendet wurden.

Nach dem Fall der Berliner Mauer im Herbst 1989 ging es dann Schlag auf Schlag. Am 17. November ging die Prager Polizei noch einmal mit gezogenen Schlagstöcken gegen eine Studentendemonstration vor. Es kursierten sogar Gerüchte, dass es neben zahlreichen Verletzten auch einen Toten gegeben habe. Heute spekulieren die Historiker darüber, ob das nicht eine lancierte Fehlmeldung des sowjetischen Geheimdienstes gewesen sei, um die Prager Regierung zu stürzen und mit einer Gorbatschow-ähnlichen Reformregierung zu ersetzen.[4]

Aber die Dinge gerieten auch für die reformwilligen Kommunisten außer Kontrolle. Immer wieder strömten die Menschen zu

Massendemonstrationen in die Prager Innenstadt, zuletzt mit klirrenden Schlüsselbunden, die den Kommunisten signalisieren sollten, dass es an der Zeit wäre, endlich zu gehen. Die neue Regierung von Ladislav Adamec, in der neben KP-Funktionären auch Parteilose sitzen sollten, hielt sich nur vier Tage. Noch im Dezember bildete der Slowake Márián Calfa eine Regierung, in der die Vertreter des tschechischen »Bürgerforums« und seines slowakischen Pendants »Öffentlichkeit gegen Gewalt« die Mehrheit der Kabinettsposten hielten. Freie Wahlen wurden beschlossen, und als Vorleistung wählte noch das alte Parlament den einstigen slowakischen Reformkommunisten Alexander Dubček zum Parlamentspräsidenten und den Dichter Václav Havel zum Staatspräsidenten. Aus den ersten Wahlen im Frühjahr 1990 gingen die beiden Bürgerrechtsgruppen als klare Sieger hervor. Václav Klaus wurde Ministerpräsident, Havel als Präsident bestätigt.

Die Regierung legte ein enormes Tempo bei der Liberalisierung und Privatisierung der Wirtschaft vor. Beinahe nach einem monetaristischen Lehrbuch begann Klaus den Außenhandel von seinen Schranken zu befreien, Subventionen zu streichen, Preise zu liberalisieren und staatliche Unternehmen zu verkaufen. Das Privatisierungsmodell, von dem man sich eine schnelle Abwicklung und einen raschen Aufbau eines Kapitalmarktes erwartete, war jenes der Coupon- oder Voucher-Privatisierung. Jeder Bürger konnte sehr günstig Unternehmensanteile erwerben. Praktisch über Nacht waren die meisten Firmen zumindest auf dem Papier in privater Hand.

Parallel zu den wirtschaftlichen Umbauten begann sich das Klima zwischen Prag und Preßburg zu verschlechtern. Der neue gemeinsame Staat hatte sich zwar als Föderative Republik etabliert, aber mit dieser Teil-Autonomie waren manche slowakischen Politiker noch nicht zufrieden. Vladimír Mečiar, der seine linksnationalistische Partei HZDS aus der Bürgerbewegung »Öffentlichkeit gegen Gewalt« abgespalten hatte (so wie Klaus seine ODS aus dem tschechischen »Bürgerforum«), wollte höher pokern. Klaus stieg darauf ein, und nach monatelangen Verhandlungen und ohne Referendum in einem der beiden Landesteile trennten sich Tschechen und Slowaken 1993 friedlich voneinander. Sie bildeten zwei unabhängige Staaten, die nur mehr durch eine Freihandelszone verbunden waren. Die beiden politischen Kontrahenten wurden in ihren jeweiligen Ländern als Regierungschefs bestätigt.

## Die trügerische Sicherheit

Ministerpräsident Klaus avancierte im Westen zum Star der Transformationsländer. Er ließ sich für seine eleganten Liberalisierungsmodelle feiern und propagierte eine »Marktwirtschaft ohne Attribute«. Damit war gemeint, dass man auf den Zusatz »sozial«, den es in den »müden alten Industrieländern« Deutschland und Österreich immer noch gab, verzichten würde. Bis zur Währungskrise 1997 schien das gut zu gehen. Die Wirtschaft wuchs solide, wenn auch nicht besonders kräftig. Die Inflation wurde deutlich unter zehn Prozent gedrückt. Die Krone, an einem Korb aus D-Mark und US-Dollar orientiert, war stabil. Die Arbeitslosigkeit, die zwar in einigen Grenzregionen auf bis zu sieben Prozent kletterte, betrug im Landesschnitt mit nur drei Prozent deutlich weniger als in anderen Reformstaaten. In Prag und Umgebung herrschte Arbeitskräftemangel.

Das alles sollte plötzlich nur Einbildung gewesen sein? »Durch die Anfangserfolge bei der Wirtschaftsreform und die Auflösung der Föderation mit der Slowakei waren wichtige Strukturreformen auf die lange Bank geschoben worden«, analysiert eine deutsche Studie. »Das Kernproblem sozialistischer Wirtschaften, die Verschuldungskette, blieb weiter bestehen.«[5]

Diese »Verschuldungskette« war eine direkte Folge der Massenprivatisierung. Formal hatte man die Unternehmen über eine Scheinentstaatlichung mittels Coupons, die an die Bevölkerung ausgegeben wurden, zwar privatisiert, die kleinen Leute hatten die Coupons aber schnell weiterverkauft. Die Anteile fanden sich bald bei zahlreichen Fondsgesellschaften wieder. Manche dieser Fonds wurden von reinen Spekulanten geführt, manche gehörten zum Einflussbereich der staatsnahen Großbanken.

Das System hatte einen doppelten Haken. Die Banken wollten Bankdienstleistungen verkaufen, aber nicht ihre Industriefirmen in die Unabhängigkeit entlassen. Überdies wurden notwendige Sanierungsschritte durch die zersplitterten Eigentumsverhältnisse sowie politische Rücksichtsnahmen verhindert. »Im Prinzip war es keine echte Privatisierung«, stellte der österreichische Handelsdelegierte in Prag, Josef Altenburger fest. »Es gab keine klare Eigentümerstruktur, der Staat hatte immer noch mittelbaren Einfluss, und die Manager hatten weder Entscheidungsgewalt noch nötiges Kapital.« Das galt aber nur für manche Unternehmen. Denn das knappe Investitionskapital wurde nicht nach betriebswirtschaftlichen Kriterien wie Bonität oder glaubhafte Cash-flow-Erwartungen vergeben. Es zählte nur das politische Gewicht des Managers sowie das Bedrohungspotential, das der Untergang seines Unternehmens für die Bank darstellte, die die alten Kredite noch in ihren Büchern stehen hatte und noch nicht als notleidend qualifizieren wollte. Alte Kredite wurden oft mit neuen Schulden bedient. Innovative Unternehmen bekamen aber für notwendige Investitionen kein Geld.

## Das Ende der Vetternwirtschaft

»Die Banken haben dabei mitgespielt«, weiß Josef Pöschl, Tschechien-Experte am Wiener Institut für Internationale Wirtschaftsvergleiche WIIW. »Es war ein Haberertum, das bis in die kommunistische Zeit zurückreichte. Aber damit ist es jetzt vorbei.« Die Nationalbank verschärfte 1998 die Vergabekriterien für Kredite und löste damit Hiobsbotschaften im ganzen Land aus. Pöschl: »Mit einem Schlag hatte die Politik ein riesiges Problem.« Als die tschechischen Konzerne ihre verlustbringenden Aktivitäten nicht mehr weiter finanziert bekamen, drohte plötzlich eine Reihe von Unternehmenszusammenbrüchen.

Tatsächlich eröffnete Anfang 1999 ein Prager Handelsgericht über den Chemiegiganten Chemapol das Konkursverfahren – ein beispielloser Schritt in der behüteten böhmischen Wirtschaft. Insgesamt geht es um Zehntausende Arbeitsplätze in der Metall verarbeitenden, chemischen und der Transportindustrie. Kein Wunder, dass die Interventionsmaschinerie sofort einsetzte, um den Staat zu einem rettenden Eingreifen zu bewegen.

Dabei half die politische Instabilität in Prag. Die Sozialdemokraten unter Miloš Zeman konnten zwar bei der letzten Wahl 1998 den früheren konservativen Ministerpräsidenten Václav Klaus überholen, erreichten aber keine tragfähige Mehrheit im Parlament. Nun gibt es eine fragile Minderheitsregierung, die hinter den Kulissen von einer Art unausgesprochenen großen Koalition mit den Konservativen unter Klaus am Leben gehalten wird.»Was immer durchs Parlament muss, wird blockiert«, weiß ein Beobachter.

Um die Sanierung der angeschlagenen Industrieriesen gab es im Kabinett sowie mit verschiedensten Lobbyisten und Interessenvertretungen komplizierte Verhandlungen. Erste Vorschläge zielten auf eine gewaltige staatliche Auffanggesellschaft (»Revitalizacní«) ab, die in den nächsten Jahren rund 25 Milliarden Schilling, etwa 3,5 Milliarden D-Mark, zur Sanierung der Industriekonzerne zuschießen sollte. Dann schien es, als hätte sich der stellvertretende Premierminister Pavel Mertlik, ein Ökonom, durchgesetzt, der diese »Revitalisierungs«-Agentur deutlich bescheidener ausstatten und vom Staat wegpositionieren wollte. Nach einer Ausschreibung sollte eine internationale Investmentbank die Entscheidungen darüber fällen, welche Unternehmen zu retten wären, welche geschlossen und welche verkauft werden sollten. Bei Unternehmen wie Škoda-Pilsen, ČKT, Tatra oder ZPS Zlín sollte das Management ausgetauscht werden. Nach der Umstrukturierung wäre es dann Aufgabe der Agentur, innerhalb von einigen Jahren Käufer für die sanierten Unternehmen zu finden.

Das sind Prozesse, die in Ungarn und Polen entweder schon abgeschlossen oder zumindest längst im Laufen sind. Tschechien hat, besonders unter dem Aspekt rasch veränderlicher Technologien, wertvolle Zeit verloren.

In letzter Zeit gibt es wieder Hinweise darauf, dass der Staat noch vor der Einrichtung von »Revitalizacní« seine Kassen für Direktzuschüsse an die Unternehmen öffnen wird. Das Gespenst einer Wiederverstaatlichung scheint damit zwar abgewendet zu sein, die öffentliche Finanzierung privaten Missmanagements aber nicht. Die Probleme der Konzerne waren denn auch an der Krise der tschechischen Wirtschaft wesentlich beteiligt.»Einer gängigen Definition zufolge besteht eine Rezession, wenn das Bruttoinlandsprodukt zumindest in zwei aufeinanderfolgenden Quartalen real einen Rückgang aufweist«, heißt es lapidar im Central European Quarterly der österreichischen Creditanstalt (CA).»Bei der tschechischen Wirtschaft war das leider schon in drei Quartalen des vergangenen Jahres der Fall.«[6]

Die nüchternen Ergebnisse von 1998: Das BIP sank um 2,7 Prozent, im letzten Quartal sogar um mehr als vier Prozent. Damit verbunden kam es zu einem Anstieg der Arbeitslosigkeit von unter fünf auf mehr als sieben Prozent. Die Talfahrt ging auch 1999 weiter. Sowohl das Wiener Institut für Internationale Wirtschaftsvergleiche WIIW als auch die Analyseabteilungen der Banken CA und Erste sahen Tschechien für den Rest des Jahres 1999 in der Rezession verharren, auch wenn sich die Lage bis zum Jahreswechsel etwas bessern sollte.[7]

## Škoda-Auto: Das industrielle Aushängeschild des Landes

Nicht allen Unternehmen in Tschechien geht es schlecht. Die Automobilfabrik Škoda in Mladá Boleslav, die zu 70 Prozent Volkswagen und zu 30 Prozent dem tschechischen Staat gehört, vermeldete für 1998 hohe Gewinne und zahlte auch Dividenden an ihre Aktionäre. 400.000 Autos fertigte man im größten Industriebetrieb des Landes, der allein für mehr als neun Prozent der tschechischen Ausfuhren verantwortlich ist. Für das 10-Millionen-Einwohner-Land ist Škoda-Auto ein Riesenkonzern. Fast 18.000 Arbeitnehmer verdienen im Unternehmen selbst ihr Brot, dazu kommt eine große Zahl in Zulieferbetrieben. Der Umsatz betrug 1998 105 Milliarden Kronen, das sind rund 38,5 Milliarden Schilling oder 5,5 Milliarden D-Mark. Für 1999 sind 115 Milliarden geplant.

Der Umbau des Riesen von einem kommunistischen Staatsbetrieb zu einer Fabrik westlicher Prägung war eine gewaltige Aufgabe, obwohl Volkswagen mit seiner Beteiligung an Škoda keine Industrieruine erworben hatte, wie dies anderen westlichen Konzernen im »wilden Osten« teilweise passierte. »Im Großen und Ganzen war das eine ordentliche Fabrik«, erinnert sich der frühere Škoda-Technik-Vorstand und heutige Aufsichtsrat Gerald Weber.

Škoda galt im COMECON als Renommierbetrieb. Zuletzt hatte noch die tschechoslowakische Regierung großzügig in die Produktion eines von Bertone gestylten Autos investiert, des Favorit. Die Qualität genügte dennoch kaum westlichen Ansprüchen. Außerdem war Škoda, entsprechend der Logik des damaligen Wirtschaftssystems, lediglich auf die Fertigung reduziert. Vermarktung oder besser »Zuteilung« der Autos besorgten eigene Regierungsstellen. Immer wieder wurden die beträchtlichen Betriebsgewinne zur Abdeckung der Verluste anderer, maroder Staatsfirmen abgesaugt. »Wir hätten vielleicht noch einige Jahre aus der Substanz leben können«, gibt sich ein Metallgewerkschafter in Mladá Boleslav realistisch. »Aber ohne westlichen Partner hätten wir keine Chance gehabt.« Doch die Freude über die westliche Hilfe sollte nur kurz dauern.

Vor dem Hintergrund einer weltweiten Autorezession, und mit schwersten Auslastungsproblemen in seinen eigenen Fabriken konfrontiert, zog Ferdinand Piëch, Vorstandsvorsitzender von Volkswagen, im November 1993 die Notbremse. Vertreter der tschechischen Regierung waren bereits nach London zur Unterzeichnung eines Weltbank-Kredits angereist, als Piëch den Termin kalt platzen ließ. Nicht einmal ein Telefonat mit Regierungschef Klaus hatte er für notwendig gehalten, obwohl sich dieser zuvor für das VW-Škoda-Jointventure innenpolitisch weit aus dem Fenster gelehnt hatte.

In Tschechien war die Stimmung auf dem Nullpunkt. Obwohl es sich lediglich um Absichtserklärungen gehandelt hatte, bezichtigte man die Deutschen des Vertragsbruchs. Es wurde sogar mit einem Rückzug der Investoren spekuliert. In harten Folgeverhandlungen, in deren Verlauf Piëch angeblich auch Mexiko als denkbare Alternative für einen Volkswagen-Standort angesprochen hatte, einigte man sich schließlich zähneknirschend auf eine redimensionierte Variante mit geringerem Investitionsvolumen. Mittlerweile hat sich wieder alles zum Besten gewendet. In einer zusätzlichen Motorenfabrik in Böhmen werden mittlerweile Motoren mit kleinem Hubraum gleich für einen großen Teil des VW-Konzerns gebaut, nicht bloß für den eigenen Felicia-Nachfolger. Darüber hinaus soll ein geplantes Getriebewerk in Hinkunft Zukäufe von Lieferanten ersetzen.

Aufsichtsrat Weber, der später Produktionschef im VW-Stammwerk in Wolfsburg wurde, will im milden Licht des Rückblicks in Böhmen zwar ein relativ gutes Werk übernommen haben, seine ersten Maßnahmen bei Škoda lassen aber massiven Umstrukturierungsbedarf vermuten.

– »Ordnung und Sauberkeit« sei ein erster Schwerpunkt gewesen, so Weber heute.

– Im Werk und in der Zulieferindustrie wurde eine Qualitätsoffensive gestartet. Die Škodas, die schon früher in den Westen gelangt waren, galten generell als unverlässliche Fahrzeuge.

– Der Personalstand wurde trotz des Kostenvorteils gegenüber
Deutschland von 1:10 von 17.000 um 2.000 reduziert. Dies geschah vor allem durch natürliche Abgänge, wie Pensionierungen.

– Logistik- und Dispositionssysteme mussten völlig neu aufgebaut
werden.

– Und schließlich galt es, einen kommunistischen Staatskonzern
nach westlichen Management-Methoden umzubauen.

Dass dabei Konflikte nicht ausblieben, war klar. Die tschechischen
Ingenieure, die sich »auf einer technischen Ebene mit den deutschen gut verstanden« (Weber), fühlten sich von den »Kolonial-
herren« geradezu überrannt. Die schlimmsten Meinungsverschie-
denheiten gab es in den Fabrikshallen. Was VW als »Teamarbeit«
durchsetzen wollte, konnten viele Vorarbeiter und Meister nicht
nachvollziehen. Etwa 30 Prozent der Meister wurden pensioniert
oder gekündigt. Nachfolger wurden entweder intern oder von
anderen Firmen rekrutiert.

Das Škoda-Management setzte – im Konzern nicht ganz unum-
stritten – ein »Tandem-Modell« ein, bei dem Führungspositionen
auf allen Ebenen jeweils mit einem Deutschen und einem Tschechen besetzt wurden. Zusätzlich ließ man örtliche Nachwuchs-
Führungskräfte im Werk rotieren, um sie vielseitiger zu schulen.
Auch dabei gab es Konflikte. Vielfach akzeptierten die Tschechen
die jungen VW-Manager nicht als Ratgeber und monierten, dass
man ihnen nur »drittklassige Führungkräfte« geschickt hätte. Die
jahrzehntelange kommunistische Indoktrinierung hatte die Leute
skeptisch und zynisch werden lassen. VW-Innovationen wie Gruppenarbeit, Qualitätsverbesserung oder Mitarbeitermotivation wurden oft schnell mit der früheren Propaganda gleichgesetzt und als
unnötig abgetan. »Wir haben mit Druck und Motivation gearbeitet«, erzählt Weber. »Aber am Anfang hat schon der Druck über-
wogen.«

Škoda ist in einem Aspekt atypisch für westliche Großinvestitionen
in Osteuropa. Die Motorenwerke von Audi oder Opel in Ungarn
assemblieren fast ausschließlich importierte Teile und fahren einen
vom örtlichen Umfeld fast hermetisch abgeschlossenen Inselbetrieb.
VW hat von Škoda dessen feingesponnenes Zuliefernetz im Land –
und nach der Teilung des Staates auch in der Slowakei – über-

nommen. Allerdings sind das heute nicht mehr dieselben wie 1990, da aufgrund der massiven Qualitätsprobleme eine der vordringlichsten Aufgaben darin lag, auch die Zulieferer auf das Niveau von VW zu bringen. Über Vermittlung von Volkswagen kaufte sich eine ganze Reihe westlicher Produzenten in tschechische Betriebe ein: Siemens, Packard Electric, Lucas, Bosch, TRW, Magna, VDO. »Heute kommt unser Auto ungefähr zu 50 Prozent von Lieferanten mit westlichem Know-how«, gibt sich ein Škoda-Manager stolz.

Einige von ihnen hat Škoda auf dem eigenen Firmenareal angesiedelt: Pelzer erzeugt dort Teppiche, Johnson Controls fertigt Sitze und hat wiederum eigene tschechische Sub-Lieferanten in der Nähe, VDO fügt Instrumente zusammen. Seit der Oktavia in einer neuen Montagehalle zusammengebaut wird, kleben die Fertigungsstätten der Zulieferer an dieser wie Schwämme an einem Baumstamm.

An den Seiten der luftigen Stahl-Glas-Konstruktion docken jeweils die Hallen der Achsen-, Armaturenbrett- oder Sitzehersteller an. Sie liefern ganze Baugruppen zu, die von ihren Mitarbeitern auch direkt montiert werden. Nur etwa die Hälfte der Monteure sind überhaupt noch eigene Škoda-Mitarbeiter. Auch das Band hat nur mehr die halbe Länge der Montagelinie für das kleinere Modell Felicia. »Es sind nicht bloß Endfertigungen, die die Zulieferer hier betreiben«, erklärt der frühere Technik-Vorstand Weber. »Eigentlich handelt es sich um ganze Mini-Fabriken mit eigenen Managern, Verwaltungen und Wareneingängen.« Mit dieser Organisationsform zählt Škoda zu den modernsten Automobilfabriken der Welt.

## Die Zeiten bleiben hart

Honiglecken wird es für die Tschechen in den nächsten Monaten allerdings keines geben. Im Gegensatz zu anderen Reformstaaten, wie Ungarn oder Polen, hatte man die Zügel zu lange locker gelassen. Die sprichwörtliche »Prager Arroganz« war nicht nur bei Premier Klaus angesiedelt, auch zahlreiche Beamte und Manager gaben sich felsenfest überzeugt, dass man es allein werde schaffen können.

Die Voraussetzungen Tschechiens waren im Vergleich zu anderen früheren Ostblock-Staaten recht gut gewesen. Das ehemals industrielle Kernland der Habsburgermonarchie galt auch im COMECON als führender Fertiger, wenn auch zum Teil in der grundstofflastigen Schwerindustrie. Wie wenig aber selbst Vorzeigebetriebe international konkurrenzfähig waren, zeigte schon das Beispiel des Fahrzeugherstellers Škoda. Und die Tschechen verkauften bisher nicht viele Großbetriebe ans Ausland. Die Direktinvestitionen der Ausländer, unter anderem von Konzernen wie ABB, Siemens oder Philip Morris, hatten Mitte 1999 mit insgesamt rund neun Milliarden US-Dollar nur etwa das halbe Volumen wie im gleich großen Ungarn erreicht.

Die deutlich höheren Wachstumsraten der Multis in Tschechien geben bereits Anlass zur Sorge über eine mögliche Spaltung der Wirtschaft in einen dynamischen ausländischen und einen stagnierenden heimischen Sektor. »Das könnte schon passieren«, meint auch der Wiener Forscher Pöschl. »Die internationalen Unternehmen zahlen bessere Löhne und können die qualifizierteren Leute an sich binden.« Die tschechischen Gewerkschaften kritisieren die Regierung übrigens seit Jahren wegen ihrer ablehnenden Haltung gegenüber ausländischem Kapital.

In den nächsten Monaten dürfte sich der Zufluss von D-Mark und US-Dollars aber erhöhen, da umfangreiche Privatisierungen im Energiesektor und im Bankenwesen anstehen. Die erste der drei großen Banken wurde bereits an einen Ausländer verkauft: die ČSOB an die belgische KBC-Gruppe. Komerčni und Spořitelna sollen, wenn für Interessenten und staatlichen Verkäufer klar ist, wie man die unsauberen Kredite im Portfolio aufteilen wird, in Kürze folgen. Aber sobald alle drei Großbanken zu westlichen Netzwerken gehören, wird es mit den Freundschaftskrediten an die Industrie endgültig vorbei sein. Dann können die echten Umstrukturierungen beginnen.

# Jiří Barta und Bronislav Formanek: Gemeinsam einige Tausend Hektar Land in Mähren

Sie warten geduldig, bis sie an der Reihe sind. Etwa 300 der schwarzweißen Milchkühe mit den abgesägten Hörnern stellen sich an, um ihre schweren Euter zu erleichtern. Eine nach der anderen wird in der halbautomatischen Melkstation abgefertigt. In regelmäßigen Abständen öffnet eine der sechs Boxen ferngesteuert das schwere Stahlgitter. Die gemolkene Kuh trottet hinaus, die nächste kommt herein. Der Melker wischt ihr mit einem feuchten Tuch die Zitzen ab und hängt sie an die Maschine. In den nächsten Minuten kaut die Gefleckte geduldig ihr Grünfutter wieder, während die körperwarme weiße Flüssigkeit abgepumpt wird. Ist das Euter leer, fallen die Saugnäpfe von alleine ab, der Melker streicht ein wenig rote Desinfektionsflüssigkeit auf die Zitzen, und die Kuh geht zurück in ihren Stall. Die Nächste bitte.

Jiří Barta, 46, trägt zwar das sonnengegerbte Gesicht eines Bauern, aber durch seine Ställe führt er wie ein Industriemanager durch die Maschinenhallen. Im Gegensatz zu den alpinen Milchbauern mit ihren 20 oder 30 »Liesln« und »Mirln« kennt er die Namen seiner Kühe nicht. Kein Wunder, das Zahlenwerk seines Viehbestands liest sich wie jenes ganzer Dörfer in Westeuropa: 460 Kühe führt er in den Bestandslisten seiner Agrargenossenschaft in Südmähren, 350 Maststiere, 350 Kälber, 4.600 Schweine und 100.000 Hühner. Der dazugehörende Grundbesitz würde im angrenzenden österreichischen Weinviertel einige Gemeinden umfassen. Auf mehr als 100 Hektar wird Weizen angebaut, auf 600 Gerste, dazu kommen 550 Hektar Raps, 460 Zuckerrüben, 230 Grünfutter und 220 Mais. Weiters umfasst der Agrarbetrieb 40 Hektar Obstgarten, vorwiegend mit Marillenbäumen, und beinahe 50 Hektar Weingarten, wo die Sorten Grüner Veltliner, Müller Thurgau und St.Laurent kultiviert werden. Die gesamte Fläche der Genossenschaft beträgt mehr als 3.200 Hektar.

Bronislav Formanek, 43, denkt über seine Landwirtschaft ebenfalls wie ein Manager: »Pflanzen und Tiere sind schwieriges biologisches Material. Sie hängen vom Wetter und von anderen Unwägbarkeiten ab. Mit ihnen kann man nicht planen wie in der Industrie. Obwohl das eigentlich nicht schlecht wäre.«Formanek, der nur einige Jahrgänge nach Barta in Brünn die Hochschule für Bodenkultur absolviert hat, betreibt etliche Kilometer weiter eine private Farm. Diese ist nicht ganz so riesig wie Bartas Genossenschaft, aber mit 400 Hektar Raps, Weizen, Gerste und Zuckerrüben stellt sie immer noch einen Betrieb von beträchtlichen Ausmaßen dar. Daneben handelt Formanek mit Düngemitteln, Pestiziden und Saatgut und verkauft landwirtschaftliche Dienstleistungen. So lässt er beispielsweise seine zwei Mähdrescher und die beiden Zuckerrübenerntemaschinen gegen Stundenentgelt auf den Feldern anderer Bauern arbeiten.

Formanek hat gemeinsam mit drei Partnern vor sechs Jahren eine GmbH gegründet. Zuerst baute man in erster Linie auf Flächen verschiedener Genossenschaften an, dann pachtete und kaufte man selbst. Grundlage des privaten Gutes waren die Eigengründe seiner Familie, die im Rahmen der Restitution zurückgegeben wurden. Formanek hat zum Thema»Restitution«seine eigene Ansicht:»Die Gründe haben immer uns gehört, der Staat hat bloß keine Pacht dafür bezahlt.«

25 Leute beschäftigt der Unternehmer, und die Gesellschafter arbeiten selbst mit. Je einer der Gesellschafter ist auf den Handel, den Maschinenpark, die Finanzen und den Anbau spezialisiert. Die teuren Maschinen wurden zu einer Zeit, als es vom Staat noch günstige Zinsstützungsaktionen für die Landwirtschaft gab, vorwiegend auf Kredit gekauft.

Als operativem Geschäftsführer der Genossenschaft unterstehen seinem Manager-Kollegen Barta 190 Mitarbeiter. Über ihm gibt es noch einen wirtschaftlich gesamtverantwortlichen Generaldirektor. Der Betrieb gehört aber rund 560 Genossenschaftern, darunter sind noch die ehemaligen, heute pensionierten Landarbeiter.»Brauchen würde ich nur 100 Menschen«, rechnet der studierte Agronom vor. »Diese Zahl wird der Markt in den nächsten Jahren auch erzwingen.«

Trotz unterschiedlicher Besitzverhältnisse und voneinander abweichender Personalstände geht es den beiden studierten Bauern ähnlich:»Das ganze System, in dem wir agieren, ist problematisch«, klagt Formanek.»Es gibt riesige Mengen an Überproduktion, und die Regierung kümmert sich um nichts. Keiner hilft uns bei der Einschätzung, was im nächsten Jahr angebaut werden soll und was nicht.«

Der ländliche Unternehmer ist weit davon entfernt, die alten planwirtschaftlichen Zeiten zurückzuwünschen, als einfach alles vom Staat abgenommen wurde, was der Boden hergab. Selbst bei außergewöhnlich guten Ernten gab es keine Überproduktion. Im Rahmen der Wirtschaftsgemeinschaft COMECON wurden die großen Mengen einfach an die Sowjetunion verkauft, um Preise oder Vertriebskanäle brauchten sich die Erzeuger nicht zu kümmern. Formanek wünscht sich ein Quotensystem, ähnlich dem in der Europäischen Union, das dem Bauern über Zielmengen und Interventionspreise Anhaltspunkte dafür gibt, wie er seine Produktion zu planen hat, um profitabel zu sein. »Wir haben hier wirklich gute Betriebsgrößen, und ein Großteil der Betriebe ist ordentlich gemanagt«, setzt Barta hinzu. »Aber allein im letzten Jahr sind die Preise für unsere Produkte um 30 Prozent gefallen, die Kosten für Diesel, Pestizide und Maschinenersatzteile steigen aber weiter.«

Das Grundübel, darüber sind sich die beiden Betriebsleiter einig, sei die einseitige Öffnung der Agrarmärkte gegenüber der EU. Die Assoziationsverträge mögen der tschechischen Industrie geholfen haben, ihre Güter in Westeuropa zu verkaufen, für die Landwirtschaft gelte das nicht. Formanek: »Unsere Ökonomie ist einfach zu schwach, um sich dagegen zu wehren. Wir haben Zollschranken für Weizenimporte, die 24 Prozent über dem Weltmarktpreis liegen. Für unsere Exporte in die EU gelten 200 Prozent. Da sind Lieferungen unmöglich.« Westeuropäische Produkte finden daher, vor allem in verarbeiteter Form, relativ leicht ihren Weg in die Supermärkte der tschechischen Konsumenten. In vielen Fällen sind sie sogar subventioniert. Sie drängen damit tschechische Lebensmittel von den Regalen und erhöhen das Überangebot noch weiter. Formanek: »Man kann bei uns jedes internationale Produkt zu Weltmarktpreisen kaufen.«

Auch in der unmittelbaren Arbeitswelt der Bauern regiert der Markt. Die Erzeugnisse von Getreide bis Mais werden Bartas Genossenschaft von privaten Agrarhändlern abgekauft. Weintrauben, Marillen, Zuckerrüben und Vieh gehen direkt an Verarbeiter. Die Milch wird an eine Molkerei in Ihlava geliefert, die – noch – in tschechischem Besitz ist. Anderswo wird bereits unter dem Markennamen Danone abgefüllt. Lediglich eine kleine Schlachtbank betreibt die Genossenschaft selbst und beliefert damit zwei benachbarte Fleischereien und versorgt die eigene Betriebsküche. Faktisch die gesamte verarbeitende Wertschöpfung fällt also anderswo an.

Beide, Formanek und Barta, setzen auf einen baldigen EU-Beitritt ihres Landes. Derzeit erleide die tschechische Lebensmittelbranche nur die Nachteile der EU-Nähe. Bei voller Mitgliedschaft könne man auch eigene Produkte in den gemeinsamen Markt liefern. Leicht werde das sicher nicht werden, weil man noch viel zu wenig Spezialitäten zu bieten habe. Aber beide verlassen sich auf ihre Management-Qualitäten und auf ihre im europäischen Vergleich guten Betriebsgrößen.

Diese sind allerdings nicht von alleine entstanden. In Südmähren bearbeiteten früher deutschsprachige Kleinbauern den Boden. Sie wurden 1945 vertrieben, Tschechen zogen zu. Die heutigen großen Betriebe, seien es Genossenschaften oder bereits privatisierte GmbHs, entstanden ab 1948 durch Verstaatlichung und Zusammenfassung von adeligen Gütern sowie durch die Zwangskollektivierung von Bauernland. Die ehemaligen Kleinbauern wurden Genossenschafter und Landarbeiter. Restitution gab es nach der Wende nur für Land, das nach 1948 enteignet worden war, für Adelige nur dann, wenn sie in der NS-Zeit ihre tschechische Staatsbürgerschaft behalten hatten. Die berüchtigten Beneš-Dekrete wurden bis jetzt nicht zurückgenommen, und die Enteignung der 1945 vertriebenen deutschen Bauern dürfte auch für einen EU-Beitritt keine Bremse darstellen.

»Wenn wir den Beitritt noch erleben«, gibt sich Genossenschafts-Manager Barta pessimistisch – nicht unbedingt für den eigenen Betrieb, aber für den Agrarsektor im allgemeinen. Er erwartet spätestens im Frühjahr 2000 eine größere Insolvenzwelle in der Landwirtschaft. Mit den Produktpreisen am Markt würden viele Betriebe nicht überleben können. Eine Kombination aus Schuldendruck aufgrund riesiger Investitionskredite, die nicht mehr bedient werden können, und laufenden Kosten, die immer weiter steigen, wird ihnen den Garaus machen. Was mit diesen Unternehmen passiert, ob sie von anderen, gutgehenden, aufgekauft und weitergeführt werden, wisse jetzt noch niemand. »Unser Problem ist nicht die

Rationalisierung durch größere Flächen«, analysiert Formanek, »wie das vielleicht in Österreich oder Bayern der Fall war. Wir wissen einfach wirklich nicht, was weiter kommen wird.«

Diese Unsicherheit überträgt sich auch auf die folgende Generation. Beide Agronomen können nur darüber spekulieren, ob ihre Kinder je in ihre Fußstapfen treten werden. Formanek hat eine Tochter im Gymnasium und einen Sohn in der Grundschule: »Es wird sehr schwer, sie dafür zu begeistern.« Bartas zwei Kinder sind noch kleiner, also hat er noch ein wenig Zeit. Aber er zieht sich schon recht diplomatisch aus der Affäre: »Sie sollen studieren, was sie wollen.«

# Miloš Launa: Gewerkschafter in einer Geisterfabrik

Eigentlich wäre alles da, was eine richtige Fabrik ausmacht. Die riesigen Schornsteine ragen weit sichtbar in die Landschaft. In den Glasnischen am Eingangstor sitzen aufmerksam die Portiere und überprüfen jeden Besucher. Der Mitarbeiterparkplatz ist mit mehr oder weniger alten Škodas vollgestellt. Doch dem Traktorenwerk Zetor in Brünn fehlt das wichtigste – die Arbeit. Seit mehr als sechs Monaten stehen die Bänder still, die Arbeiter schleichen wie müde Geister über das ausgedehnte Fabriksgelände. Wieder und wieder wird Inventur gemacht, man schleift an ein paar Ersatzteilen herum, wartet Maschinen, die ohnehin funktionieren.

»So schwierig war die Lage noch nie«, klagt Miloš Launa, Gewerkschaftsvorsitzender der Traktorenfertigung bei Zetor. Er hat soeben, Ende August, wie die anderen 3.500 Belegschaftsmitglieder 60 Prozent des Junilohnes bezahlt bekommen und beginnt jetzt die Verhandlungen über die Juligehälter. In Wahrheit ist die Fabrik konkursreif, sie hängt nur noch an feinen politischen Fäden.

Launa heftet einen Teil dieses brüchigen Gewebes auf seine Fahnen. Gemeinsam mit Gewerkschaftskollegen anderer Betriebsteile hatte er am Rande der Brünner Automobilmesse im vergangenen Frühjahr dem Finanzminister und dem Handelsminister einen letzten Versuch zur Rettung des maroden Industriegigantens abgerungen. Nach dem Austausch des Managements liefen über den gesamten Sommer hektische Verhandlungen über eine Neustrukturierung der Produktion. Entsprechend dem ausgearbeiteten Auffangmodell sollte die Traktorenfertigung ab Herbst wieder in Gang gebracht werden. Statt über die firmeneigene Buchhaltung werden notwendige Vorprodukte direkt über eine Bank eingekauft. Diese bekommt auch die Verkaufserlöse direkt überwiesen. »Das alles gilt aber nur für das Material«, weiß Launa. »Wer die Löhne bezahlt, ist noch unklar.« Innerhalb eines strikten Kostenrahmens sollten damit bis Jahresende 1999 noch 3.500 Stück Traktoren produziert werden. Zusammen mit den vor dem Stillstand gebauten 2.000 Traktoren könnte die Jahresproduktion doch noch an die 5.500 Stück erreichen. Gegenüber dem Vorjahr wäre das eine Halbierung, aber immer noch besser als der völlige Ruin. Im Vorjahr zählten noch 4.500 Menschen zur Belegschaft, jetzt stehen nur noch 3.500 Menschen auf den Lohnlisten. Im Vergleich zur einstigen Größe von Zetor gehören aber auch sie schon zu einem Schattenreich. Im Schnitt hatte die Traktorenfabrik pro Jahr mit 10.000 Mitarbeitern im Dreischichtbetrieb zwischen 25.000 und 28.000 landwirtschaftliche Zugmaschinen montiert. Das Werk war damit weltweit eines der größten seiner Art. »Etwa ein Prozent der Weltproduktion an Traktoren ist hier gebaut worden«, erzählt Launa stolz. »Das entspricht rund zweieinhalb Prozent der europäischen Produktion.«

Gegründet hatten die Fabrik die Nazis, die hier für ein Flugzeugmotorenwerk in der damaligen »Ostmark« Zulieferteile bauen ließen, etwa Kugel- und Wälzlager. 1944 wurde bei einem schweren Bombenangriff, den die Alliierten gegen die deutsche Rüstungsindustrie flogen, fast alles in Schutt und Asche gelegt. Nach dem Krieg baute der tschechoslowakische Staat die Fabrik wieder auf, und ab 1948, als der Westen die neuen kommunistischen Länder mit einem Embargo für strategische Güter belegte, wurde die Kugellagerproduktion wieder besonders wichtig. In einem anderen Werksteil baute man Textilmaschinen.

Ab 1952 konzentrierten die kommunistischen Planer die Traktorenfertigung, die man teilweise aus anderen bestehenden Fabriken abgezogen hatte, an dem Brünner Standort. Nun begann ein gewaltiger Aufstieg. Mehrere Baureihen, von kleinen Traktoren unter 50 PS bis zu schweren Schleppern mit mehr als 100, wurden entwickelt. Mittels Baukastensystem sorgte man für eine effiziente Produktion großer Serien. Einen Typ entwickelte man im Rahmen der internationalen sozialistischen Zusammenarbeit sogar gemeinsam mit dem Warschauer Traktorenwerk Ursus. Man tauschte Baugruppen aus und organisierte eine arbeitsteilige Fertigung – auch mit einem Schwesterwerk in der Slowakei.

Die Fabrik bewegte sich in einem Verkäufermarkt, wie man ihn aus ökonomischen Lehrbüchern kennt. Man riss ihr die Traktoren förmlich aus der Hand. Agrargenossenschaften mussten oft sogar für mehrere Wochen eigene Hilfskräfte für die Zetor-Produktion abstellen, damit sie ihre gewünschten Maschinen bekamen. Dennoch brauchte man sich über die Produktivität der Fabrik keine Gedanken zu machen. Dazu Gewerkschafter Launa, der in der kommunistischen Zeit als Techniker im Büro arbeitete:»Wir haben mit den Traktoren nie schwarze Zahlen geschrieben. Die Defizite wurden immer vom Staat abgedeckt.« Diese Praxis überlebte den Kommunismus. Denn auch nach dem politischen Systemwechsel von 1990 haben sich die betriebswirtschaftlichen Kennzahlen nicht grundlegend geändert. Die Fertigungstiefe blieb für eine derartige Fabrik im internationalen Vergleich ungewöhnlich hoch. Noch heute beträgt sie rund 90 Prozent. Selbst relativ simple Massenteile, die in westlichen Unternehmen seit vielen Jahren billiger zugekauft werden, stellt Zetor nach wie vor im eigenen Haus her.

Aber die Marktverhältnisse haben sich grundlegend verändert. »Früher haben die reichen Agrargenossenschaften einen neuen Traktor bestellt, wenn beim alten ein Kotflügel verbogen war«, beschreibt Launa mit einem Augenzwinkern die Verschwendungsmentalität der sozialistischen Zeit, von der damals sein Unternehmen profitierte.»Jetzt haben weder die Genossenschaften noch die Bauern Geld, und alles wird sorgfältig repariert.«

1998 verkaufte Zetor im Inland ganze 500 Traktoren gegenüber rund 8.000 Stück jährlich im Jahrzehnt zuvor. Der Export nach Westeuropa, Nord- und Lateinamerika konnte zwar aufrechterhalten werden, aber zu schlechten Preisen. Die Produktion fiel von 28.000 Einheiten auf 11.000, die Belegschaft reduzierte man Schritt für Schritt um mehr als die Hälfte.

Die roten Bilanzzahlen wurden immer wieder umgefärbt. Seit 1993 war Zetor eine Aktiengesellschaft, die sich allerdings im Besitz der staatlichen Konsolidierungsbank befand. Diese schoss alljährlich über zusätzliche Kredite die nötigen Geldmittel zu. Die langfristigen Verbindlichkeiten des Unternehmens waren noch durch einen riesigen Irak-Auftrag aus der Schlussphase des Kommunismus aufgeblasen, bei dem das Bruderland zwar die Traktoren übernommen, aber kein Geld mehr überwiesen hatte. Allein dadurch gab es ein uneinbringliches Kreditvolumen von zehn Millionen US-Dollar.

Nach Darstellung von Gewerkschafter Launa hätten diese Schulden auch einen ernsthaft interessierten westlichen Investor vertrieben. Der US-Konzern John Deere, einer der weltweit größten

Hersteller landwirtschaftlicher Maschinen, führte ab 1992 mit Zetor intensive Verhandlungen. Die Tschechen bauten bereits Traktoren für die Amerikaner, und zwar unter deren Namen und mit deren grüngelber Firmenfarbe. Diese wurden vom amerikanischen Auftraggeber in erster Linie nach Mexiko exportiert. Und was ein internationaler Markenname ausmacht, sahen die Tschechen schon damals. Launa: »Wir haben unsere roten Traktoren auch selbst in Mexiko angeboten. Aber John Deere konnte die bei uns gebauten grünen, die technisch absolut identisch waren, viel teurer verkaufen.«

1995 zerschlugen sich die Verhandlungen mit dem US-Konzern, weil man sich nicht über die Übernahme der finanziellen Altlasten einigen konnte. »Die Regierung war nicht wirklich an einem Ausländer interessiert«, sagt der Gewerkschafter heute bedauernd. Denn dass man das Geld für die Entschuldung gehabt hätte, zeigte sich zwei Jahre später, als der Staat mit einem Federstrich die Bilanzen bereinigte. Gleich darauf fand sich mit der Prager Außenhandelsfirma Mokotov ein Käufer für 50 Prozent der Anteile. Dahinter standen tschechische Banken und »Leute mit allerbesten Beziehungen«, wie man in Prager Finanzkreisen weiß. Bedingung für die Entschuldung war zwar theoretisch die Suche nach einem strategischen ausländischen Partner, aber wirklich unter Zeitdruck schienen die neuen Besitzer nicht zu stehen. Die weiter anfallenden Betriebsdefizite konnte man wie früher ohnehin der Bank überlassen.

Damit war aber zur Jahreswende 1998/99 Schluss. Plötzlich galten auch für die Konsolidierungsbank striktere Vorschriften. Das Nachschießen von Mitteln an schon überschuldete Firmen war schlagartig zu Ende. »Das ist für uns alle überraschend gekommen«, erzählt Launa. Er weiß, dass die Produktivität seines Unternehmens etwa um ein Drittel unter jener ausländischer Konkurrenten liegt. Der Gewerkschafter ist der Meinung, dass die Firma mittelfristig mit etwa 2.500 Beschäftigten und der Produktion von 10.000 Traktoren pro Jahr überlebensfähig sein könnte. Aber ab Februar gab es für den Zukauf notwendiger Teile kein Geld mehr. Die Fertigung konnte dadurch nicht aufrechterhalten werden. Seine Hoffnungen setzt Launa jetzt auf die Zwischenfinanzierung bis Ende des Jahres und auf die gleichzeitig laufenden Verhandlungen mit internationalen Traktorenherstellern, dem US-Konzern Case und dem italienischen Landini.

Die Situation im Betrieb bleibt in der Zwischenzeit extrem angespannt. Die Hauptaufgabe der Gewerkschafter ist nicht mehr das Verhandeln um Lohnerhöhungen, wie in den ersten Jahren nach der Wende. (Die kommunistischen Gewerkschafter, die bloß Erfüllungsgehilfen des Plans gewesen waren, hatte man gleich abgewählt.) Jetzt steht eher das Beruhigen der Belegschaft im Vordergrund und das Verhindern spontaner Streiks. »Das bringt doch nichts«, weiß Launa, obwohl er einen Teil der Kritik an früheren Management-Fehlern über sich ergehen lassen muss. »Gegen die Manager trauen sich die Kollegen nicht zu schimpfen, also richten sie ihre Wut gegen uns. Manche glauben, dass wir an der Misere des Unternehmens schuld sind.«

In den letzten Monaten, als es verordnete Zwangsurlaube gab und nur ein Teil der Löhne schleppend ausbezahlt wurde, teilte auch der Gewerkschafter das Schicksal seiner Kollegen. »Meine Frau ist frühpensioniert und bekommt eine kleine Invalidenrente. Davon haben wir in den letzten Monaten gelebt.« Seine Ersparnisse hatte er im Jahr davor bei der Renovierung seines Einfamilienhäuschens verbraucht. »Von den Kindern nehme ich nichts«, gibt sich der 58jährige Vater zweier erwachsener Töchter standhaft und stolz. »Wenn es hier ganz zusammenbricht, dann muss ich mir halt für die letzten Jahre bis zur Pension noch etwas anderes suchen.« Aber aufgegeben hat er die Hoffnung für sein Unternehmen noch nicht.

## Katka Biglová: Eine Zukunft für die jüdischen Kinder von Prag

»Dort drüben war die Sammelstelle für die Transporte ins KZ.« Katka Biglová zeigt dem Besucher nicht die romantisch verklärten jüdischen Sehenswürdigkeiten, die in jedem Führer zu finden sind – wie die gotische Synogoge Altneuschul, den jüdischen Friedhof mit seinen unzähligen schiefen Grabsteinen oder dem Grab von Rabbi Löw, dem Schöpfer des Golems, wo immer die kleinen Zettelchen mit den frommen Wünschen stecken. Frau Dr. Biglová bleibt bei ihrer Tour aber auch nicht in der Vergangenheit stecken. Nach Hitlers Vernichtungslagern und nach den Kommunisten mit ihrer eigenen Version von Hexenprozessen und Unterdrückung von Freiheit und Glauben gibt es heute neues jüdisches Leben in Prag. »Hier, am Altstädter Ring, hatte die kommunistische Stadtpartei ein nobles Büro. 1990 war dann in einem dieser Stockwerke ein jüdisches Kulturzentrum.« Um ihr Englisch zu verbessern, hat sie selbst vor kurzem in einem Gebäude der Karlsuniversität am Graben eine »Creative Writing Class« besucht – »genau im selben Raum, in dem ich während meines Studiums Marxismus-Leninismus hören musste.« Sie kann auch gar nicht in der Vergangenheit verweilen. Ihr Beruf zwingt förmlich zu einem Blick in die Zukunft. Frau Biglová ist Direktorin des jüdischen Kindergartens in Prag.

Die Frau Direktor ist nicht in einem Elternhaus aufgewachsen, in dem am Freitagabend die Mutter die Schabbatkerzen anzündete. »Meine Großmutter war noch religiöser, meine Mutter nicht mehr. Aber auch als Kind habe ich immer gewusst, dass wir Juden sind.« Ihre Mutter hatte die Nummer eines Konzentrationslagers am Unterarm eintätowiert. Sie hatte Theresienstadt und Auschwitz-Birkenau überlebt und musste im schrecklichsten aller Lager als Krankenschwester sogar Dr. Mengele bei seinen grausamen Zwillingsexperimenten assistieren. Der Vater, aus einer wohlangesehenen, alten, slowakischen jüdischen Familie stammend, wurde erst in der Slowakei in einem Arbeitslager interniert. Von dort floh er in die Sowjetunion, kehrte in der Uniform der Roten Armee als Fallschirmjäger in seine Heimat zurück und wurde zum Kriegshelden. Als einer von zwei Handvoll Tschechoslowaken, erzählt seine Tochter, wurde er mit dem Roten-Stern-Orden der Sowjets ausgezeichnet. Diesen schickte er allerdings im Herbst 1968 an die sowjetische Botschaft in Prag mit einem Begleitbrief, in dem stand, dass er von Okkupanten keine Ehrungen akzeptiere. Unmittelbar darauf verlor er seinen Arbeitsplatz als Vize-Direktor eines Unternehmens, das Industriegase erzeugte. Bei der folgenden Arbeitssuche wurde er an 36 Stellen abgewiesen. Schließlich konnte er 48jährig durch die Hilfe von Freunden als Portier im Prager Hotel Esplanade unterkommen, wo er bis zu seiner Pensionierung blieb. »Mein Vater war ein Grandseigneur«, erinnert sich die Tochter. Er sprach neben Tschechisch und Slowakisch noch Russisch, Deutsch, Englisch und Französisch und konnte sich auf Jiddisch und Ungarisch verständigen.

Katka Biglová wuchs auf dem Land auf, in einem Dorf unweit von Prag. Sie besuchte dort die Volksschule und hörte die Erinnerungen ihrer Mutter aus der Kriegszeit: »Ich habe gedacht, Auschwitz war ein großes Abenteuer. Sie hat mir nie Horror-Geschichten erzählt.« Erst mit zehn besuchte sie zum erstenmal in Prag den jüdischen Tempel, »aber soweit ich mich erinnere, hat meine Mutter jedes Jahr die Beiträge für die jüdische Gemeinde bezahlt.« Diskriminiert oder verspottet hat man sie als jüdisches Kind nie. Als eine Spielgefährtin einmal fragte, ob ihre Mutter Jüdin sei, wurde alles sachlich erklärt und sie gab sich damit zufrieden. »Wir waren normale Dorfbewohner wie alle anderen. Aber wenn ich heute zurückdenke, waren die Kartenspielpartner meiner Eltern Juden und auch meine engsten Freunde. Irgendwie hat sich das unausgesprochen ergeben.«

Dabei hatte ihr Vater aus Zufall in der sowjetischen Emigration einen Decknamen erhalten, der in der kommunistischen Tschechoslowakei zum Symbol für den Antisemitismus des Regimes werden sollte. Egon Streicher, so hieß er ursprünglich, beteiligte sich an der Befreiung seines Landes mit Dokumenten in der Tasche, die ihn als Juraj Slánsky auswiesen. 1952 wurde der damalige Generalsekretär der tschechoslowakischen KP, Rudolf Slánsky, wegen einer angeblichen »trotzkistisch-zionistisch-titoistisch-bürgerlich-nationalistischen« Verschwörung vor Gericht gestellt und anschließend gehenkt. »Ich war damals noch klein, aber ich kann mich genau erinnern«, erzählt Frau Biglová heute. »Wir sind damals in der Küche rund ums Radio gesesen. Die Luft war so angespannt, dass man sie mit der stumpfen Seite eines Messers hätte schneiden können.« Sechzehn Jahre später, im August 1968, sollte Katka selbst vor einem Mikrofon sitzen. Nach dem Einmarsch der sowjetischen und Warschauer-Pakt-Truppen in Prag hielt sich noch wenige Tage lang ein unabhängig sendendes Radio, das vor allem mit aktuellen Informationen aus der tschechischen Armee beliefert wurde. Katka Slánská, damals gerade 19 und erst seit einem Jahr Studentin an der Karlsuniversität, moderierte Sendungen. »Es gab noch Jahre später Menschen, die meine Stimme erkannt haben«, erinnert sie sich. Das Auflehnen gegen die Gewalt dauerte aber nur kurz. Danach folgten die Jahre der kalten Normalisierung unter dem KP-Regime. Katka studierte Pädagogik und Psychologie, und wie von anderen Studenten verlangte man auch von ihr eine schriftliche Loyalitätserklärung. Sie rettete sich mit einer zweideutigen Formulierung vor dem Hinauswurf aus der Uni: Sie sei niemals eine Unterstützerin von Diktatur oder Anarchie gewesen. Das genügte – auch die Regierungsstellen wollten ihre Gegenüber nicht direkt in die Opposition drängen.

Nach dem Studienabschluss folgten mehrere Jobs als Psychologin. Zuerst arbeitete sie in einem Kinderheim, dann an der Akademie für Wissenschaften. Letztere Stelle hatte sie übrigens bekommen, weil der vor ihr gereihte Kollege als Dissident abgelehnt wurde, und er selbst sie dazu gedrängt hatte, den Posten anzunehmen. Sie blieb vier Jahre, »aber wir haben dort keine richtige Wissenschaft, sondern bloß unsinnige Studien betrieben, und ich wollte eigentlich etwas Vernünftigeres mit meiner Ausbildung machen.« Später begann sie für die Stadtgemeinde Prag als Kinderpsychologin zu arbeiten. »Da habe ich wohl am meisten gelernt. Ich habe mit Prostituierten und ihren Kinden zu tun gehabt, mit Teenage-Müttern und allen möglichen Problemen.« Doch dann kamen die Ehe mit ihrem Mann, einem Philosophen, und die Geburt ihres Sohnes dazwischen.

Nach einer dreijährigen Kinderpause und einer kurzen Krankheit arbeitete sie in der Ambulanz einer psychiatrischen Klinik. 1994 las sie ein Zeitungsinserat, dass die jüdische Gemeinde jemanden suche, der einen neu zu gründenden Kindergarten leiten sollte. Das klang vielversprechend.

Die einst stolze jüdische Gemeinde von Prag war von den Nazis, ähnlich wie die jüdischen Gemeinden in anderen Ländern Mitteleuropas, fast völlig entvölkert worden. Von den 92.000 Juden in Böhmen und Mähren sind fast 80.000 in Theresienstadt und Auschwitz umgekommen, und bloß 15.000 überlebten. In den ersten Jahren der kommunistischen Diktatur emigrierte noch einmal ein Teil der wenigen Überlebenden nach Israel oder Amerika. Heute zählt die jüdische Gemeinde in der Tschechischen Republik etwa 3.000 Mitglieder, inklusive der nichtregistrierten Juden dürften es zwischen 5.000 und 10.000 sein.

Frau Biglová bewarb sich auf das Inserat mit folgender Überlegung:»Ich habe neunzehn Jahre mit Problemkindern zu tun gehabt. Jetzt möchte ich einmal mit normalen Kindern arbeiten.« Außerdem bot ihr die Stelle erstmals die Möglichkeit, ihren Beruf und ihre Religion zu verbinden.

Der Kindergarten, den sie im Herbst 1994 mit neun Mädchen und Buben eröffnete – heute spielen und lernen dort 25 Kinder –, wird gemeinsam von der jüdischen Gemeinde und einer amerikanischen Stiftung betrieben. Ronald S. Lauder, der Sohn der Firmengründerin des Kosmetikkonzerns Estée Lauder aus New York, war ein gutausgebildeter, wohlhabender Beamter in den USA und bezeichnete sich selbst als»Dreitagesjuden«. Er hielt also bloß die großen Feiertage ein und kümmerte sich sonst nicht viel um Religion und Herkunft. Mitte der 80er Jahre amtierte Lauder kurz als amerikanischer Botschafter in Wien, von wo er die damals noch kommunistischen Nachbarstaaten bereiste. Er begann auch, sich für seine eigene slowakisch-ungarische Familiengeschichte zu interessieren. Am traurigsten bei seinen Fahrten in den Osten machten ihn die kleinen Gruppen alter Menschen, die sich in den riesigen, einst prachtvollen Bethäusern zusammenfanden. Er beschloss, mit einem Teil seines Erbes etwas zur Wiederbelebung der jüdischen Traditionen in den Ruinen beizutragen.»Hitler darf nicht im Nachhinein siegen, indem die Juden hier fünfzig Jahre nach dem Krieg verschwinden«, begründete Lauder sein Engagement. Noch 1987 gründete er eine Stiftung, und bald begann diese in einem ostmitteleuropäischen Land nach dem anderen Schulen und Kindergärten zu eröffnen. Damit sollte einer neuen Generation die Möglichkeit einer jüdischen Ausbildung gegeben werden. Frau Biglová:»Es geht vor allem einmal um die Identität. Es ist nicht so wichtig, ob jemand religiös ist oder nicht. Die Kinder sollen die Chance bekommen, ihre Kultur und auch die Religion kennenzulernen. Was sie damit machen, ist dann ihre Sache.«

Heute reicht das Netzwerk der Ronald S. Lauder Foundation von Minsk in Weißrussland bis Warschau, Bukarest und Sofia. In Budapest und Wien wurden mit großen Investitionen moderne neue Schulen gebaut, in Berlin kümmert sich die Stiftung um die Kinder russischer Juden, die vor neuem Antisemitismus nach Deutschland geflohen sind. 36 einzelne Schulen, Kindergärten und Projekte werden finanziert und betreut. Dazu gehören auch Feriencamps für arme Kinder in Polen und Ungarn oder Jugendzentren in mehreren polnischen Städten.

»Einst haben Juden aus Ostmitteleuropa Gemeinden in den USA gegründet«, sagt Frau Biglová.»Heute geht die Hilfe in die umgekehrte Richtung. Es ist eine Kette, die man nicht abreißen lassen sollte. Und ich bin ein Glied in dieser Kette.«

# Martin Nejedlý: Vor dem Uni-Diplom schon in der Investmentbank

»Martin ist heute nicht im Büro. Versuchen Sie es am Mobiltelefon, ich glaube, er ist in Genf.« Martin Nejedlý hebt schon nach dem zweiten Läuten ab. Er antwortet aber nicht aus der Schweiz, sondern aus der Londoner City. Nächste Woche wird es schwierig mit einem Termin in Prag, da arbeitet er bis Donnerstag in Warschau.

Der 24jährige hat das Ökonomiestudium an der Prager Universität gerade erst im Frühjahr mit einem Magister der Finanzwissenschaften abgeschlossen. Aber schon vor drei Jahren hatte er begonnen, neben dem Studium bei der Prager Investmentbank Wood & Company zu jobben. Schnell verschoben sich die Relationen. Die Arbeit wurde immer wichtiger, das Studium auf die Abende und Wochenenden verdrängt. »Mit meinen Professoren konnte ich mich arrangieren«, erzählt er. »Wir haben ein Credit-System. Da sind nur die Prüfungen wichtig und nicht, ob man in den Vorlesungen sitzt. Außer bei den Sprachkursen gibt es eigentlich nirgends eine Anwesenheitspflicht.«

Dabei gehörten gerade seine Sprachkenntnisse zu den wichtigsten »Assets«, die Martin zu seinem schnellen Aufstieg in der internationalen Bank verholfen hatten. 1975 im mährischen Brünn geboren, wuchs er in der Provinz auf. Beide Elternteile arbeiteten als Ingenieure und legten großen Wert auf Bildung. »Vor allem mein Vater«, sagt er, »konnte neben Russisch sehr gut Englisch. Vor der Wende war das eher selten.«

Martin belegte daher schon in der Grundschule in der 70.000-Einwohner-Stadt Přerov unweit von Olmütz am Nachmittag Förderkurse für Russisch und Englisch. Im Gymnasium brachte ihn das in eine Begabtenklasse. Auch beim Ökonomiestudium in Prag, das er vor dem Magistergrad mit einem Baccalaureat für internationalen Handel abgeschlossen hatte, waren die Sprachkenntnisse von Vorteil. Die Tennis-Karriere, von der er als Jugendlicher geträumt hatte, musste er allerdings wegen eines Problems mit der Wirbelsäule aufgeben. Als 14jähriger rangierte er in der an Talenten reichen Tschechoslowakei unter den Top-15 und spielte öfters mit Gleichaltrigen, die heute in die Weltrangliste aufgestiegen sind. Immerhin ersparte ihm sein Bandscheibenproblem später den Militärdienst. Für gelegentliche Hobby-Spiele im Uni-Team ist er heute aber wieder fit genug.

Dafür bleibt jetzt freilich wenig Zeit. Martin arbeitet elf bis zwölf Stunden am Tag und zumindest ein Drittel jedes Wochenendes, meist den Sonntagnachmittag, als Vorbereitung auf die kommende Woche. Seit einigen Monaten kommt noch das Pendeln mit dem Nachtzug nach Warschau dazu, wo er meist von Montag bis Donnerstag spätabends in einer Firmenwohnung ins Bett sackt, um den Freitag dann wieder im Hauptquartier der Bank in Prag zu verbringen.

Martin Nejedlý ist bei Wood & Company für den Bankenresearch zuständig. Als regionaler Banken-Analyst beobachtet er vor allem die 16 großen börsennotierten Geldinstitute in der Tschechischen Republik, in Polen und in Ungarn auf alle Details hin, die den Börsenkurs beeinflussen könnten. Zu diesem Zweck hat die Investmentbank für jedes Unternehmen ein Modell erstellt, mit dessen Hilfe man etwa zweijährige Vorschauen erstellen kann. Außerdem beinhaltet dieser Job die ständige Analyse der Betriebsergebnisse dieser Unternehmen. Dazu gehört genaues Zeitungsstudium, um herauszufinden, wie es deren größten Schuldnern in der Industrie gerade geht. Vor allem ist dafür auch ein sensibles Hineinhören in die Politik nötig. »Oft hängt die Börsenentwicklung nicht von Marktdaten ab, sondern von politischen Entscheidungen«, berichtet Nejedlý. So sei etwa bei den Kursen der großen halbstaatlichen Banken Komerčni und Spořitelna, die vor ihrer Privatisierung stehen, bereits ein relativ großer Sanierungsbeitrag des Staates für faule Unternehmenskredite eingerechnet. »Wenn dieser Beitrag kleiner ausfällt als erwartet, brechen die Börsenkurse ein.«

Nejedlýs Arbeit findet aber nicht nur im Büro vor dem Bildschirm statt. Er muss auch hinaus zu den Kunden. Er verkauft zwar selbst keine Aktien, aber gelegentlich begleitet der Analyst einen Klienten zu dessen Gesprächen mit Investoren nach London. »Natürlich haben wir einen Hintergedanken dabei«, plaudert er aus der Schule. »Die Fondsmanager merken sich unseren Namen, und vielleicht platzieren sie dadurch ihre Orders bei unserer Bank.«

Wood & Company bezeichnet sich in einem Firmenprospekt

selbst als »eine der ältesten und größten Broker-Firmen in Prag«. Bei der kurzen Börsengeschichte nach dem Kommunismus ist das aber relativ. Der Engländer Richard Wood, bei der Investmenbank Salomon Brothers in London als »Vice President« in einem Spezialbereich des Bondmarktes tätig, schmiss 1991 zum Unverständnis seiner Kollegen seinen hochbezahlten Job hin und machte sich auf nach Prag. Zuerst wollte er im Bereich Corporate Banking als Berater bei Firmenübernahmen Fuß fassen, aber das Interesse war denkbar gering, da die Tschechen auf ihre nationale Coupon-Privatisierung setzten. Also eröffnete er eine Börsenmakler-Firma, die neben der Schweizer Großbank Credit Suisse First Boston eine der ersten am Prager Markt war.

Wood war äußerst erfolgreich. Innerhalb weniger Jahre wurde sein Unternehmen in Prag zu einer der ersten Adressen, es folgten Expansionsschritte nach Budapest, Warschau, Kiew und ins Auge des Taifuns – nach London. »Dort sitzen vor allem Verkäufer, um die Kontakte zu den Investoren zu halten«, erklärt Nejedlý. »Die Researcher und Analysten bleiben in den einzelnen Ländern nahe an den Märkten.« Nur die Slowakische Republik betreue man von Prag und Budapest aus mit, der Markt sei noch zu unbedeutend, um ein eigenes Büro zu eröffnen.

Wood & Co beschäftigt mittlerweile 120 hochqualifizierte Mitarbeiter, davon allein 60 in der Prager Zentrale. Diese ist mit allen möglichen Urkunden geschmückt, auf denen »Euromoney« seine »Awards for Excellence« bestätigt, einmal für »Best Broker« in Tschechien, ein andermal für »Best Securities Firm«. Richard Wood kontrolliert als Hauptaktionär das Unternehmen selbst. Neben ihm halten zehn Partner Anteile, und fünf Junior Partner sitzen auf Optionen, die ihnen später einmal Anteile einbringen können. Einer von ihnen ist Nejedlý.

Er ist davon überzeugt, 1996 gerade noch rechtzeitig den Einstieg in die Bankenkarriere geschafft zu haben, obwohl er mit dem Studium noch nicht fertig war. »Damals waren nur drei Voraussetzungen nötig: Man musste gut Englisch können, sich mit Computern auskennen und lernfähig sein.« Wer sich in einer dreimonatigen Probezeit bewährte, wurde an Bord genommen. Martin war über einen Studienkollegen vermittelt worden, und er schaffte sowohl die Aufnahme als auch die Probezeit ohne Probleme. »Heute ist der

Arbeitsmarkt für Einsteiger schon viel schwieriger.«In den letzten paar Jahren hätten die Universitäten genügend Absolventen hervorgebracht, die bereits über Kenntnisse der Finanzmärkte verfügten, sodass die Banken heute ihre neuen Mitarbeiter sorgfältiger aussuchen könnten.»Diejenigen, die aufgenommen werden, haben auch nicht mehr die Möglichkeiten, so schnell aufzusteigen«, erzählt Nejedlý.

Heute verfügt er für einen jungen Mann, der gerade das Studium beendet hat, über erheblichen Einfluss. Er kann die Großbank Komerčni in seinen Empfehlungen an die großen internationalen Investoren auf»Halten« bzw.»Spekulativen Kauf« setzen. Der großen Sparkasse Spořitelna hat er kürzlich gar ein»Verkaufen« verpasst, weil ihm der Kurs schon zu hoch schien. Dabei geht es um riesige Summen, nicht zuletzt für den Staat, der gerade versucht, die beiden Banken mehrheitlich an internationale Finanzkonzerne zu verkaufen.

An der großen tschechischen Coupon-Privatisierung lässt auch der Jungbanker kein gutes Haar.»Das war mehr Fehlschlag als Erfolg«, konstatiert er.»Es haben gerade die Schlüsselelemente einer Privatisierung gefehlt: wirkliches Geld einzunehmen, wirkliche Eigentümer zu bekommen und von ihnen dann wirkliches Know-how zu erhalten.« All das habe man verabsäumt, ebenso die notwendige Umstrukturierung der Unternehmen,»und rundherum gab es eine Fülle undurchsichtiger Machenschaften«.

Eventuell hätte diese Art der Privatisierung funktionieren können, wäre damals schon ein strikteres Rechtssystem in Kraft gewesen, das die Aushöhlung der Unternehmen verhindert hätte. Aber darüber heute zu diskutieren sei müßig.»Wir haben auf jeden Fall viel unnötige Zeit verloren«, kritisiert der Banker.»Mit dem Verkauf der Unternehmen stehen wir jetzt dort, wo die Ungarn vor einigen Jahren waren.« Im Verlauf dieser Jahre hätten zahlreiche Menschen erhebliches Lehrgeld bezahlt – Tschechen wie Ausländer. Nejedlý vergleicht die Börsenkurse zweier tschechischer Industriegiganten zum Höchststand vor einigen Jahren und mit dem heutigen Kurs: »ČKD notierte einst bei 1.300 Kronen und hält heute bei 50. Škoda-Pilsen, nicht zu verwechseln mit Škoda-Auto, war schon bei 1.200 und pendelt jetzt zwischen 120 und 130 Kronen. Diese Aktien sind eigentlich vom Markt weg.« Für die nächsten Monate er-

warte er die Zerschlagung dieser Industriegruppen und den stück-
weisen Abverkauf der lebensfähigen Tochterfirmen an ausländische
Konzerne. Nejedlý selbst sammelt jetzt auch Auslandserfahrung.
Wood & Company wurde, wie andere Investoren auch, vom Zusammenbruch des russischen Marktes getroffen. Insbesondere die damit
verbundene Abwendung der internationalen Fonds von Ostmitteleuropa hat sich auf die Investmentbank ausgewirkt. Man musste
beim Personal sparen »und hat dann jene abgebaut, die nicht überdurchschnittlich waren«. In Polen wurde der Bankenanalyst gekündigt, und zusätzlich zu seinen eigenen Recherchen über die ganze
Branche in der Region hat Nejedlý nun auch dessen Funktion mit-
übernommen. »Ich denke, dass ich etwa zwei Jahre in Warschau
bleiben werde«, plant er jetzt. Er lernt Polnisch und fährt praktisch
jedes Wochenende mit dem Schlafwagen nach Prag – ins Büro und
zu seiner Freundin. Diese arbeitet am Altstädter Ring als Research
Analyst bei Credit Suisse First Boston und möchte ihren Job nur
ungern aufgeben.

Bei Wood & Company bleiben will er trotz gelegentlicher ver-
lockender Angebote von internationalen Headhuntern. Erstens gefällt ihm die Arbeit, zweitens wird er gut bezahlt und drittens ist da
noch die Option des Junior Partners. Sollte die Bank einmal selbst
an der Börse notieren, könnten diese Anteile dann ein kleines Vermögen wert sein.

# Ungarn: Hightech für den Weltmarkt

Sie sind ganz bei der Sache und doch stolz wie Firmlinge. Jeweils zwei junge Frauen in knallroten Overalls sitzen mit einem Laptop bewaffnet in einem silberglänzenden Audi-Sportwagen. Dieser gleitet noch langsam am Förderband dahin, bevor er erstmals mit eigener Kraft zu rollen beginnt. Die Bordelektrik muss noch durchgecheckt werden. Die Facharbeiterinnen gehen die einzelnen Funktionen wie Piloten vor dem Start mit Routine durch – konzentriert und selbstbewusst. Die gleißendhelle Montagehalle voll geschäftigen Lebens scheint Kilometer entfernt.

Dabei gäbe es Ablenkung genug in den klinisch-reinen Fabrikshallen im ungarischen Györ. 3.200 Menschen bauen hier Autos und Motoren, schrauben und passen ein, heben und prüfen. Unweit der Laufbänder schleifen, bohren und fräsen die verkapselten Bearbeitungsautomaten an Motorblöcken und Zylinderköpfen. Von den Ersatzwerkzeugen und Bohrern, die für alle Fälle bereitgehalten werden, kann man auf die engen Toleranzen schließen. Es geht um tausendstel Millimeter, die Geräte ähneln jenen von Zahnärzten, der Motorenbau nähert sich schon fast dem Uhrmacherhandwerk an. Und zwischen Feinmechanik mit elektronischer Steuerung und handwerklicher Montage auf höchstem Niveau pendelt auch die Arbeit in der Fabrik. Im Herbst 1998 verließen täglich 120 TT-Coupés die Halle, dann fuhr man langsam auf 200 pro Tag hoch. Mehr als 40.000 Coupés und Roadster will man 1999 ausliefern. Die Märkte würden sogar noch mehr vertragen.

Das Zahlenwerk beim Motorenbau kennt noch zusätzliche Nullen. 4.000 Stück werden jeden Tag auf Eisenbahnwaggons verladen und über Nacht quer durch Österreich nach Ingolstadt transportiert, Vierzylinder, V-Sechser, V-Achter, Turbodiesel. Eine Million Motoren fertigte Audi Ungarn im Geschäftsjahr 1998. 600.000 für Audi, den Rest für andere Konzernmarken, für Volkswagen, Škoda und Seat.

Der Autokonzern mit den vier Ringen in seinem Logo ist nur eines der Erfolgsbeispiele der neuen ungarischen Wirtschaft. Die

Zahlen von Audi, eine Verdreifachung des Umsatzes 1997 und eine weitere Verdoppelung 1998, schlagen sich auch in den Exporten des gesamten Landes nieder.

Von 1993 bis 1997 konnten die Magyaren ihre Exporte um mehr als 100 Prozent steigern, auf 19 Milliarden US-Dollar. 1998 legte man noch einmal kräftig zu: auf 22,2 Milliarden US-Dollar. Das war ungefähr das Doppelte von 1995. Zum Vergleich: Österreichs Gesamtexporte 1998 betrugen 763,8 Milliarden Schilling bzw. rund 110 Milliarden D-Mark. Das war nicht einmal mehr das Dreifache der ungarischen Exporte, und Österreich konnte sich diese Position über Jahrzehnte der Annäherung und Integration in die Europäische Gemeinaft aufbauen, zuerst im Rahmen der EFTA, dann der EG-Assoziation und schließlich mit dem EU-Beitritt.

## Vom COMECON in den Westen
Ungarn galt vor der Wende als eines der liberalsten Länder in Osteuropa. Parteichef János Kádár hatte in seiner langjährigen Herrschaft einen Mini-Wohlstand und, im osteuropäischen Vergleich, eine Art Wohlfahrtsstaat auf mittlerem Niveau geschaffen. Der gesellschaftlich-politische Konsens nach dem blutigen Bürgerkrieg von 1956 mit seinen Folgen der Massenemigration und der Säuberungen quer durch die Partei schien sich vereinfacht folgendermaßen darzustellen: Die Partei versuchte einen möglichst hohen Lebensstandard zu gewährleisten, dafür erhielt sie im Gegenzug von der Bevölkerung ein Minimum an Akzeptanz und Loyalität, selbst wenn die kommunistischen Parolen zu oberflächlichen Lippenbekenntnissen geronnen waren.

Dieses Equilibrium kam auch in Ungarn in den 80er Jahren unter immer größeren Druck. Wirtschaftliche Probleme im Inland und innerhalb der Wirtschaftsgemeinschaft COMECON führten zu einer rapide zunehmenden Verschuldung des Landes. Intellektueller Dissens wurde wieder stärker, er konzentrierte sich vor allem rund um die Samisdat-Publikation Beszélö und den ökologisch orientierten Donaukreis (Duna Kör), der im Kampf gegen ein Riesenkraftwerk an der slowakisch-ungarischen Grenze wiederholt Menschen zu Massenkundgebungen auf die Straße brachte. Erste vorsichtige Versuche von demokratischen Alternativen bei Wahlen gab es wohl schon 1985, allerdings mussten noch alle Kandidaten wenn schon nicht der Partei so doch der Dachorganisation »Patriotische Volksfront« angehören.[1] Innerhalb der ungarischen KP arbeiteten sich dann aber in der zweiten Hälfte der 80er Jahre immer mehr junge Reformer nach oben. Auf einem Parteikongress im Mai 1988 gelang es sogar, Kádár abzusetzen und ein kommunistisches Denkmal vom Sockel zu stürzen.

Um die desolate Wirtschaft zu sanieren, entwickelten die Reformer ein striktes Sparprogramm, das vorsichtige Schritte in Richtung Marktwirtschaft mit einer Forint-Abwertung und ersten Massenkündigungen verbunden hatte. Die kommunistischen Machthaber ließen sogar vereinzelt Unternehmen in Konkurs gehen, was in Osteuropa bis dahin unmöglich war. Auf der politischen Ebene durfte sich die Opposition als »Demokratisches Forum« und als »Freie Demokraten« etablieren, wenn auch das Monopol der KP noch nicht gefallen war.[2]

Zur Jahreswende 1988/89 beschloss das ungarische Parlament einige wichtige Gesetze, wie jenes über die Versammlungsfreiheit und ein Mehrparteiensystem. Im Februar gab die KP dann ihre »führende Rolle« im Staat formell auf. Es folgten monatelange harte Verhandlungen am runden Tisch zwischen kommunistischen Politikern und den neu organisierten demokratischen Oppositionellen über die Übergangsschritte zu einem freien demokratischen System. Die Demokraten fürchteten, dass die kommunistischen Kader ihre Herrschaft aus dem alten System mit verschiedenen Tricks ohne Unterbrechung hinüberretten könnten und dass sich vor allem die Schlauesten unter ihnen mittels unsauberer Insider-Privatisierungen neue Machtblöcke in der Wirtschaft sichern würden. Es hatte bereits genügend Beispiele für derartige unkontrollierte Privatisierungen gegeben.

Trotz der teilweise schrillen Rhetorik ging der Übergang aber friedlich und zivilisiert vor sich. Auch als bei den ersten freien Wahlen im Frühjahr 1990 die Kommunisten von den Konservativen klar abserviert wurden, hielt das neue politische Arrangement. József Antall vom Ungarischen Demokratischen Forum bildete gemeinsam mit der Partei der Kleinen Landwirte und der Christlichdemokratischen Volkspartei eine Regierung. Die Kommunisten gingen in die Opposition. Man einigte sich auf den liberalen Schriftsteller Árpád Göncz als Staatspräsidenten.

## Der Weg in die Krise

Wirtschaftlich brachte die neue Regierung vor allem Enttäuschungen: »Inaktivität und Trägheit dominierten das ungarische politische Leben.«[3] Die Konservativen an der Macht bedienten erst einmal ihre eigene Klientel, etwa die Bauern mit komplizierten Rückstellungsgesetzen für enteigneten Agrarbesitz. Daneben tauchten recht schnell Korruptionsvorwürfe gegen alle möglichen Politiker auf. Schließlich zerbrach auch eine der Koalitionsparteien, jene der Kleinlandwirte, als sich der rechtsradikale Politiker István Czurka selbstständig machte.

Ökonomisch ließ man die Zügel schleifen. Es gab keine klaren Entscheidungen über eine Privatisierungspolitik. Im Kampf gegen die ansteigende Arbeitslosigkeit pumpte man ganz im Gegenteil große Summen in marode Staatsbetriebe. Die ohnehin hohe Staatsschuld wuchs weiter an, und als 1991 der COMECON zerbrach, war die Krise da. Die ungarische Wirtschaft stürzte ab. Das Bruttoinlandsprodukt, das schon 1990 um drei Prozent geschrumpft war, fiel noch einmal um beinahe zwölf Prozent, die Industrieproduktion gar um mehr als 16 Prozent.[4]

Das Aufräumen dieses Trümmerfeldes sollte der neuen Regierung vorbehalten sein. 1994 feierten die ehemaligen Kommunisten als »Ungarische Sozialistische Partei« ein Comeback. Unter ihrem neuen Parteichef Gyula Horn schafften sie sogar die absolute Mehrheit. Dieser lud aber, nicht zuletzt um den kritisch zuschauenden Westen zu beruhigen, auch die Liberalen (SzDSz) in die Regierung ein. Die Linksregierung krempelte die Ärmel auf und tat genau das Gegenteil dessen, was sie ihren Wählern versprochen hatte, nämlich Sparen und Leistungen des Staates kürzen. Sie sah sich am Rande des finanziellen Abgrunds zu einem brutalen Austerity-Programm gezwungen: Die Währung musste stabilisiert werden. Die überbordenden Staatsausgaben mussten eingedämmt werden. Und schließlich waren schnelle Maßnahmen gegen das rapide ansteigende Leistungsbilanzdefizit notwendig.

Die Bevölkerung ächzte unter den zusätzlichen Belastungen, viele wurden in die Armut getrieben. Die Palette der Maßnahmen reichte von Studiengebühren bis zu drastischen Miet-, Strom- und Gaspreiserhöhungen. Dazu kamen eine Abwertung des Forint, eine generelle Importabgabe und ein Lohnstopp. Überdies schraubte der Staat seine Investitions- und Fördertätigkeit zurück.

Die Folgen sind leicht auszumachen: Das Realeinkommen der Bevölkerung schrumpfte zweistellig, der Binnenkonsum und die Importe brachen ein. Und schließlich wurden auch viele Unternehmen bei den Investitionen vorsichtiger. »Es war ein klassisches makroökonomisches Stabilisierungsprogramm«, rekapitulieren die beiden Ökonomen László Halpern und Charles Wyplosz.[5] Ungarn war bereits knapp vor einem finanziellen Absturz wie Mexiko gestanden, aber nun gelang es der Regierung, mit ihrer »Schocktherapie« wieder internationales Vertrauen herzustellen.

Das Laufenlassen der Staatsausgaben und die fehlende Privatisierung waren die eine negative Seite der Bilanz der konservativen Regierung. Von der internationalen Öffentlichkeit weit weniger beachtet hatte sie aber gleichzeitig einige entscheidende Weichen für die Zukunft der ungarischen Wirtschaft gestellt. Dazu gehörte unter anderem die Einführung eines Konkursgesetzes, das in der Anfangsphase auch recht konsequent umgesetzt worden war. Einige tausend schlecht gehende Unternehmen wurden in den Jahren 1992/93 vom Markt gedrängt, und das schuf die Voraussetzung für ein Wachstum aus Ruinen. Tatsächlich erhöhte sich durch den Wegfall der schwächsten Performer die Produktivität in der Industrie sofort. »Keine andere Transformationsökonomie hat so schnell so viele Unternehmen zugesperrt und dabei riskiert, dass eher potentiell profitable Firmen untergehen als dass andere überleben, die dann ohnehin zusammenbrechen. Diese Maßnahme ist mit ein Grund dafür, dass Ungarn auf dem Transformationspfad am weitesten fortgeschritten ist.«[6]

## Ausländer rein – die Investoren kommen

Allein mit dem Zusperren maroder Unternehmen war es aber nicht getan. Es musste auch Ersatz für sie geben. Eine neue Dynamik, neue Technologien und neue Jobs für die freigesetzten Arbeitnehmer waren nötig. Dies konnte nur von zwei möglichen Akteuren umgesetzt werden. Entweder gab es genug einheimische Großbetriebe, die wachsen und investieren würden, oder man lockte internationale Investoren ins Land, die das industrielle Vakuum auffüllten. Dass eine Vielzahl von landeseigenen kleinen Firmengründungen ebenfalls Arbeitsplätze schaffen würden, schien selbstverständlich – zur Leistungsbilanz und zur technologischen Modernisierung des Landes würden sie aber wenig beitragen.

Über die Eigentümerschaft in der Industrie gab es lange kein klares Konzept. Man sprach verwaschen von einem »Gradualismus«, das heißt, man wollte keine schnellen Entscheidungen für das eine oder andere System treffen. Wie in anderen Ländern auch, gab es Vorurteile gegen den »Ausverkauf« ans internationale Kapital. Wenn in Einzelfällen doch Entscheidungen für den Verkauf ans Ausland getroffen wurden, ergaben sich bei den Verhandlungen oft gewaltige Probleme.

»Es hat große Illusionen über den Wert der ungarischen Hardware gegeben«, erinnert sich der Vertreter eines deutschen Weltkonzerns, der im Osten neue Projekte untersuchte. »Immer wieder versuchten ungarische Verkäufer bei Verhandlungen mit West-Managern die Preise auszureizen, manchmal bis zum Abbruch der Gespräche. Der Tenor unter letzteren war nicht selten: ›Vergiss dieses Land.‹«

Die Probleme in Ungarn spitzten sich aber bald derartig zu, dass kaum andere Optionen als der rasche Abverkauf blieben. Die Auslandsverschuldung war noch als Erbe der kommunistischen Regierung die höchste in der Region. Im Gegensatz zu den Polen entschieden sich die Ungarn dafür, diese Schulden zu bedienen und damit für westliche Investoren glaubwürdig zu sein. »Es war aber nicht bloß eine Sache der Ehre, wie man heute manchmal sagt«, schränkt Werner Varga, Osteuropa-Ökonom der Wiener Creditanstalt, ein. »Ein Großteil der ungarischen Schulden waren keine Bankkredite, sondern bereits am internationalen Bondmarkt weiterverkaufte. Da kann man nicht so leicht etwas nachlassen.« Mindestens ebenso drückend war die rapide steigende Arbeitslosigkeit in den ungarischen Industriestädten. Als die Bürgermeister merkten, dass aus Budapest nur wenig Hilfe zu erwarten war, fingen sie an, selbst im Westen auf Investorensuche zu gehen. Wie sich im nachhinein zeigte, hatten sie damit in manchen Regionen außerordentliche Erfolge. Einige Komitate in Westungarn weisen dreistellige Zuwachsraten bei der Industrieproduktion auf. Gegen das Wachstumsdreieck Sopron-Györ-Székesfehérvár, zwischen Budapest, dem Plattensee und der österreichischen Grenze gelegen, fällt Ostungarn allerdings immer krasser zurück.

Dieser Exportboom zeigt auch, wie dramatisch sich die ungarische Wirtschaft seit dem Ende des Kommunismus umorientiert hat.

Die EU dominiert den Außenhandel, die regionalen Geschäfte unter den Reformstaaten nehmen nur zögerlich zu, Russland spielt mit fünf Prozent bei Exporten und weniger als zehn Prozent bei Importen kaum mehr eine Rolle. Deshalb hat auch die dortige Krise der Budapester Börse weit mehr geschadet als den produzierenden Branchen. Der Kapitalmarkt erholt sich aber wieder langsam.

Die Exporterfolge gehen zum überwiegenden Teil auf ausländische Investitionen zurück, denn nur wenige genuin ungarische Produkte waren auf den Westmärkten abzusetzen. Das Land hat mit 22,5 Milliarden US-Dollar bisher nach Polen mit 30,7 Milliarden, das meiste ausländische Kapital angezogen. Pro Kopf ist die Quote an Direktinvestitionen im ganzen ehemaligen Ostblock unerreicht. Selbst wenn man jene Summen abzieht, die in die Übernahme von Banken, E-Werken oder Telefonlizenzen geflossen sind, blieb für die Industrie immer noch ein großer Brocken übrig.

## Warum Ungarn?

Als der deutsche Autohersteller Audi 1992 nach Ungarn kam, fuhr man im Konzern eine gewagte Strategie. Nicht nur das wichtigste Volumensmodell, der A4, sollte neu sein, sondern auch der Motor, ein Fünfventiler, und dazu auch noch die Fabrik, in der dieser montiert wird. Außerdem würde das Motorenwerk in einem neuen Land stehen. »Man könnte das ›riskant‹ nennen«, schwächt Audi-Ungarn-Geschäftsführer Karl Huebser rückblickend ab, »ich würde eher sagen ›mutig‹. Wir haben vorher sehr genau recherchiert.«

180 Standorte in ganz Europa wurden systematisch abgeklopft, am Ende blieben fünf übrig, darunter zwei in Ostdeutschland, einer in Oberösterreich, die Škoda-Stadt Mladá Boleslav in Böhmen und das ungarische Györ. »Die Lohnkosten waren mit Relationen von 1:6 bis 1:8 gegenüber dem Westen sicher ein Argument«, gibt Huebser zu. Aber bei einem Kostenanteil von weniger als zwei Prozent am kapitalintensiven Motorenbau seien diese nicht das ausschließlich Entscheidende gewesen. »Wir konnten hier das eingesetzte Kapital rund um die Uhr nutzen«, argumentiert der Manager. Natürlich würden Nachtzuschläge bezahlt, und es gebe ein Gesetz zur Regelung der Maximalarbeitszeiten und Überstundenzuschläge. »Aber wir sind hier viel flexibler. In Deutschland muss ich mich dauernd mit dem Gewerbeaufsichtsamt herumschlagen.«

Schließlich war von Györ aus das 600 Kilometer entfernte Ingolstadt per Nachtzug gut zu erreichen, überdies bot die Stadt auf dem Gelände der schwer angeschlagenen Waggon- und Landmaschinenfabrik Rába eine halbfertige Halle mit fast vollständiger Infrastruktur an. »Das war ideal«, so Huebser. »Wir konnten relativ schnell beginnen, aber wir mussten keinen kommunistischen Betrieb mit seinem alten Klüngel übernehmen. Man konnte eine neue, schlanke Fabrik aufbauen.«

Für diese moderne Fertigung sollte die Belegschaft einen industriellen oder gewerblichen Hintergrund haben. Auf die speziellen Bedürfnisse der Produktion und auf einzelne Maschinen würde man sie einschulen, aber ein solides theoretisches und praktisches Grundwissen müsste bereits vorhanden sein. Bei diesem Problem kam Huebser, wie auch anderen westlichen Managern, die ungarische Krise mit ihren Tausenden freigesetzten Arbeitnehmern zu Hilfe. Zwei Unternehmen seien als Beispiele für die Folgen des Zusammenbruchs der östlichen Wirtschaftsgemeinschaft COMECON herausgegriffen: Der ungarische Landmaschinenhersteller Rába reduzierte die Belegschaft von 30.000 auf 8.000 Mitarbeiter. Der ebenfalls staatliche Elektronikkonzern Videoton, für den die Rüstungslieferungen in den Warschauer Pakt eine große Rolle gespielt hatten, musste allein am Standort Székesfehérvár die Belegschaft von 18.000 auf 3.000 zurücknehmen. Als Massenelend drohte, versuchte die ungarische Regierung mit allen Mitteln, insbesondere dem der mehrjährigen Steuerbefreiung, so viele internationale Investoren wie möglich anzulocken. Und diese kamen.

– Opel siedelte sich in einer ehemaligen Rába-Betriebsstätte in Szentgotthárd an der burgenländischen Grenze an. 1998 wurden dort 400.000 Ecotech Vierzylindermotoren für Corsas, Tigras und Astras gebaut, 1999 sollte es eine halbe Million werden. Die Exportmärkte reichen von Deutschland bis Spanien, von England bis Belgien. Daneben fertigte man noch rund 10.000 Astras für den ungarischen und südosteuropäischen Markt, später Export-Vectras. Diese Montage wird in einem Jahr einem hochmodernen Getriebewerk weichen.

– In Székesfehérvár oder Stuhlweißenburg montierten 4.000 Frauen und Männer in einer riesigen Fabrik PC-Festplatten für IBM. Das Werk wurde nach den Angaben des Multis von Videoton errichtet, etwa die Hälfte der Mitarbeiter steht auch nach wie vor auf den Lohnlisten der ungarischen Elektronikfirma. IBM verdoppelte allein 1997 die Produktion und machte 900 Millionen US-Dollar Umsatz. Die Produkte, Speicherplatten mit Kapazitäten bis über 10 Gigabytes, sind auf dem neusten technischen Stand. Etwa die Hälfte der Produktion erfolgt in Clean-Rooms mit Sauberkeitsanforderungen, wie sie auch in OPs von Spitälern gelten. Die Kunden von IBM Ungarn sitzen in England und Deutschland, in Amerika und in Fernost.

– Philips, das in Ungarn mehrere Fabriken betreibt, hat als Standort für seine größte Betriebsstätte, ein Videorecorderwerk, ebenfalls Székesfehérvár gewählt, wegen der einschlägig vorgebildeten Arbeitskräfte. Das neue Werk wurde als Teil eines Business-Parks zwar auf einem ehemaligen sowjetischen Hubschrauberflugfeld »auf die grüne Wiese« gebaut, »aber die ›Culture‹ der alten Videoton war schon ein entscheidender Grund für die Ansiedlung hier«, begründet Fabriksdirektor Manfred Fiedler.

Diese Unternehmenskultur hatte sich nicht in allen früheren Staatsbetrieben gleich hoch entwickelt. Opel-Ungarn-Generaldirektor Albert Lidauer erinnert sich, dass man am Anfang sehr rigide vorging. Auf den Werkbänken wurden sogar die Positionen der einzelnen Werkzeuge schematisch vorgezeichnet, um die Leute zu Ordnung und Disziplin zu zwingen. »Wir haben aus unseren Assessmentcenters auch gut Qualifizierte wegschicken müssen, weil sie nicht in die Teams gepasst hätten«, so Lidauer.

Den westlichen Investoren scheint es innerhalb kürzester Zeit gelungen zu sein, ihre Vorgaben in den Unternehmen durchzusetzen. Das lässt sich aus einer groß angelegten Umfrage der Deutsch-Ungarischen Industrie- und Handelskammer unter ihren Mitgliedern herauslesen. So galt 1992 als gravierendstes Problem der Manager die Arbeitsmoral unter dem Titel »Personal auf leistungsorientiertes Arbeiten umstellen«. Zwei Jahre später war diese Frage in der Dringlichkeit bereits weit nach hinten gerutscht. Die Autoren der Studien schlossen daraus, dass »diese Umstellung bei den meisten erfolgreich bewältigt worden ist«.[7]
Die Umstellung muss für viele der ungarischen Mitarbeiter extrem hart gewesen sein. Nicht nur die Toleranzen in der Produktion

schrumpften auf einmal um Zehner- und Hunderterstellen und zusätzliche Sprachen, neue Prozesse und unbekannte Berechnungsmethoden waren zu erlernen, sondern auch die gesamte Arbeitsorganisation lief plötzlich nach gänzlich anderen Prinzipien ab.

Im Gegensatz zu weit verbreiteten Vorurteilen, westliche Unternehmen würden in den Reformstaaten mit alten Maschinen und billigem Personal »Primitiv-Manufakturen« installieren, bauten die westlichen Konzernmanager moderne, schlanke Fabriken auf. Bei Audi gibt es durchgehend Teamarbeit, in der Fertigung führt das Management mit nur zwei Hierarchie-Ebenen. Bei Opel sitzt der Fabriksdirektor in einem Glasverschlag neben dem Band. An den Wänden der Personalräume hängen, für alle zugänglich und einsehbar, aktuelle Zahlen über Produktion, Fehlerquoten und Arbeitsunfälle.

Auch die imaginäre Wand zwischen hauseigenen und fremden Mitarbeitern bricht, ähnlich wie in westlichen Unternehmen, bereits auf. Philips arbeitet fast zu einem Drittel mit Leihpersonal, das die Auftragsschwankungen abfängt. Unter der Stammmannschaft muss nicht abwechselnd gekündigt und neu eingestellt werden. Opel hat alle Bereiche, die nicht unmittelbar zum Kerngeschäft gehören, an Fremdfirmen ausgelagert. Generaldirektor Lidauer: »Das sind etwa Wachdienst und Reinigung. Die Kantine betreibt ein Pächter, und auch die Leute für die Maschinenwartung brauchen nicht herumstehen, solange alles funktioniert. Da rufe ich lieber jemanden von außen. Der muss aber dann schnell da sein.«

## Österreich-Ungarn, die Zweite

Welche Auswirkung hatte diese Neu-Industrialisierung von Westungarn auf Österreich? Oft hört man nur die Negativ-Seite von abgewanderten Arbeitsplätzen und erhöhtem Verkehrsaufkommen und dass die Alpenrepublik den Multis lediglich als erweitertes Aufmarschfeld für deren Zug nach Osten diene.

Die ökonomische Realität zeigt ein differenzierteres Bild. Österreich ist in diesen Prozess aufs engste eingebunden. Die Logos der österreichischen Maschinenbauer finden sich in fast allen neuen ungarischen Fabriken. Da arbeitet eine hochkomplexe automatische Transportstraße der VA Tech-Enkelin TMS, dort ein Kran von Palfinger aus Salzburg. Die Liste der österreichischen Zulieferer von

Audi enthält Namen wie Miba, Austria Druckguss, Greiner oder Profi Reifen.

Der größte österreichische Beitrag zum Sportwagen TT von Audi war allerdings immateriell. Die Magna Steyr Daimler Puch-Fahrzeugtechnik in Graz entwickelte das Auto sowie die dazugehörige Roadster-Variante, die im Frühjahr 1999 angelaufen ist, nach Design-Vorgaben aus Ingolstadt zur Serienreife. Auch die Produktionsanlagen für Györ wurden in Graz geplant. Das Gesamtvolumen des Engineering-Auftrags betrug mehr als 1,5 Milliarden Schilling bzw. 214 Millionen D-Mark. Laut Audi Ungarn Geschäftsführer Huebser könnten durchaus Folgeaufträge winken. Zulieferteile in ähnlichem Umfang lieferte das Opel Werk in Wien-Aspern im Jahr davor an sein Gegenüber in Szentgotthárd. Der Wert der 360.000 Zylinderköpfe und Kleinteile, die innerhalb eines einzigen Konzerns die Grenze überschritten, entsprach immerhin dem Exportvolumen ganz Österreichs nach Irland, Israel oder Indien.

Philips in Székesfehérvár bezieht für seine viereinhalb Millionen Videorecorder oder TV/Video-Kombigeräte sogar eine der wichtigsten Komponenten aus Wien, das gesamte Laufwerk. Für Reparaturen am Maschinenpark holt man immer wieder Techniker aus Österreich.

Lediglich IBM fährt, im wahrsten Sinn des Wortes, an Österreich vorbei. Ein Großteil des Produktionsprogrammes wird per Luftfracht in die USA oder nach Fernost versandt. »Wegen der zu kleinen Kapazitäten von Schwechat«, klagt das IBM-Management in Ungarn, rollen täglich die LKWs über die österreichische Westautobahn nach Frankfurt. Flughafen-Wien-Direktor Gerhard Kastelic wehrt sich: »Das liegt nicht an uns. Wir könnten das abwickeln. Aber es gibt einen Trend hin zu kleineren Flugzeugen, die Wien anfliegen. Und in Frankfurt lädt man in die Jumbos ein.«

In der Rangliste österreichischer Exportnationen liefern sich die Ungarn jedenfalls schon mit dem modernen westlichen Industrieland Schweiz ein hartes Kopf-an-Kopf-Rennen um den dritten Platz. Davor liegen nur mehr Deutschland und Italien. Großbritannien, Frankreich oder die USA rangieren dahinter. Das Handelsbilanz-Aktivum Österreichs gegenüber dem östlichen Nachbarn betrug 1997 10 Milliarden Schilling oder etwa 1,4 Milliarden D-Mark. Das ist ein einsamer Rekordwert.

Die ungarische Wirtschaft wächst zwar stetig weiter (derzeit mit rund fünf Prozent), die rasante Entwicklung der letzten paar Jahre wird aber sicher nicht in diesem Ausmaß anhalten. Denn die großen ausländischen Investoren kommen langsam an ihre Kapazitätsgrenzen,»und bald gibt es hier einen Facharbeitermangel« (Audi-Chef Huebser). Bei weitem noch nicht ausgeschöpft ist aber das ungarische Potential, rund um die Fabriken der Multis entweder alleine oder mit ausländischer Hilfe kompetente lokale Lieferanten anzusiedeln. Praktisch alle ausländischen Manager sind sich darüber einig, dass der Anteil ungarischer Zulieferungen noch enttäuschend sei. Auch österreichische und deutsche Mittelbetriebe hätten hier Chancen für neue Zweigwerke.

Inzwischen wird in den Fabriken weiter rund um die Uhr produziert. Zäh und hartnäckig arbeiten die Trainer aus Bayern, Kalifornien und den Niederlanden an der Absicherung und Verbesserung von Qualität und Produktivität. So wie bei Audi in Györ, wo gleich neben dem Montageband des Sportwagens TT zwischen mobilen Trennwänden ein rotgewandetes Team bei laufender Produktion mit seinem Ingolstädter Instruktor Lösungen diskutiert. Mit fröhlichen Gesichtern. Mit Schmäh. Aber nicht nur.

# Borbála Pataky: Die Idylle im Tokaj – aber nur für die Gäste

»Entschuldigen Sie mich bitte kurz.« Gerade hat sich Borbála Pataky am Abend mit ihren Pensionsgästen zur Brettljause gesetzt, als ein Auto vor dem Keller hält. Drei junge Frauen steigen aus und grüßen fröhlich. Sie tragen leere, milchigweiße Plastikkanister, in denen man Putzmittel vermuten könnte. Frau Pataky kennt die späten Besucherinnen – Bussi, Bussi – und führt sie gleich in den Keller. Von dort dringt gelegentliches Lachen an die Oberfläche. Dann steigen die Frauen, eine Gymnasiallehrerin aus Budapest und zwei befreundete Studentinnen, wieder ans abendliche Sonnenlicht empor. Die Kanister schimmern jetzt leicht bernsteinfarben, sie sind mit trockenem Weißwein der Sorte Furmint gefüllt. Unter großem Hallo verabschieden sich die Damen wieder. Beim Setzen entschuldigt sich die Weinbäuerin nochmals: »Sie wissen ja: ›Geschäft ist Geschäft.‹«

Borbála Pataky wurde nicht ins Weingeschäft geboren. Sie kam 1950 in Szarvas, im Südosten Ungarns, zur Welt. Ihr Vater war Maschinenführer bei einer Agrargenossenschaft. Sie besuchte die örtliche technische Fachschule und wurde zur Chemikerin ausgebildet. Dann traf sie Sándor, der im Ort Wasserbau studierte, und bald arbeitete das junge Ehepaar für einen gemeinsamen Arbeitgeber, den riesigen Weinerzeuger Borkombinat in Tokaj.

Dort, in einem der berühmtesten Weinbaugebiete der Welt, hatten die Kommunisten nach dem Krieg die Güter der adeligen Familien verstaatlicht und die kleinen Winzer in Genossenschaften hineingezwungen. Das Ergebnis war ein Agrarkonzern, der mit 1.500 Hektar eigenen Weinflächen, dazugehörenden Obstkulturen sowie der Vinifizierung angelieferten Traubengutes im gesamten COMECON zu einer bedeutenden Größe wurde. Auch die Produktmärkte lagen bald vorwiegend im Osten. Man erzeugte zwar noch immer die schweren Süßweine, die die regierenden KP-Funktionäre wie einst ihre adeligen Vorgänger den Staatsgästen servierten und die Touristen am Balaton und in Budapest als Mitbringsel vom Ungarn-Urlaub erwarben. Ein Großteil der landwirtschaftlichen Produkte wurde aber als Massenware in die befreundete Sowjetunion exportiert.

Sándor betreute als Bewässerungsexperte die Obstplantagen, Borbála arbeitete im Labor an der Qualitätsprüfung von Trauben und Böden. Zwei Kinder kamen auf die Welt, erst die Tochter, dann der Sohn. Auf einem vom Kombinat zur Verfügung gestellten Grundstück bauten sich die Patakys im Nachbarort von Tokaj, in Tarcal, ein Reihenhäuschen. Dann begannen sie auf dem damals gestatteten halben Hektar Weingarten, selbst Trauben anzubauen und für den Hausgebrauch zu keltern. Auch einen zimmergroßen Keller grub Sándor in den steilen Lößhang unweit ihres Hauses. Die politische und ökonomische Wende traf die beiden in ihrem kleinen Idyll völlig unvorbereitet. Mit dem Zerfall des gemeinsamen Marktes der kommunistischen Staaten brachen über Nacht die Exporte in die UdSSR weg. Das Kombinat kam in Schwierigkeiten. Für die anspruchsvollen westlichen Konsumenten waren die Weine zu schlecht, und die Obstkulturen wurden überhaupt gleich aufgelassen. Die verdorrten Bäume standen noch jahrelang als Mahnmale in der Landschaft. Sándor verlor seinen Arbeitsplatz und musste sich mit Kurzzeitjobs durchschlagen. Einmal half er als Manager in einer kleinen Kartonagenfirma aus, dann versuchte er zwei Jahre lang für einen italienischen Investor eine Schneckenzucht zu organisieren.

Auch Borbála wurde nach der Kinderpause nicht mehr im Kombinat gebraucht. Also begann auch sie, sich mehr oder weniger erfolglos auf dem unterentwickelten lokalen Arbeitsmarkt umzusehen. Dort war mittlerweile die Rate der Jobsuchenden deutlich über die 20 Prozent hinaufgeklettert. Zuerst fand sie für zwei Jahre eine Stelle in einem Fotolabor, dann klebte sie in Heimarbeit Plastiksäcke als Verpackungsmaterial für Textilunternehmen zusammen.

Im Wein-Tourismus sahen die beiden ihre erste Chance. Noch bevor Sándor 1992 in seine zweijährige Arbeitslosigkeit rutschte, hatten sie begonnen, im Keller für Laufkundschaft Weinverkostungen zu organisieren und über die Gasse zu verkaufen. Aber weder eine eigene Presse noch eine Flaschenabfüllanlage rechneten sich. Durch kleine Zukäufe hatten sie ihren Weingarten mittlerweile auf zwei Hektar vergrößert.

1993 fällten sie eine bedeutsame Entscheidung. Über dem Keller hatten sie begonnen, ein kleines Presshäuschen mit einem spitzen

Dach aufzustellen. Im Erdgeschoss sollte das Arbeitsgerät für den Weinbau Platz finden, in den zwei winzigen Dachstübchen über der steilen Treppe wäre Raum für die Eltern und Verwandten, wenn sie auf Besuch kämen.

Nun plante man um: Man würde einige weitere Jahre auf eine eigene Presse verzichten und das Lesegut nach wie vor einem Nachbarn zur Verarbeitung bringen. Stattdessen sollte das ganze Haus Touristen beherbergen. Unten entstand ein Wohnraum mit Kochnische und Duschbad, oben brachten die Patakys vier schmale Betten unter. Die Möblierung ist einfach, aber freundlich: Fichtenholzdecken und Fleckerlteppiche, recycelte Badezimmerarmaturen und Türen, denen man ansieht, dass sie schon einmal andersherum angeschlagen waren. In seiner Zeit ohne Job verwandelte Sándor das Mini-Grundstück in ein Schmuckkästchen mit Weinlaube, offener Feuerstelle und schweren, geschnitzten Holzstühlen.

Das Konzept ging auf. 1993 kamen die ersten Gäste, und die Bettenknappheit in der zauberhaften Region sowie positive Mundpropaganda brachten bald weitere. Borbála Pataky begann, ihren Betrieb zu professionalisieren. Sie trat einer Vereinigung für Dorftourismus bei. Das brachte eine Plakette mit dem ungarischen Wappen für die Hauswand und, was noch wichtiger war, die Gratiseintragung in mehrere Angebotskataloge für einfache, günstige Quartiere. Der Betrieb wurde auch ordnungsgemäß angemeldet. Steuer brauchen die Patakys aber dennoch keine zu bezahlen, da sie mit den Einkünften noch unter der relevanten Schwelle von einer Million Forint Umsatz liegen, das sind knapp 55.000 Schilling oder etwa 7.800 D-Mark. Im letzten Jahr war das Häuschen immerhin 150 Tage im Jahr vermietet. Damit erreichten sie schon beinahe die Auslastung von kommerziellen Betrieben – vor allem, wenn man bedenkt, dass der Winter in Tokaj für den Tourismus praktisch ausfällt und bloß die Weihnachts- und Silvestertage verkäuflich sind.

1994 kam ein Glücksfall für die Familie hinzu: Sándor Pataky wurde in der 4.000-Seelen-Gemeinde Tarcal als Unabhängiger zum Bürgermeister gewählt. Für den energiegeladenen Mann war das mehr als bloß eine finanzielle Erleichterung. Er brauchte nicht mehr den unfreiwilligen Handwerker zu spielen, sondern konnte wieder seine organisatorischen und analytischen Geschicke einsetzen, wenn auch mit äußerst bescheidenen Budgetmitteln.

Die Regierung in Budapest ließ zwar beträchtliche Gelder in die Infrastruktur der östlichen Krisenprovinzen fließen. In Tarcal wurde das Telefonnetz digitalisiert, alle Häuser erhielten Erdgas-Anschlüsse und Kabel-TV, einige Straßen wurden verbessert, die Kanalisationsarbeiten inklusive dem Bau einer Kläranlage beginnen gerade. Aber der Bürgermeister konnte auch durch diese Investitionen die örtliche Arbeitslosenrate nur sehr mäßig senken. 1999 liegt sie immer noch bei 18,5 Prozent. »Die Unternehmen bringen natürlich ihre Arbeiter von anderswo mit«, stellt er nüchtern fest. »Wir haben immer wieder versucht, ihnen unsere Leute wenigstens für einfache Erdarbeiten anzubieten. Aber sie waren unzuverlässig, sind nicht erschienen oder waren besoffen.« Tatsächlich sieht auch der Besucher in den Gassen von Tokaj und Tarcal schon tagsüber angetrunkene Männer torkeln. Die lange Arbeitslosigkeit hat die Menschen zermürbt, sie hoffnungslos und unvermittelbar werden lassen. Sándor Pataky bitter: »Das wird sich erst mit der nächsten Generation ändern.«

Seine eigene nächste Generation hat jedenfalls vorgebaut und etwas gelernt: Die Tochter ist mit ihrem Agraringenieurstudium in Budapest schon fast fertig, der Sohn hat soeben das Gymnasium beendet. Im Sommer nach der Matura absolvierte er ein Praktikum bei einem modernen französischen Weingut in Tokaj und knüpfte dort wichtige Kontakte. Das nächste Jahr möchte er bei einem Spitzenwinzer im Elsaß verbringen und anschließend in Gödöllö eine Fachschule für Weinbau besuchen. In die Gegend zurückkommen wollen beide jungen Leute. Sie glauben an den Aufschwung der Region.

Das tut auch ihr Vater. Bürgermeister Pataky hat eine ganze Reihe von touristischen Projekten in seiner kleinen Gemeinde initiiert. Ein Gutshof wurde zu einer Jugendherberge umgebaut, ein leerstehender jahrhundertealter Keller zu einem Weinhaus, das für Veranstaltungen genutzt werden kann. In den riesigen Halden eines bereits teilweise stillgelegten Steinbruchs entstehen mit Fördergeldern aus Budapest eine Kellerstraße sowie ein in den Felsen gebautes Amphitheater für Konzerte und Sommerfestivals. Darüber hinaus soll ein Baggersee für Badeurlauber erschlossen werden. Mit Hilfe der EU wurden Fremdenverkehrsprospekte gedruckt, und zur Beschilderung einer Tokajer Weinstraße sind Gelder aus dem PHARE-Programm geflossen.

Im eigenen Kleinstbetrieb stehen die Zeichen ebenfalls auf Expansion. Zwei zusätzliche Hektar Weingarten haben die Patakys schon 1996 gekauft und selbst ausgepflanzt, heuer gibt es erste Erträge. Auf dem Hang hinter dem Ferienhäuschen entsteht ein zweites, in dessen Untergeschoss dann endlich die eigene Presse Platz finden soll. Unter dem Dach sind zwei Zimmer mit je drei Betten vorgesehen. Dann können insgesamt zehn Gäste bei den Patakys schlafen, und das ist auch die Obergrenze für Betriebe im Rahmen des Dorftourismus. Wer mehr Betten hat, wird zum Gewerbebetrieb, und dann schlagen Bürokratie und Steuern zu. Jammern gehört nicht zum Repertoire der Patakys, es muss und wird einfach gehen. Sándor Pataky schaffte zwar im Vorjahr die Wiederwahl als Bürgermeister, aber die örtliche Politik ist kontroversiell, und nicht alle Gemeinderäte schätzen seinen Expansionskurs in Richtung Tourismusgemeinde. Eigeninitiative und Privatkapital gelten bei den alten KP-Funktionären immer noch als Tabu. Was er machen würde, wenn er sein Amt eines Tages verliere, will er erst gar nicht ansprechen. Ob der kleine Betrieb mit Weinverkostung und Zimmervermietung schon beide ernähren könnte?

Einstweilen wird weiter investiert, gespart und gearbeitet. Urlaub war für die neuen Gastgeber schon jahrelang keiner möglich. Borbála Pataky sagt bloß lächelnd:»Ich bleibe hier, und die Welt kommt zu mir.« Dann wäscht sie die Weingläser der Gäste ab und geht mit dem Hund die paar hundert Meter nach Hause. Zeitig in der Früh wird sie wieder da sein wie ein Heinzelmännchen. Auf dem Tisch in der Gartenlaube liegt dann das frische Gebäck, und daneben steht die Thermoskanne mit starkem, schwarzem Kaffee.

# Péter Szaló: Planen gegen die Armut – und Weichen stellen für die EU

Es blieb beim Nein. Der so umgänglich wirkende Spitzenbeamte ließ sich nicht erweichen. Er sah wohl die Not, in der sich die Vertreter der westungarischen Stadt Székesfehérvár befanden. Innerhalb von Monaten waren 1993 drei der wichtigsten Industriebetriebe in die Krise gerutscht: Die Aluminiumhütte, die örtliche Fabrik des Busherstellers Ikarus und auch das riesige Elektronikwerk Videoton standen vor dem Aus. Die Arbeitslosigkeit stieg rapide an, Verzweiflung und politische Unruhe drohten.

Péter Szaló, stellvertretender Staatssekretär für Regionalplanung, sah eine Gefahr für die ökonomisch noch schlechteren Regionen seines Landes, wenn er mit seinem knappen Budget Industrieregionen unterstützen würde, deren Chancen in der ungarischen Umstellungskrise noch relativ gut waren. Also blieb er stur. Székesfehérvár musste sich selbst helfen – und wurde damit in wenigen Jahren zum Erfolgsmodell der ungarischen Industrie. Die Stadt zählt zu den Regionen mit dem höchsten Anteil an Auslandskapital pro Kopf. Investoren wie IBM, Ford und Philips sorgen Jahr für Jahr für neue Exportrekorde. Die Begehrlichkeiten von einst sind längst vergessen.

Szaló hatte damals wirklich dringlichere Probleme, und die meisten von ihnen sind auch heute noch nicht gelöst. Zwar gab es auch im kommunistischen Ungarn erhebliche regionale Unterschiede zwischen reichen Industrieregionen und ärmeren landwirtschaftlichen Gebieten, aber seit der politischen und ökonomischen Wende sind diese Disparitäten noch viel schärfer geworden. Das Land wird von einer unsichtbaren Grenze geteilt, die etwa entlang der Donau verläuft. Die ökonomische Entwicklung der Hauptstadt Budapest hat sowohl im Dienstleistungssektor als auch im produktiven Gewerbe andere Regionen weit hinter sich gelassen. Der Westen Ungarns konnte als dynamische Wachstumsregion den Anschluss an die europäische Wirtschaft finden. Im Osten dagegen sind die alten Schornsteinindustrien zusammengebrochen, und westliches Kapital wurde kaum einmal in Unternehmen jenseits der Donau investiert.

Szalós Zahlen sprechen eine klare Sprache: 1975 lag Budapest beim BIP pro Kopf rund 40 Prozent über dem Landesschnitt. 20 Jahre später hat sich dieser Abstand verdoppelt: die Indexzahl liest sich 180, 80 Prozent über dem Schnitt. Einstige Industrieregionen stürzten drastisch ab: Komárom-Esztergom fiel von 131 Prozent auf 88, die nordöstlichen Gebiete Borsod-Abaúj-Zemplén und Heves von 111 bzw. 100 auf jeweils nur noch 76 Prozent. Dort ist also mehr als ein Viertel der gesamten Wirtschaftskraft verloren gegangen. Auch die Arbeitslosenraten sind dort entsprechend hoch. Fast 20 Prozent der Erwerbsbevölkerung sind ohne Job, in manchen Regionen liegt die Arbeitslosigkeit sogar noch höher.

Der Staatssekretär versucht mit seinem kleinen Regionalförderungsfonds gegen diese Entwicklung anzukämpfen. Dabei kann er längst nicht mehr auf jene geballte administrative Kraft zurückgreifen, über welche einst die übermächtige zentrale staatliche Planungsbehörde verfügte. Szaló kann nicht einfach Industrien versetzen, wie Bauern auf einem Schachbrett. Er muss ähnlich agieren wie seine westlichen Kollegen in Problemgebieten: mit hartnäckigem Lobbying bei ausländischen Investoren, mit dem Aufbau einer Infrastruktur, die vielleicht erst in Jahren zum Erfolg führen wird, mit komplexen Umstrukturierungsmaßnahmen für marode Unternehmen und vor allem mit dem zähen Ausverhandeln örtlicher Selbstorganisationsmodelle, damit nicht mehr alles in Budapest erledigt und entschieden wird.

Aus seinen Fördertöpfen wurden in Ostungarn 15.000 Arbeitsplätze direkt geschaffen. Er rechnet sich das zwar als Erfolg an, aber es ist nicht viel mehr als ein Tropfen auf den heißen Stein. Als wichtigste Errungenschaft seiner Bemühungen sieht Szaló das neue Regionalentwicklungsgesetz, das 1996 durchs Parlament ging und seither sehr demokratisch angewendet wird.»Am Anfang hat es geheißen: ›Wir brauchen so etwas nicht, Ungarn ist ein kleines Land‹«, erinnert sich Szaló an heftige politische Grabenkämpfe. Doch die unerwartet schnellen Zusammenbrüche von Schwerindustrie und Bergbau ließen dann auch die Skeptiker einschwenken.

Aber auch die erfolgreichen Neuinvestitionen westlicher Unternehmen zeigten die Notwendigkeit einer koordinierten regionalen Planung sehr deutlich. Kaufte beispielsweise ein Investor Teile eines alten Staatsbetriebes, so musste die gesamte Infrastruktur neu entwickelt werden, weil Zulieferstraßen oder Leitungen über Grundstücke liefen, die nun nicht mehr zum Betrieb gehörten. Dazu kam, dass nach der Auflösung der zentralen kommunistischen Planungsbehörde niemand für diese Veränderungen zuständig war. Es mussten völlig neue Strukturen geschaffen werden. Szaló sah Notwendigkeiten und Chancen nahe beieinander liegen: Man müsste die regionalen Behörden und Interessenvertreter institutionell an einen Tisch bringen. Demokratisch und nach dem Subsidiaritätsprinzip sollten sie ihr eigenes Schicksal in die Hand nehmen und damit auch Budapest entlasten können. Überdies sollte die Neuorganisation bereits EU-konform sein, die regionale Einteilung müsste also den europäischen Förderregionen entsprechen.

Als Testgebiete wurden zwei östliche Krisenregionen ausgewählt. Dort etablierte Szaló eine Art runden Tisch, an dem Bürgermeister, Vertreter der Handels-, Industrie- und Gewerbekammern sowie der Arbeitnehmer saßen. Die regionale Sozialpartnerschaft in den Entwicklungsräten der Bezirke funktionierte und wurde als neue Organisationsform ins Gesetz aufgenommen. Mehrere Bezirke oder Komitate konnten sich freiwillig entsprechend der EU-weiten NUTS II-Regionen zusammenschließen, innerhalb derer die Strukturförderung in der Europäischen Union organisiert wird. Für Szaló ist das ein »sehr modernes Gesetz«. Ungarn sei damit auch unter den mitteleuropäischen Reformstaaten ein Vorreiter gewesen. Mittlerweile hätten sich auch andere Staaten ähnlich reorganisiert. Diese Planungen wurden übrigens von der EU aus Töpfen des PHARE-Programmes mitfinanziert. »Ich habe um das Geld gekämpft«, erinnert sich Szaló an seine Lobbying-Aktionen bei diversen EU-Delegationen, die Ungarn bereisten. »Ich habe ihnen gesagt: ›Bis jetzt hat Brüssel nur Geld in Budapest ausgegeben, und die Leute auf dem Land haben nichts davon gesehen.‹ Das hat sie schließlich überzeugt.«

Künftige EU-Regionalförderungen sind für den Verantwortlichen benachteiligter ungarischer Regionen insgesamt eine große Hoffnung. Denn was Szaló aus eigenen Budgetmitteln ausgeben kann, ist relativ bescheiden. 1999 konnten die regionalen Entwicklungsräte dezentral über 22 Milliarden Forint verfügen, das sind rund 1,2 Milliarden Schilling oder 170 Millionen D-Mark. Dazu kamen noch sechs Milliarden aus der Budapester Zentrale. Das ist zwar gegenüber dem Regionalbudget von 1992, das bloß sechs Milliarden Forint betrug, ein großer Fortschritt. Aber wenn man die Geldentwertung der letzten Jahre betrachtet, ist es noch immer ein lächerlich geringer Betrag.

Szaló kämpft den Kampf gegen die bürokratischen Windmühlen von seinem Büro im Landwirtschaftsministerium aus, mitten im Zentrum von Budapest mit unverbautem Blick auf das neugotische Parlamentsgebäude. Bei der letzten Regierungsbildung wurde seine Abteilung vom Umweltministerium hierher verschachert, ins politische Reich des populistischen Führers der Kleinlandwirte-Partei, József Torgyán. Szaló, ein Beamter ohne Parteibuch, kritisiert seinen Ressortchef zwar nicht, aber dass ihm dessen markige Sprüche, in denen auch einmal großungarische Interessen oder die Forderung nach der Todesstrafe vorkommen, kaum zusagen, kann er nicht ganz verheimlichen.»Ich habe in drei unterschiedlichen Regierungen gedient«, weicht Szaló lächelnd aus.»In der sozialistischen Regierung ab 1994 galt ich als Konservativer, jetzt sagt man: ›Der sozialistische Staatssekretär‹.«

Der gelernte Architekt war nach der Wende in Ungarn nahe daran, einer Partei beizutreten, aber er wusste nicht so recht, welcher. Ihm schienen die Liberalen der SzDSz am sympathischsten. Seine Frau, eine ausgebildete Ökonomin, interessierte sich vor allem für ungarische Volkskunst und Traditionen. Von ihr kam der Einfluss in Richtung des konservativen Ungarischen Demokratischen Forums, MDF. Schließlich ließ er es überhaupt bleiben. Als Beamter hätte er sich politisch ohnehin nicht betätigen dürfen.

Szaló, Jahrgang 1954, arbeitete nach Abschluss seines Studiums in einem auch unter den Kommunisten relativ liberalen Forschungsinstitut für Regionalentwicklung namens Váti. Unter der Hand gab es dort auch westliche Fachliteratur, man las selbst die verbotenen Samisdat-Werke der ungarischen Dissidenten. Szaló konnte in diesem Institut relativ unbehelligt ohne Parteimitgliedschaft arbeiten, in privaten Kreisen gab es Kontakte zur Opposition, aber zum wirklichen Dissidenten wurde er nicht. Von seinem letzten Arbeitsplatz im kommunistischen Ungarn, einer Forschungsstelle an der Akademie der Wissenschaften, rekrutierte ihn sein früherer Váti-Chef, der 1990 in der konservativen Antall-Regierung zum Umweltminister geworden war, als Abteilungsleiter mit dem Auftrag, eine eigene

Sektion für Regionalplanung aufzubauen. Szaló konnte sich sozusagen seinen eigenen Arbeitsplatz schaffen. Ab 1991 leitete er diese Sektion und überlebte als anerkannter Fachmann zwei Regierungswechsel. Mit seinem Schicksal ist er sehr zufrieden. Er lebt in einer Eigentumswohnung im eleganten Budapester Wohnviertel Gellérthegy, die seine zweite Frau in die Ehe mitgebracht hat. Die vier Kinder, zwei aus erster Ehe, zwei aus der jetzigen, kommen gut miteinander aus. Seine Frau ist ebenfalls berufstätig, sie bildet Lehrer aus. Das Familieneinkommen reicht zu einem sorglosen Leben. »Ich arbeite ohnehin die ganze Zeit und kann nicht viel ausgeben.«

Am Wochenende geht es dann in ein stilgerecht restauriertes Bauernhaus 50 Kilometer westlich von Budapest. »Die Nachbarn dort sind meine Kontrollgruppe, damit ich nicht nur die Realität der Bürokratie sehe.« Die Kontrollee durchs richtige Leben kann Dr. Szaló gut gebrauchen. Er gehört nämlich auch der 15-köpfigen EU-Verhandlungsdelegation seines Landes in Brüssel an. Dort geht es dann wieder knochentrocken um Pläne, Strukturdaten und Milliarden – Forint und Euro.

# Éva Éliás: Herberge für die Obdachlosen von Budapest

Streng riecht es hier, selbst das scharfe Putzmittel kann dagegen nicht an. Es ist der Geruch der Einsamkeit und des Alters, der vernachlässigten Körper und der Ausdünstungen von Fusel und Bier. Unsaubere Wäsche ist hier gehangen, angetrockneter Achselschweiß hat seine Spur hinterlassen und natürlich Urin.

Dabei stehen die Fenster weit offen und die Plastikbezüge der Matratzen sind sauber abgewischt, auf dem Betonboden stehen noch kleine Lacken vom Aufwasch. Denn tagsüber ist es klinisch rein hier im Obdachlosenheim in der Dánko út, im heruntergekommenen achten Bezirk von Budapest. Erst um sechs Uhr abends dürfen sie wieder herein, die Beladenen und Ausgestoßenen. Dann können sie ihre Rucksäcke und Nylonsackerln in einem Abstellraum zwischenlagern und auf ihre Eisenbetten kriechen. Zumindest für diese Nacht haben sie ein Dach über dem Kopf gefunden.

Éva Éliás hält ihre schützende Hand über diese Männer. 100 Obdachlosen gibt sie in der Notschlafstelle täglich Herberge – in zwei großen Sälen im Keller und im ersten Stock. An kalten Wintertagen sperrt sie manchmal auch die Kapelle auf und dann finden nochmals 30 bis 35 Personen Unterschlupf. In der Früh haben sie ihre Bettgestelle wieder zu räumen. Ordnung muß sein.

Frau Éliás hat die Schlüsselgewalt über das Männerheim schon seit einigen Jahren. Der wohltätige Verein, für den sie die Schlafstätte verwaltet,»Oltalom Karitativ Eygesület«, datiert noch länger zurück, bis in die kommunistische Zeit Ungarns.

Denn die sozialen Probleme haben nicht erst mit dem Systemumbau zum Kapitalismus begonnen. Verarmung und eine versteckte Obdachlosigkeit gab es schon unter dem alten Regime, nur durfte man darüber nicht reden. In Dissidentenkreisen kritischer Intellektueller bildeten sich schon ab Mitte der 80er Jahre informelle Netzwerke, in denen ärmeren Ungarn Hilfe angeboten wurde. Ein derartiger Kreis entstand rund um den evangelischen Pastor Gábor Iványi, der noch heute Präsident von»Oltalom« ist.

Als Arbeiterpriester betreute Iványi damals eine Pfarre in Obuda, dem dritten Bezirk der Hauptstadt, der auf dem rechten Donauufer nördlich des Burgberges liegt. In einer großen Plattensiedlung wohnten dort vor allem kinderreiche Familien. »Wenn in so einer Familie etwas passierte, etwa eine Scheidung, oder wenn einer der Eheleute starb, dann konnte sie sehr schnell in die Armut rutschen«, erinnert sich Frau Éliás. Die Mieten waren schon unter den Kommunisten gestiegen, und beim Ausfall eines Verdieners wurde es gleich knapp.

Der Freundeskreis rund um Pastor Iványi, zu dem außer den Mitgliedern seiner Kongregation auch Andersgläubige – etwa Katholiken und Juden – sowie Atheisten gehörten, sammelte Sachspenden für Familien in Not. Er organisierte aber auch Beratungen, etwa in Rechtsfragen oder der Gesundheitsvorsorge. Der Kreis bestand zu einem großen Teil aus Menschen, die diese Hilfe gleich selbst anbieten konnten: aus Anwälten, Ärzten oder Krankenschwestern wie Frau Éliás. Auch Studenten, kleine Selbständige und Arbeiter trugen etwas bei.

Als das ungarische Parlament 1989 nach der Wende ein modernes, westlich-orientiertes Vereinsgesetz erlassen hatte, konnten die Samariter ihre Hilfstätigkeit nun öffentlich und legalisiert erbringen. Sie organisierten jetzt zusätzlich auch Ferienlager für Kinder aus armen Familien.

Bald aber wurde ein anderes soziales Problem noch dringlicher. Mit dem Systemwandel waren die bis dahin versteckten Obdachlosen ans Tageslicht getreten. Durch den Zusammenbruch zahlreicher Staatsunternehmen und die folgende Arbeitslosigkeit explodierte deren Zahl. Zur Jahreswende 1990/91 schätzte man die Anzahl der Obdachlosen in Budapest auf rund 1.000, im vergangenen Jahr ging man von 30.000 bis 50.000 aus. Belegen kann diese Schätzungen allerdings niemand wirklich stichhaltig.

Die »Oltalom«-Aktivisten halfen den Heimatlosen am Anfang spontan und unkoordiniert, etwa mit sporadischer medizinischer Versorgung, aber auch mit einfach errichteten Notlagern in öffentlichen Turnhallen. »Wir haben damals nicht gewusst, was man machen kann, und auch die Behörden waren vor völlig neue Probleme gestellt«, erinnert sich Éva Éliás. Für Armut und Obdachlosigkeit gab es keine Infrastruktur. Im kommunistischen Regime herrschte eine Verpflichtung zur Arbeit – wer ihr nicht nachkam, existierte nicht. Auch der Sozialarbeiterberuf war unbekannt. Aus dem täglichen und nächtlichen Stadtbild Budapests ließen sich die »Homeless« aber nicht mehr wegleugnen.

»Oltalom« begann erst einmal mit politischen Aktionen, um die Parlamentarier und die Stadtverwaltung aufzuscheuchen. Eine ganze Reihe von Prominenten solidarisierte sich öffentlich mit den Obdachlosen, und im Gesundheitsministerium richtete man einen Krisenstab ein. Im Vorort Budaörs eröffnete der Staat 1991 die erste Notschlafstelle. Noch im selben Jahr konnte der Hilfsverein mit der Stadtgemeinde ein Abkommen über ein größeres Projekt schließen: Pastor Iványi, mittlerweile als liberaler SzDSz-Abgeordneter auch Parlamentarier, konnte erreichen, dass die Stadt dem Verein eine ehemalige Fleischerei im achten Bezirk übergab. Der Verein erhielt die 9.000 m² große Liegenschaft gratis für 99 Jahre, unter der Bedingung, dass er sich um die sukzessive Renovierung kümmere.

Man erstellte eine gemeinsame Finanzierung, die zu gleichen Teilen aus der öffentlichen Hand und von privaten Spendern kommt. Zu den Förderern des Projektes zählen neben zahlreichen Privatpersonen und ungarischen Unternehmen auch große internationale Industriefirmen wie die Mineralölkonzerne Shell und Mol oder die Budapester Tochterfirmen von Unilever und Braun. Das »Oltalom«-Budget beträgt heuer immerhin 27 Millionen Forint, das sind 14,5 Millionen Schillling oder etwa 200.000 D-Mark.

Von diesem Geld werden 30 hauptamtliche Mitarbeiter sowie 15 Halbtagskräfte bezahlt. Etwa 15 weitere Personen arbeiten unentgeltlich, aber dennoch regelmäßig. Die sozialen Dienstleistungen, die in dem Haus in der ärmlichen Dánko út angeboten werden, können sich sehen lassen.

Für die Nacht stehen 100 geheizte Notschlafplätze zur Verfügung. Die Obdachlosen haben außerdem die Möglichkeit, sich zu duschen und ihre Kleider zu waschen. Am Abend bekommen sie Tee und Brot, zu Mittag wird in einer Suppenküche Essen für rund 100 Personen ausgegeben. Manchmal holen sich diesen Mittagsteller nicht nur Männer von der Straße, sondern auch unter der Armutsgrenze lebende Pensionisten aus der Umgebung.

Für die medizinische Betreuung sorgt eine täglich besetzte Arztpraxis im Haus, zweimal in der Woche ordinieren außerdem ein Zahnarzt und ein Hautarzt. Darüber hinaus finanziert der Verein

einen sogenannten »Sozialkrankenwagen«. »Normale« Rettungs-
fahrer haben sich bei Unfällen schon oft geweigert, Obdachlose
mitzunehmen, weil ihnen die anschließende Desinfizierung des
Autos zu aufwendig und kostspielig gewesen wäre. Auf dem Gelände des Sozialzentrums gibt es darüber hinaus ein kleines Obdachlo-
sen-Spital mit 30 Betten und eine Art Wohnheim mit sechs Drei-
bettzimmern für Männer, die es zumindest geschafft haben, Arbeit
zu finden. »Sie müssen sich anstrengen und sehen, dass es wieder
einen Weg zurück gibt«, erklärt ein Sozialarbeiter. »Letzte Woche
haben zwei eine eigene Wohnung gefunden und sind ausgezogen.
Das kommt aber leider sehr selten vor. Der Markt für billige Miet-
wohnungen ist zu klein.«

Um die Finanzierung muss Frau Éliás ständig kämpfen. Sie kann
sich seit 1996 zwar auf fixe jährliche Budgetzusagen der Stadt Budapest verlassen, aber die Krankenkassen sind mit ihren Zahlungen für
das Spital ständig im Verzug. Gefragt, ob sie sich eher als Sozialarbeiterin oder als Managerin fühle, antwortet sie knapp: »Als
Managerin. Leider.«

Dabei hat die gelernte Krankenschwester als unbezahlte Aktivistin
im Verein begonnen. Bei Eröffnung des Zentrums im Jahr 1993
wurde sie zur hauptamtlichen Leiterin bestellt. »Ich habe drei Kinder, und wir haben mein Einkommen gebraucht.« Ihr Mann, ursprünglich ebenfalls Pastor wie Gründervater Ivány, verließ später
die Kirche, arbeitete eine Zeitlang als Musiker und gründete schließlich einen kleinen Dachdecker- und Wärme-Isolier-Betrieb.

An die Anstellung von Frau Éliás war eine Bedingung geknüpft:
Neben ihrer Arbeit müsse sie auch eine Sozialakademie absolvieren.
Die Leiterin des Obdachlosenheimes beendete diese Ausbildung im
ersten Jahrgang einer neugegründeten Akademie. Dieser war speziell für Berufstätige mit Unterrichtseinheiten an Wochenenden und
am Abend organisiert. Heute zählt die Sozialakademie, die sich in
einem Nebenhaus befindet, 250 Studenten, davon 25, die eine
theologische Ausbildung erhalten. Formell ist die Schule vom Obdachlosenheim getrennt, aber wenn Not am Mann ist, öffnet auch
sie ihre Keller für zusätzliche Schlafstellen.

Frau Éliás wollte ihre Kinder zwar nicht bewusst in diese Richtung
erziehen, aber die Arbeit der Mutter hat sie doch so geprägt, dass
alle drei einen Sozialberuf gewählt haben. Marta, mit 25 die Älte-

ste, ist Heilpädagogin, David, 24, leitet als ausgebildeter Sozialarbeiter schon das Wohnheim im Odachlosenzentrum der Mutter, und die Jüngste, die soeben maturiert hat, möchte Ärztin werden. »Vorher wird sie aber ein Jahr als Krankenschwester arbeiten«, mahnt die Mutter streng. »Sie soll wissen, was in diesem Beruf auf sie zukommt.«

Ihre eigene Berufung bedeutet zehn bis zwölf Stunden Arbeit am Tag und jede Menge Ärger. Von den Obdachlosen wird sie aber als Autorität akzeptiert, und von Aggressionen gegen sich oder ihre Kolleginnen kann sie nicht berichten. »Sie reden grob, aber sie versuchen, uns Frauen gegenüber ein bisschen weniger derb zu sein.«

Aber draußen, auf den Straßen, da müssen sie sich durchsetzen. Denn der achte Bezirk ist kein leichtes Pflaster. Die Häuser erinnern an manche Backsteinbauten in den schlechten Gegenden von Harlem. Die Straßen sind löchrig und tagsüber von minderjährigen Huren gesäumt. In den zahlreichen heruntergewohnten Zinskasernen drängen sich die vielköpfigen Roma-Familien, und die übriggebliebenen Pensionisten haben Angst und nationalistische Phrasen als Waffe.

»Es ist wichtig, dass wir gerade hier sind«, insistiert Éva Éliás. Sie weiß, dass ihr Quartier nur wenige Minuten Autofahrt von der noblen Váci ut mit ihren teuren Boutiquen und Hotels entfernt ist. Deren Besucher haben keine Ahnung von dieser anderen, düsteren Seite Budapests. Aber auch nicht davon, wie hell hier Menschlichkeit strahlen kann. Auch in den wäßrigen dunklen Knopfaugen, die sich in verrunzelten, verwitterten Gesichtern verstecken.

## Opel-Ingenieur Pál Henter: »Papa, if you could see me now«

Nein, Details weiß er nicht mehr vom großen Abend. Zu sehr hatte ihn die Aufregung gepackt. Das Menü im Renaissance Ballroom? Keine Ahnung, festlich gedeckt war es und sehr elegant und mehrere Gänge hat es gegeben. Der große Augenblick auf dem Podium, allein mit der Nummer Eins von General Motors, John F. Smith Jr.? Untergegangen im Herzjagen. Der folgende Programmpunkt, kühl untertreibend mit »Entertainment« angekündigt, bei dem immerhin Roberta Flack das Mikro in die Hand nahm? Ja, sicher, toll.

Was für einen Weltkonzern wie GM seit Jahren zur professionellen Motivationsroutine gehört, hat den kleinen, agilen Pál Henter auf den Punkt getroffen. Der Planungsingenieur des ungarischen Motorenwerkes hatte gemeinsam mit fünf Kollegen aus Szentgotthárd und jeweils einem aus Rüsselsheim und Zürich eine der jährlichen Auszeichnungen für interne Verbesserungen erhalten. Das ist eine der höchsten Ehrungen im Konzern, die rund um den Globus nur etwa 100 Menschen bekommen. »President's Council Honors« steht auf der Urkunde, die der gesamte Weltvorstand von GM unterschrieben hat, mit Jack, Harry, Mike oder Louis. Pál Henter zählt damit zu den »Best of the Best« des Jahres 1996.

Henter bewacht die Urkunde wie einen Schatz oder einen Adelsbrief. In seiner modernen Welt von Produktionsvorgaben, Fehlerquoten und Serienanläufen ist sie wohl auch so etwas Ähnliches. Ausgezeichnet wurde er für eine vierwöchige Stresszeit im Sommer 1996, in der im Opel Motorenwerk in Ungarn die Montage revolutioniert wurde: Üblicherweise stellen die großen Fabriken in der dreiwöchigen Sommerpause ihre Anlagen auf neue Modelle oder Varianten um, reparieren müde gewordene Automaten, optimieren hier und dort ein wenig.

Aber 1996 gab es bei Opel Ungarn in der Fertigung einen Quantensprung, und Pál Henter war daran maßgeblich beteiligt. Die Montage der Vierzylinder-Aggregate, die von Szentgotthárd aus in Autofabriken nach Deutschland, England, Spanien und Belgien geliefert werden, wurde von stationärer Montage auf ein laufendes

Band umgestellt. Während der Motor früher bei jedem Arbeitstakt kurz anhielt und der Monteur seine Schrauben oder einen Bauteil festmachte, bleibt nun die gesamte Linie in Bewegung. Die Arbeiter steigen mit auf das Band und erledigen ihre Arbeitstakte im Fluss.

Die Produktivitätssteigerung dieser Umstellung war enorm: Die Kapazität der Montagelinie verdoppelte sich schlagartig. Das Band wurde dennoch kürzer, man konnte zusätzliche Testpositionen für erhöhte Qualität einrichten, und die Materialzulieferung wurde vereinfacht, sodaß sich auch die Lagerbestände reduzierten.

Dieses Fertigungssystem, derzeit das modernste im Motorenbau, wurde damals gleichzeitig in zwei europäischen Opel-Werken eingeführt: in Szentgotthárd und in Kaiserslautern. Man konnte zwar auf Erfahrungen in den USA und bei japanischen Konkurrenten zurückblicken, aber vieles war doch völlig neu. Henter jettete quer durch Europa, um die letzten Entwicklungen innerhalb des Konzerns zu beobachten. Entscheidend für die endgültige Konstellation der Fertigung waren aber die Versuche auf der kleinen Teststrecke in der Werkshalle von Szentgotthárd.

Ergonomen der Universität Budapest überwachten die Arbeitsschritte. Kurz vor der Einführung des neuen Systems gab es dann einmal Alarm: »Gesunden Arbeitern ist immer wieder schwindlig geworden«, erinnert sich Henter. »Wir dachten schon, dass es nicht funktionieren würde.« Dann fand man aber heraus, dass die Monteure nicht wegen der generellen Geschwindigkeit taumelten, sondern dass ein relativ simpler Grund die Ursache dafür war. Bei einer Biegung des Montagebandes bewegten sich mehrere Teile gegenläufig, und das ließ auch den Robustesten wanken. Man entflocht die beiden Arbeitsstationen, und die Sache funktionierte.

Die nächsten bangen Momente erlebte Henter dann beim Anlauf der Großserie. »Wenn es nicht geklappt hätte, wären Autowerke quer durch Europa stillgestanden. Den 1,8-Liter-Motor bauen nämlich nur wir hier in Ungarn.« Die Feuertaufe gelang gleich vom Start weg mit der geforderten hohen Qualität. Auch die Quantität ist beträchtlich: 1998 baute Opel Ungarn mehr als 400.000 Motoren, 1999 steigerte sich das Werk auf beinahe eine halbe Million Stück.

Henter ist nicht mit sechsstelligen Produktionszahlen groß geworden, nicht mit globalen Videokonferenzen, in denen er sich heute selbstverständlich bewegt, nicht in einem sozialen Umfeld, das Teamleader, flache Hierarchien und permanente Verbesserungsprozesse vorschreibt. Er wurde 1950 als Sohn eines Zahnarztes im rumänischen Tirgu Mures geboren; seine Familie gehörte zur dortigen ungarischen Minderheit. In seiner Heimatstadt besuchte er das ungarische Gymnasium –»das war damals noch relativ problemlos möglich« – und studierte anschließend Maschinenbau in Temesvar. Auch in seiner Studienzeit und in den ersten Berufsjahren als Techniker in einer Textilmaschinenfabrik in Tirgu Mures gab es noch wenig ethnische Konflikte, erinnert sich Henter.

Das Leben im kommunistischen Rumänien der 70er Jahre war zwar mühsam, aber man konnte sich durchschlagen. Seine Frau musste anfangs als Zahnärztin in ein 400 Kilometer entferntes Dorf an der ukrainischen Grenze pendeln. Aber später erreichte sie die Versetzung ganz in die Nähe der Heimatstadt. Man fand eine Wohnung, und bald hatte das Paar zwei kleine Kinder.

Die Spätzeit des Ceauçescu-Regimes wurde für die Minderheiten im Land aber schnell alles andere als angenehm. Freigekauft von ihrer Regierung, wanderten viele Deutsche aus, und auch die Ungarn sahen sich zunehmend isoliert.»Der Spielraum ist für uns immer enger geworden«, beschreibt Henter die damalige Lage. Ungarische Zeitschriften waren nicht zu bekommen, und die Karrieren der Minderheit wurden in der Wirtschaft systematisch gebremst. Bald erreichte das Gift des Nationalismus auch die persönliche Ebene. Alte Bekanntschaften und Freundschaften lösten sich entlang der Sprachlinien auf.

Wirklich virulent wurde der ethnische Konflikt nach der Revolution von 1989 und ihrer ökonomischen Krise. Radikale Rumänen heizten die Stimmung auf. Der entscheidende Anlass für Henter, sein Land zu verlassen, war eine spontane, aber friedliche Demonstration, an der er teilgenommen hatte. Diese wurde später im rumänischen Fernsehen so dargestellt, als planten die Ungarn systematisch einen bewaffneten Aufstand.»Da habe ich gesagt: ›Wir müssen weg‹.«

Die Grenzen zu Ungarn waren damals offen, und im Sommer 1991 packte die Familie ihren alten Škoda voll und floh. In Celldömök, etwa auf halbem Weg zwischen dem Plattensee und der österreichischen Grenze, hatten sie noch von Rumänien aus für

Frau Henter eine Stelle als Zahnärztin mit Dienstwohnung ausfindig gemacht. Für ihn würde sich schon Arbeit finden.

Tatsächlich konnte Henter bald als Techniker bei der ungarischen Niederlassung des Wäschefabrikanten Triumph anfangen. Als einer von drei Managern spielte er Mädchen für alles: Einschulung der Näherinnen an den Maschinen, Einteilung der Produktion, gelegentlich auch Mitarbeit bei kleinen Reparaturen oder Wartungen. Die Deutschkenntnisse, die er sich noch in Rumänien angeeignet hatte, konnte er hier gut gebrauchen. Gelegentlich musste er auch Betriebsanleitungen und andere Dokumente ins Ungarische übersetzen.

Die Arbeit war ordentlich bezahlt, bot aber für den Technik-Begeisterten etwas zu wenig Herausforderung. Bei einem Besuch der Fremdenbehörde hörte er davon, dass Opel in der Region ein Automobil- und Motorenwerk bauen wolle. Wenig später sah er die Stelleninserate in der Zeitung und bewarb sich. Mit einem einfachen Vorstellungsgespräch war es bei einem internationalen Konzern aber nicht getan. Man suchte sehr systematisch, und der zusammenbrechende ungarische Arbeitsmarkt gab den Managern dazu jede Gelegenheit. Henter wurde für zwei Tage zu einem Assessmentcenter nach Györ eingeladen.

So eine Situation hatte er noch nie erlebt, und das erzeugte Stress pur. In kleinen Gruppen von fünf oder sechs Personen mussten die gelernten Diplomingenieure gemeinsam Aufgaben lösen, von denen manche auf den ersten Blick etwas dumm aussahen. So hatten sie aus Karton ein Modellauto zu bauen und dafür eine kleine Werbekampagne zu erarbeiten, die einer von ihnen anschließend einer Jury präsentieren musste. Es gab eine Fülle von Logik- und Wissenstests und dann wieder Gruppenarbeit zur gemeinsamen Lösung von Problemen. Die Beobachter saßen dabei die ganze Zeit im Raum, machten Aufzeichnungen, registrierten, wer sprach und was, wer sich verweigerte und wer mit seiner Körperhaltung Unwilligkeit, Dominanz oder Kompromisslosigkeit ausdrückte.

»Es hat welche gegeben, die sind damit überhaupt nicht zurechtgekommen«, erinnert sich Henter. »Die wollten alles so durchsetzen, wie sie es sich vorstellten, und waren nicht zur Teamarbeit bereit.« Diese Organisationsform war zu diesem Zeitpunkt auch für Henter fremd, »aber irgendwie habe ich gewusst, dass man nur als

Gruppe gute Resultate erzielen kann.« Jedenfalls war er einer der beiden, die von den sechs Kandidaten des Auswahlverfahrens übrig geblieben sind. Der zweite ist heute Einkaufsleiter in Szentgotthárd. Henter sah seine Chance und nützte sie:»Ich war damals 40, heute ist das oft schon zu alt.« Mit zäher, hartnäckiger Energie lernte und lernte er. Noch vor Produktionsanlauf verbrachte er ein halbes Jahr in Opel-Fabriken in Deutschland und Österreich, stand dort als Arbeiter am Band und studierte die Grundzüge der Planung. Im ungarischen Werk kletterte er dann stetig nach oben, vom einfachen Planer zum Leiter einer der beiden Motorenmontagen, zum gesamten Montageleiter, dann zum Manager neuer Projekte und der Einführung neuer Produkte.

Zur Liebe für die Arbeit ist noch ein kleiner Wohlstand dazugekommen. Zwar bemerkt er bitter, dass seine Frau als Kinderzahnärztin mit 20 Jahren Praxis weniger verdiene als eine Putzfrau bei Opel, aber gemeinsam hätten sie es doch zu etwas gebracht. In Körmend, etwa 30 Kilometer von Szentgotthárd, besitzen sie heute eine Haushälfte, finanziert mit einem günstigen Firmenkredit von Opel. Zwei Autos stehen vor der Haustüre: ein betagter Kadett und ein neuer Astra. Man kann sich Urlaube im Ausland leisten. Die Henters waren schon in Italien, in Spanien und zum Wandern in der Steiermark.

Auch die Kinder lernen, müssen lernen, wollen lernen – wie der Vater, dem seine Sprachen und sein offener Geist ein neues Leben ermöglichten. Der Sohn, 23, studiert Ökonomie in Budapest und belegt daneben noch Englisch-Intensivkurse. Die Tochter hat soeben maturiert und geht wahrscheinlich als Au-pair-Mädchen für ein Jahr nach Deutschland.

Henter strahlt und quirlt und hat mit seinen fast 50 Jahren die Energie von drei Jungen. Nur einmal bricht ihm die Stimme, und seine Augen werden feucht: Sein Papa hat das alles nicht mehr sehen können.

# Anhang

# Groß und klein

Tabelle 1

*Einwohnerzahlen der Reformstaaten (in Mio.)*

| | |
|---|---|
| Polen | 38,6 |
| Tschechische Republik | 10,3 |
| Slowakische Republik | 5,4 |
| Slowenien | 2 |
| Ungarn | 10,2 |
| *zum Vergleich:* Österreich | 8 |

*Die Bevölkerung von Polen allein entspricht etwa jener der anderen vier Reformstaaten zusammengenommen. Es ist damit das einzige Land der Gruppe mit einem nennenswerten Binnenmarkt.*

# Arm und Reich 1

Tabelle 2

**Brutto-Inlandsprodukt 1998 der Reformstaaten**
**(vorläufige Zahlen, in Mrd. US$)**

| | |
|---|---|
| Polen | 158,1 |
| Tschechische Republik | 54,2 |
| Slowakische Republik | 20,7 |
| Slowenien | 17,5 |
| Ungarn | 47,6 |
| *zum Vergleich:* Österreich | 212,8 |

*In absoluten Zahlen liegen die Reformstaaten – was ihre Wirtschaftskraft betrifft – noch klar hinter der EU bzw. ihrem Vertreter Österreich. Selbst die größte Volkswirtschaft der Region, jene des 38-Millionen-Einwohner-Landes Polen, ist um ein Viertel kleiner als die der Alpenrepublik.*

Quelle: Creditanstalt, Central European Quarterly II/99

# Arm und Reich 2

Tabelle 3

*Brutto-Inlandsprodukt pro Kopf der Reformstaaten 1997, in US$*

| | |
|---|---|
| Polen | 3.702 |
| Tschechische Republik | 5.048 |
| Slowakische Republik | 3.613 |
| Slowenien | 8.033 |
| Ungarn | 4.513 |
| *zum Vergleich:* Österreich | 25.350 |

*Auch beim BIP pro Kopf nach Wechselkursen sind die Reformstaaten von dem nächstliegenden EU-Land Österreich noch weit entfernt. Diese Zahlen sind allerdings abstrakt und messen nicht, was diesen erwirtschafteten monetären Werten tatsächlich an Kaufkraft entspricht.*

Quelle: Creditanstalt, Central European Quarterly II/99

# Arm und Reich 3

Tabelle 4

*Brutto-Inlandsprodukt pro Kopf 1997 der Reformstaaten in Kaufkraftparitäten (in US$)*

| | |
|---|---|
| Polen | 7.970 |
| Tschechische Republik | 13.120 |
| Slowakische Republik | 9.540 |
| Slowenien | 14.190 |
| Ungarn | 10.010 |
| *zum Vergleich:* Österreich | 21.243 |

*Beim BIP pro Kopf nach Kaufkraftparität (PPP, Purchasing Power Parity) werden die Unterschiede zwischen Ost und West deutlich kleiner. Denn trotz zahlreicher Preissteigerungen und teurer Luxusgüter sind die gesamten Warenkörbe in den Reformstaaten docvh noch um Einiges billiger als in der EU.*

Quelle: Creditanstalt, Central European Quarterly II/99

# Die Aufholjagd

Tabelle 5

*BIP-Wachstum in den Reformstaaten 1999, 2000 (Schätzungen)*

|  | 1999 | 2000 |
|---|---|---|
| Polen | 3,0 | 4,0 |
| Tschechische Republik | –1,5 | 2,0 |
| Slowakische Republik | 0,0 | –2,0 |
| Slowenien | 3,0 | 3,0 |
| Ungarn | 4,0 | 4,0 |

*Während die Tschechische und Slowakische Republik wegen mangelhafter früherer Reformen zurückfallen, liegen die Wachstumsraten von Polen, Ungarn und Slowenien höher als jene der EU. Sie sind aber nicht um so vieles größer, daß sie dadurch in den nächsten Jahren werden aufschließen können.*

Quelle: WIIW; Creditanstalt, Central European Quarterly; SORS

# Wachstumstreiber Industrie

Tabelle 6

*Jährliche Zunahme der Industrieproduktion in den Reformstaaten (1998 vorläufige Werte; 1999 und 2000 Schätzungen)*

|  | 1998 | 1999 | 2000 |
|---|---|---|---|
| Polen | 5,9 | 4,0 | 13,9 |
| Tschechische Republik | 1,6 | –1,6 | 3,0 |
| Slowakische Republik | –1,8 | 1,0 | 0,7 |
| Slowenien | 4,6 | 4,6 | 3,3 |
| Ungarn | 13,9 | 12,0 | 10,5 |
| *zum Vergleich:* Österreich | 4,4 | 2,0 | 3,8 |

*Hier spiegelt sich das hohe Niveau der Auslandsinvestitionen in Ungarn und Polen wider: In den internationalen Unternehmen sind Produktivität und Wachstum stärker als bei den einheimischen. Die Tschechische und Slowakische Republik durchlaufen eine späte Umstellungskrise, Slowenien ist bereits stärker auf Dienstleistungen ausgerichtet.*

Quelle: Creditanstalt, Central European Quarterly

# Wer wächst, kann verteilen

Tabelle 7

*Jährliche Zunahme des Privatkonsums in den Reformstaaten, inflationsbereinigt (1998 vorläufige Werte; 1999 und 2000 Schätzungen)*

|  | 1998 | 1999 | 2000 |
|---|---|---|---|
| Polen | 4,5 | 3,0 | 4,0 |
| Tschechische Republik | –2,4 | 0,6 | 1,4 |
| Slowakische Republik | 4,9 | 0,5 | 3,5 |
| Slowenien | 3,6 | 3,6 | 3,6 |
| Ungarn | 3,8 | 3,5 | 4,0 |
| *zum Vergleich:* Österreich | 1,7 | 2,1 | 2,5 |

*Nach den großen Einbrüchen beim Lebensstandard am Anfang des Transformationsprozesses beginnt nun in den erfolgreicheren Reformstaaten auch das Konsumniveau wieder langsam zu steigen. Diese Durchschnittswerte sagen freilich nichts aus über die große Kluft zwischen Reformverlierern und Reformgewinnern.*

Quelle: Creditanstalt, Central European Quarterly

# Fremdes Kapital

Tabelle 8

*Kumulierte ausländische Direktinvestitionen (FDI, Foreign Direct Investment) in Mrd. US$ (Stand April 1999)*

| | |
|---|---|
| Polen | 32,2 |
| Tschechische Republik | 9,3 |
| Slowakische Republik | 1,7 |
| Slowenien | 2,6 |
| Ungarn | 19,4 |
| *zum Vergleich:* Österreich (1996) | 22,0 |

*In den ersten Jahren nach der Wende war Ungarn am erfolgreichsten im Anziehen ausländischer Direktinvestitionen, seit 1997 hat Polen kräftig aufgeholt. Die Slowakei ist einsamer Nachzügler. Die österreichischen Zahlen sind nur bedingt vergleichbar, denn Österreich ist – im Gegensatz zu den Reformstaaten – besonders seit den 90er Jahren auch selbst im Ausland als Investor aktiv, steht also kapitalseitig nicht nur auf der Empfängerseite.*

Quelle: Business Central Europe; OENB

# Jobs, Jobs, Jobs

Tabelle 9

*Arbeitslosenraten in den Reformstaaten in Prozent*
*(Stand April 1999)*

| | |
|---|---|
| Polen | 11,0 |
| Tschechische Republik | 10,0 |
| Slowakische Republik | 17,0 |
| Slowenien | 14,0 |
| Ungarn | 9,5 |
| *zum Vergleich:* Österreich | 7,2 |

*Die Arbeitslosenzahlen in den Reformstaaten blieben weiterhin hoch, wenn sie auch in Ungarn und Polen leicht zurückgingen. In der Tschechischen und Slowakischen Republik zeigt die Tendenz nach oben. Die Durchschnittszahlen sagen relativ wenig über die regionalen Zustände aus: Die Arbeitsmärkte in den Hauptstädten oszillieren teilweise zwischen Vollbeschäftigung und Überhitzung; in ländlichen, östlichen, abgelegenen Regionen kann die Arbeitslosenrate auf 30 und mehr Prozent hochschnellen.*

Quelle: WIIW; Creditanstalt, Central European Quarterly; SORS

## Harte Währung

Tabelle 10

*Inflationsraten in den Reformstaaten in Prozent*
*(1998 vorläufige Werte; 1999 und 2000 Schätzungen)*

| | 1998 | 1999 | 2000 |
|---|---|---|---|
| Polen | 11,8 | 8,0 | 7,0 |
| Tschechische Republik | 10,7 | 4,0 | 4,0 |
| Slowakische Republik | 6,7 | 10,0 | 6,0 |
| Slowenien | 7,9 | 7,0 | 6,0 |
| Ungarn | 14,3 | 10,0 | 8,0 |
| *zum Vergleich:* Österreich | 0,9 | 0,7 | 1,5 |

*Es ist praktisch allen Reformstaaten gelungen, die galoppierenden Inflationsraten in den Griff zu bekommen. Lediglich in der Slowakischen Republik zeigt die Tendenz nach dem letzten Sparpaket vom Juli 1999 wieder nach oben. Von Euro-Reife sind die Reformstaaten freilich noch weit entfernt; die parallel zu ihren Inflationsraten notwendigen Abwertungen gleichen den Produktivitätsabstand zu den entwickelten EU-Staaten aus.*

Quelle: WIIW; Creditanstalt, Central European Quarterly; SORS

# Knapp an Maastricht

Tabelle 11

*Budgetdefizite in den Reformstaaten in Prozent des BIP*
*(1998 vorläufige Werte; 1999 und 2000 Schätzungen)*

|  | 1996 | 1997 | 1998 | 1999 | 2000 |
|---|---|---|---|---|---|
| Polen | -2,5 | -1,3 | -1,0 | -1,0 | -1,1 |
| Tschechische Republik | -0,1 | -1,0 | -0,5 | -0,6 | -2,8 |
| Slowakische Republik | -4,4 | -5,6 | -8,0 | -4,0 | -2,8 |
| Slowenien | 0,3 | -1,1 | -1,1 | -1,4 | -0,7 |
| Ungarn | -3,1 | -4,5 | -4,5 | -4,0 | -4,1 |

*Die jährlichen Neuverschuldungen der Reformstaaten halten sich – unter dem Druck internationaler Finanzinstitutionen – in sehr engen Rahmen. Als etwa Ungarn diesen 1994 zu sprengen drohte, erfolgte das harte Sparpaket. Die überwiegende Zahl der Länder entspricht in diesem Kriterium schon der strengen Maastricht-Meßlatte von drei Prozent.*

Quelle: IWF; OECD; FAZ; Creditanstalt, Central European Quarterly

# Die Macht der Bauern

Tabelle 12

*Anteile der Landwirtschaft am BIP und an der Beschäftigung in Prozent*
*(1997, 1998; Beschäftigung Slowenien 1995)*

|  | Anteil am BIP | Anteil an Beschäftigung |
|---|---|---|
| Polen | 6,0 | 27,0 |
| Tschechische Republik | 3,0 | 4,0 |
| Slowakische Republik | 5,3 | 7,0 |
| Slowenien | 4,5 | 7,1 |
| Ungarn | 7,0 | 8,0 |
| *zum Vergleich:* Österreich | 1,4 | 7,4 |

*Die Landwirtschaft trägt in allen Reformstaaten noch einen höheren Prozentsatz zum Bruttoinlandsprodukt bei als in Österreich. Der Beschäftigtenanteil läßt auf die landwirtschaftliche Struktur schließen: In Polen gibt es eine große Anzahl bäuerlicher Mini-Betriebe, in der Tschechischen Republik dominiert der Großbetrieb, sei es genossenschaftlich oder privatwirtschaftlich organisiert.*

Quelle: EUROSTAT; Europäische Kommission; ÖSTAT; WIFO; WIIW; Weltbank

# Das Geld der Touristen

Tabelle 13

*Ausländer-Nächtigungszahlen und Devisenerlöse aus dem Tourismus 1997*
*(Erlöse in Mrd. US$)*

|  | Ausländerübernachtungen (in Mio.) | Devisen aus dem Tourismus (in Mrd. US$) |
|---|---|---|
| Polen | 12 | 8,0 |
| Tschechische Republik | n. verf. | 3,5 |
| Slowakische Republik | 2,9 | 0,5 |
| Slowenien | 3 | 1,1 |
| Ungarn | 10 | 2,5 |
| *zum Vergleich:* Österreich | 81 | 12 |

*Die statistischen Daten aus der Tourismus-Branche dürften mit etwas größerer Vorsicht zu genießen sein als jene aus anderen Wirtschaftsbereichen. Erstens ist hier in den meisten Ländern der Anteil der „schwarzen" Einnahmen sehr hoch, zweitens vergleichen die Länder oft Äpfel mit Birnen. Die hohen Deviseneinnahmen Polens kommen etwa zur Hälfte aus dem grenzüberschreitenden Einkaufstourismus, nicht aus Übernachtungen.*

Quelle: WTO; Polnisches Statistisches Zentralamt; Slovenian Tourist Board

# Haben und Soll

Tabelle 14

*Devisenreserven im Vergleich zur Auslandsverschuldung 1998*
*(in Mrd. US$, gerundet)*

|  | Devisenreserven | Auslandsverschuldung |
|---|---|---|
| Polen | 26 | 33 |
| Tschechische Republik | 12 | 24 |
| Slowakische Republik | 3 | 10 |
| Slowenien | 4 | 5 |
| Ungarn | 9 | 24 |

*Die Auslandsverschuldung übersteigt in allen Reformstaaten – mit Ausnahme Sloweniens – beträchtlich die angesammelten Devisenreserven. Dabei sind zwei gegenläufige Bewegungen festzustellen: Die einst am stärksten verschuldeten Länder Ungarn und Polen konnten ihre Situation verbessern, das Gegenteil gilt für die bei der Wende fast schuldenfreien Nachfolgestaaten der Tschechoslowakei.*

Quelle: WTO; Polnisches Statistisches Zentralamt; Slovenian Tourist Board

# Nostalgie nach der Planwirtschaft

Tabelle 15

*Für wie gut bewerten 1998 die Befragten die sozialistische Wirtschaft vor 1989?*
*(auf einer fiktiven Skala von 1 bis 100)*

| | |
|---|---|
| Polen | 41 |
| Tschechische Republik | 47 |
| Slowakische Republik | 64 |
| Slowenien | 55 |
| Ungarn | 70 |

*Rückblickend wird das kommunistische Wirtschaftssystem in erheblichem Ausmaß als positiv gesehen, am stärksten in der Slowakei und in Ungarn.*

Quelle:
Politischer Wandel und Wohlstandsentwicklung in Mittel- und Osteuropa.
Meinungsklima 1991–1998. Hg. Paul-Lazarsfeld-Gesellschaft,
Österreichische Gesellschaft für Europapolitik, Wien 1998.


# Die Schwächen der Marktwirtschaft

Tabelle 16

*Für wie gut bewerten 1998 die Befragten die gegenwärtige Marktwirtschaft?*
*(auf einer fiktiven Skala von 1 bis 100)*

| | |
|---|---|
| Polen | 61 |
| Tschechische Republik | 38 |
| Slowakische Republik | 31 |
| Slowenien | 40 |
| Ungarn | 40 |

*Die Enttäuschung über den ökonomischen Wandel wird auch aus dieser Befragung deutlich. Nur in Polen ist die Zustimmung zu den Leistungen der Marktwirtschaft höher als die nostalgische Erinnerung ans alte System. Alle anderen Befragten sind mehrheitlich unzufrieden.*

Quelle:
Politischer Wandel und Wohlstandsentwicklung in Mittel- und Osteuropa.

# Gewinner oder Verlierer?

Tabelle 17

*Wenn die Befragten die finanzielle Situation ihres Haushaltes mit jener 1989
vergleichen, wie war diese damals?*
*Antworten: Jetzt ist die Situation gleich gut oder besser.*

| | |
|---|---|
| Polen | 54% |
| Tschechische Republik | 46% |
| Slowakische Republik | 30% |
| Slowenien | 40% |
| Ungarn | 41% |

*Auch hier überwiegt die Enttäuschung. Nur in Polen glaubt mehr als die Hälfte der
Befragten, daß sich ihre Lage seit der Wende verbessert hat, in Tschechien halten sich
Zufriedene und Unzufriedene etwa die Waage, in den übrigen Ländern dominieren
die subjektiven „Verlierer".*

Quelle:
Politischer Wandel und Wohlstandsentwicklung in Mittel- und Osteuropa.

# Von einem Gehalt leben?

Tabelle 18

*Verdienen die Befragten in ihrem Beruf genug,*
*um davon ihren Lebensunterhalt bestreiten zu können?*

| | |
|---|---|
| Polen | 52 % |
| Tschechische Republik | 58 % |
| Slowakische Republik | 53 % |
| Slowenien | 63 % |
| Ungarn | 49 % |

*Jeder zweite bis dritte Befragte braucht einen zweiten Job oder ein zweites Einkommen,*
*um seinen Lebensstandard zu sichern. Um wieviel es dramatischer diese Situation noch*
*vor ein paar Jahren war, zeigt ein kurzer Rückblick derselben Fragenreihe. 1991 lau-*
*teten die Antworten so:*

| | |
|---|---|
| Polen | 38 % |
| Tschechische Republik | 46 % |
| Slowakische Republik | 39 % |
| Slowenien | 41 % |
| Ungarn | 25 % |

*Damals konnte also nur jeder dritte Pole und Slowake und gar bloß jeder vierte Ungar*
*von einem einzigen Einkommen leben.*

Quelle:
Politischer Wandel und Wohlstandsentwicklung in Mittel- und Osteuropa.

# Politische Systeme im Vergleich

Tabelle 19

*Auf einer Skala von 1 bis 100 bewerten die Befragten zuerst das alte,*
*kommunistische System, dann das neue, demokratische.*
*Die letzte Spalte ist der Saldo.*

| Zustimmung zum | kommunistischen System | demokratischen System | Saldo |
|---|---|---|---|
| Polen | 35 | 66 | 31 |
| Tschechische Republik | 31 | 57 | 26 |
| Slowakische Republik | 47 | 50 | 3 |
| Slowenien | 42 | 51 | 9 |
| Ungarn | 58 | 52 | -6 |

*Die befragten Polen und Tschechen äußern sich mit deutlichen Mehrheiten für das neue,*
*demokratische System; die Slowaken und Slowenen jeweils mit knappen Mehrheiten. Die*
*Ungarn trauern ihrem alten, relativ liberalen kommunistischen System mehrheitlich*
*nach.*

Quelle:
Politischer Wandel und Wohlstandsentwicklung in Mittel- und Osteuropa.


# Keine Rückkehr zum Kommunismus

Tabelle 20

**Frage 1: Wenn es zur Auflösung des Parlements und zur Abschaffung**
**der Parteien käme, wären Sie für oder gegen eine derartige Maßnahme?**
**Frage 2: Sind Sie für eine Wiedererrichtung des kommunistischen Systems?**

| | gegen Parlamentsauflösung | für Kommunismus |
|---|---|---|
| Polen | 81 % | 14 % |
| Tschechische Republik | 78 % | 16 % |
| Slowakische Republik | 77 % | 29 % |
| Slowenien | 73 % | 14 % |
| Ungarn | 83 % | 23 % |

*Trotz verbaler Nostalgie und ökonomischer Unzufriedenheit gibt es über politisch-demo-*
*kratische Einstellungen keinen Zweifel. In allen Reformstaaten sind die Mehrheiten für*
*die demokratischen Institutionen und gegen eine kommunistische Wiederkehr solide.*

Quelle:
Politischer Wandel und Wohlstandsentwicklung in Mittel- und Osteuropa.

# Anmerkungen

## Teil 1:

1 Sandgruber, Roman: Ökonomie und Politik. Österreichische Wirtschaftsgeschichte vom Mittelalter bis zur Gegenwart. Wien 1995, S. 339.

2 Human Development Index. Hg.: United Nations Development Programme UNDP. www.undp.org.

3 Kurón, Jacek: Man muss träumen. Soziale Gerechtigkeit als soziale Bewegung. In: Transit Nr. 6. Frankfurt/Main 1993, S. 21.

4 Ash, Timothy Garton: The Year of Truth. In: Tismaneanu, Vladimír (Hg.): The Revolutions of 1989. Rewriting Histories. London-New York 1999, S. 115.

5 Chirot, Daniel: What Happened in Eastern Europe in 1989. In: Tismaneanu, Vladimír (Hg.): The Revolutions of 1989. a. a. O., S. 20ff.

6 Verderey, Katherine: What Was Socialism, and Why Did it Fall? In: Tismaneanu, Vladimír (Hg.): The Revolutions of 1989. a. a. O., S. 65.

7 Tamás, G.M.: The Legacy of Dissent. In: Tismaneanu, Vladimír (Hg.): The Revolutions of 1989. a. a. O., S. 183.

8 Chirot: What Happened, a. a. O., S. 36. Zu den entscheidenden Entwicklungen in Polen siehe das Kapitel »Das Wirtschaftswunderland«.

9 Ash, Timothy Garton: Ein Jahrhundert wird abgewählt. Aus den Zentren Mitteleuropas 1980-1990. München-Wien 1990, S. 12.

10 Galbraith, John Kenneth: A Journey Through Economic Time. A Firsthand View. Boston-New York 1994, S. 220.

11 Das war eine groteske Überschätzung. Selbst nach dem Ende der Wende-Rezessionen dürfte dieser Markt kaum mehr als eine Million Fahrzeuge aufnehmen. Und das – mit Ausnahme eines kleinen Marktsegments von Luxuskarossen – vor allem billige und einfache Kompaktautos. Siehe dazu: van Tulder, Rob/Winfried Ruigrok: International Production Networks in the Auto Industry: Central and Eastern Europe as the Low End of the West European Car Complexes. In: Zysman, John/Andrew Schwartz (Hg.): Enlarging Europe. The Industrial Foundations of a New Political Reality. Berkeley 1998.

12 Als Beispiel dafür, wie nahe am Abgrund selbst renommierte europäische Unternehmen standen und wie schwer ihr innerer Umbau war, siehe das Kapitel über Porsche in: Womack, James P./Daniel T. Jones: Lean Thinking. Banish Waste and Create Wealth in Your Corporation. New York 1996, S. 189ff.

13 Unter dem Titel »internationale Arbeitsteilung« gab es bereits in den 70er Jahren Produktionsauslagerungen, und zwar vorrangig in so genannte »Freie Produktionszonen« in Südostasien und Lateinamerika. Das kommunistische Osteuropa spielte damals noch keine Rolle. Siehe dazu: Fröbel, Folker/Jürgen Heinrichs/Otto Kreye: Die neue internationale Arbeitsteilung. Strukturelle Arbeitslosigkeit in den Industrieländern und die Industrialisierung der Entwicklungsländer. Reinbek bei Hamburg 1977, S. 600ff.

14 Ash: Ein Jahrhundert wird abgewählt, a. a. O., S. 217.

15 Elster, Jon/Claus Offe/Ulrich K. Preuss (Hg.): Institutional Design in Post-Communist Societies. Rebuilding the Ship at Sea. Cambridge 1998, S. 11.

16 Ebd., S. 15.

17 Siehe dazu die einzelnen Länderberichte in: Annual Report 1999. Human Rights Developments 1998. Hg.: International Helsinki Federation. Wien 1999 sowie: Anti-Semitism Worldwide 1997/98. Hg.: Tel Aviv University/The Anti-Defamation League/The World Jewish Congress. Tel Aviv 1998. Zur Geschichte des Antisemitismus vor 1989 und seiner Instrumentalisierung durch die KP-Regimes siehe: Lendvai, Paul: Antisemitismus ohne Juden. Entwicklungen und Tendenzen in Osteuropa. Wien 1972.

18 Elster/Offe/Preuss (Hg.): Institutional Design in Post-Communist Societies, a. a. O., S. 17.

19 Ebd., S. 107.

20 Rose, Richard: Politischer Wandel in Zentral- und Osteuropa 1991-1998. In: Politischer Wandel und Wohlstandsentwicklung in Mittel- und Osteuropa. Meinungsklima 1991-1998. Hg.: Paul Lazarsfeld Gesellschaft, Österreichische Gesellschaft für Europapolitik. Wien 1999, S. 36.

21 Ebd., S. 22ff. Siehe auch die Tabellen im Anhang.

22 Michnik, Adam: The Velvet Restauration. In: Tismaneanu, Vladimír (Hg.): The Revolutions of 1989. a. a. O., S. 247.

23 Eyal, Gil/Iván Szelényi/Eleanor Townsley: Making Capitalism Without Capitalists. The New Ruling Elites in Eastern Europe. London-New York 1998, S. 115.

24 Ebd., S. 124. Die Autoren untersuchten Polen, die Tschechische Republik und Ungarn.

25 Diese Kleptokratie dürfte in anderen postkommunistischen Ländern, wie etwa der Ukraine, eine weitaus größere Rolle spielen.

26 Weiss, Hilde/Christoph Reinprecht: Demokratischer Patriotismus oder ethnischer Nationalismus in Ost-Mitteleuropa? Empirische Analysen zur nationalen Identität in Ungarn, Tschechien, Slowakei und Polen. Wien-Köln-Weimar 1998, S. 115.

27 Jetzt wird eine Anzahl von dubiosen Privatisierungen unter die Lupe genommen. Ein Teil davon dürfte sogar rückgängig gemacht werden. Siehe dazu das Kapitel Slowakei.

28  Elster/Offe/Preuss (Hg.): Institutional Design in Post-Communist Societies, a. a. O., S. 157.

29  Siehe dazu: Bartel, Rainer: Systemübergang in Mittel- und Osteuropa – eine institutionelle Sicht. In: Wiso. Wirtschafts- und sozialpolitische Zeitschrift des Instituts für Sozial- und Wirtschaftswissenschaften der Kammer für Arbeiter und Angestellte für Oberösterreich 1/99, Linz 1999, S. 25ff.

30  Elster/Offe/Preuss (Hg.): Institutional Design in Post-Communist Societies, a. a. O., S. 160.

31  Gros, Daniel/Alfred Steinherr: Winds of Change. Economic Transition in Central and Eastern Europe. London-New York 1995, S. 94.

32  Siehe dazu: Gros: Winds of Change. a. a. O., S. 147.

33  Siehe dazu das Kapitel Ungarn.

34  Chirot: What Happened in Eastern Europe. a. a. O., S. 22.

35  Graziani, Giovanni: Globalization of Production in the Textile and Clothing Industries: The Case of Italian Foreign Direct Investment and Outward Processing in Eastern Europe. In: Zysman, John/ Andrew Schwartz (Hg.): Enlarging Europe. The Industrial Foundations of a New Political Reality. Berkeley 1998, S. 241.

36  Graziani: Globalization of Production a. a. O., S. 243.

37  Ebd., S. 250.

38  Siehe dazu: Piller, Frank T.: Kundenindividuelle Massenproduktion. Die Wettbewerbsstrategie der Zukunft. München-Wien 1998, v.a. 209ff.

39  In der Wirtschaftswissenschaft gibt es übrigens starke Argumente dafür, die Globalisierung vor allem auf die Finanzmärkte beschränkt zu sehen. Was die Güterströme angeht, zeichnet sich eher eine Dreiteilung der Welt in die Handelsblöcke Europa, Amerika und Asien ab. Dieses Erklärungsmuster lässt sich auch auf die Öffnung der ehemals kommunistischen Ökonomien Osteuropas anwenden. Ihre Integration erfolgte zum überwiegenden Teil in den Wirtschaftsraum der EU. Ihre Wertschöpfungsketten sind mit jenen der westeuropäischen Industrien verknüpft. Man sollte daher hier eher von Regionalisierung denn von Globalisierung sprechen. Siehe dazu: Hirst, Paul/Grahame Thompson: Globalisierung? Internationale Wirtschaftsbeziehungen, Nationalökonomien und die Formierung von Handeslblöcken. In: Beck, Ulrich (Hg.): Politik der Globalisierung. Frankfurt/Main 1998, S. 85ff. Perraton, Jonathan/David Goldblatt/David Held/Anthony McGrew: Die Globalisierung der Wirtschaft. In: Beck, Ulrich (Hg.): Polititk der Globalisierung. Frankfurt/Main 1998, S. 134ff. Hirst, Paul/ Grahame Thompson: Globlization in Question. Cambridge 1998.

40  van Tulder, Rob/Winfried Ruigrok: International Production Networks in the Auto Industry: Central and Eastern Europe as the Low End of the West European Car Complexes. In: Zysman, John/Andrew Schwartz (Hg.): Enlarging Europe. The Industrial Foundations of a New Political Reality. Berkeley 1998, S. 218.

41  van Tulder/Ruigrok: International Production Networks a. a. O., S. 211.

42  Kurz, Constanze/Volker Wittke: Using Industrial Capacities as a Way of Integrating the Central and East European Economies. In: Zysman, John/Andrew Schwartz (Hg.): Enlarging Europe. The Industrial Foundations of a New Political Reality. Berkeley 1998, S. 89.

43  Siehe dazu Industriemagazin 12/1, Dez. 1996/Jän. 1997, S. 30ff.

44  Zitiert nach: Stankovsky, Jan/Fritz Plasser/Peter A. Ulram: On the Eve of EU Enlargement. Economic Developments and Democratic Attitudes in East Central Europe. Wien 1998, S. 42.

45  Die Anteile der Tschechischen und Slowakischen Republik sind niedriger, weil ihr intensiver gegenseitiger Handel jetzt ebenfalls unter Export verbucht wird und damit in der Statistik die Ausfuhren Richtung EU nach unten drückt.

46  Kurz/Wittke: Using Industrial Capacities, S. 69ff.

47  Landesmann, Michael A.: East-West integration: Vertical Product Differentiation, Wage and Productivity Hierarchies. In: Zysman, John/Andrew Schwartz (Hg.): Enlarging Europe. The Industrial Foundations of a New Political Reality. Berkeley 1998, S. 119f.

48  Siehe dazu das Portrait des ungarischen Unterstaatssekretärs für Regionalentwicklung, Péter Szaló.

49  Business Central Europe, Juni 1999, S. 39.

50  Mittel- und Osteuropa Perspektiven. Jahrbuch 1998/99. Hg.: Berliner Bank u.a. 2 Bd. Frankfurt/Main 1998, Bd. 2, S. 86.

51  Siehe dazu die Tabelle im Anhang.

52  Gerechnet in Anteilen der Agrarstützungen am BIP. Diese betragen der Studie zufolge in Polen 2,8 Prozent, in Ungarn 1,6 Prozent und in der Tschechischen Republik 1,5 Prozent. Die vergleichbare EU-Quote liegt bei 1,4 Prozent. Zitiert nach Business Central Europe, Juli/August 1999, S. 51.

53  Josling, Timothy/Stefan Tangermann: The Agriculture and Food Sectors: The Role of Foreign Direct Investment in the Creation of an Integrated European Agriculture. In: Zysman, John/Andrew Schwartz (Hg.): Enlarging Europe. The Industrial Foundations of a New Political Reality. Berkeley 1998, S. 283.

54  Siehe dazu beispielhaft die interessante Untersuchung von Mária Lackó, die über den Privatverbrauch an elektrischer Energie das Pfuschertum und die »graue Ökonomie« zu quantifizieren versucht. Für für Ungarn berechnet sie die Differenz zwischen dem zu erwartenden, »normalen«, privaten Stromverbrauch und dem tatsächlichen, höheren, der durch den Einsatz von Heimwerker-Geräten und anderen Maschinen entsteht. Lackó, Mária: The Hidden Economies of Visegrád Countries in International Comparison: A Household Electricity Approach. In: Halpern, László/Charles Wyplosz: Hungary: Towards a Market Economy. Cambridge 1998, S. 128ff.

55 Siehe dazu die Tabelle 13

56 Die Lebenserwartung in den kommunistischen Staaten hatte Ende der 60er Jahre beinahe dasselbe Niveau erreicht wie jene in den angrenzenden westlichen Länder Österreich und Bundesrepublik Deutschland. Aber schon vor der Wende hatte sich wiederum ein erheblicher Abstand aufgetan. Österreich lag nun bei 77 Jahren, Deutschland bei 76, die Reformstaaten waren klar zurückgefallen: Die Lebenserwartung in Ungarn und Polen betrug lediglich 70 Jahre, jene in der Slowakei 72, in Tschechien 73 und in Slowenien 74 Jahre. World Development Report 1997. Hg.: Weltbank, Washington D.C. 1997. Die Forscher Csaba und Semjén führen diesen Rückgang der Lebenserwartung vor allem auf eine ungesunde Lebensweise mit Alkohol- und Tabakmissbrauch zurück, weiters auf die Umweltverschmutzung in Osteuropa, auf schlechte Ernährung und Übergewicht sowie teilweise auf mangelhafte medizinische Versorgung. Csaba, Iván/András Semjén: Welfare Institutions and the Transition: In Search of Efficiency and Equity. In: Halpern, László/ Charles Wyplosz: Hungary: Towards a Market Economy. Cambridge 1998, S. 333. Die Reallöhne in Polen sanken zwischen 1980 und 1986 um 17 Prozent, die Einführung der ungarischen Einkommensteuer 1988 reduzierte die Reallöhne um 15 Prozent, und auch in Jugoslawien führte die Krise zwischen 1979 und 1985 zu einem Rückgang der Realeinkommen um beinahe 25 Prozent. Crampton, R.J.: Eastern Europe in the Twentieth Century – and After. London-New York 1997, S. 409. Siehe dazu auch die beiden Portraits Éliás/Budapest und Wieczorek/Warschau.

57 Weniger stark ausgeprägt passierte das übrigens auch im Westen. Siehe dazu: Ehrenreich, Barbara: Fear of Falling. The Inner Life of the Middle Class. New York 1990. Bourdieu, Pierre: Das Elend der Welt. Zeugnisse und Diagnosen alltäglichen Leidens an der Gesellschaft. Konstanz 1997.

58 Siehe dazu das Portrait Szaló/Budapest.

58 Kurón, Jacek: Man muss träumen. a. a. O., S. 9.

60 Csaba/Semjén: Welfare Institutions and the Transition, a. a. O., S. 299.

61 Ebd., S. 303.

62 Kurón: Man muss träumen. a. a. O., S. 9.

63 Elster/Offe/Preuss (Hg.): Institutional Design in Post-Communist Societies. a. a. O., S. 244.

64 Zitiert nach: Tálos, Emmerich/Karl Wörister: Soziale Sicherung im Vergleich. In: Tálos, Emmerich (Hg.): Soziale Sicherung im Wandel. Österreich und seine Nachbarstaaten. Ein Vergleich. Wien 1998, S. 581.

65  Ebd., S. 576ff. Für Details siehe die Länderstudien zu Tschechien, Slowenien und Ungarn im selben Sammelband: Filipic, Ursula: Soziale Sicherung in Slowenien; Filipic, Ursula: Soziale Sicherung in Tschechien; Wörister, Karl: Soziale Sicherung in Ungarn.

66  Elster/Offe/Preuss (Hg.): Institutional Design in Post-Communist Societies. a. a. O., S. 216.

67  Csaba, Iván/András Semjén: Welfare Institutions and the Transition. a. a. O., S. 298.

68  Siehe Elster/Offe/Preuss (Hg.): Institutional Design in Post-Communist Societies. a. a. O., S. 246.

69  Mittel- und Osteuropa Perspektiven. Jahrbuch 1998/99. Hg.: Berliner Bank u.a. 2 Bd. Frankfurt/Main 1998, Bd 1, S. 20.

70  Gower, Jackie: EU Policy to Central and Eastern Europe. In: Henderson, Caren (Hg.): Back to Europe. Central and Eastern Europe and the European Union. London 1999, S. 6.

71  Ebd., S. 5.

72  In derselben »ersten Gruppe« befinden sich auch Estland und Zypern.

73  Stankovsky, Jan/Fritz Plasser/Peter A. Ulram: On the Eve of EU Enlargement. a. a. O., S. 23.

74  Ebd., S. 44.

75  Ebd., S. 49.

76  Business Central Europe, July/August 1999, S. 37.

77  Ardy, Brian: Agricultural, Structural Policy, the Budget and Eastern Enlargement of the European Union. In: Henderson, Caren (Hg.): Back to Europe. Central and Eastern Europe and the European Union. London 1999, S. 112.

78  Wallace, Claire: Economic Harship, Migration and Survival Strategies in East-Central Europe. Hg.: Institut für Höhere Studien (IHS). Wien 1999, S. 40f.

79  Stankovsky/Plasser/Ulram: On the Eve of EU Enlargement. a. a. O., S. 100, 190.

80  Grabbe, Heather/Kirsty Hughes: Central and East European Views on EU-Enlargement: Political Debates and Public Opinion. In: Henderson, Caren (Hg.): Back to Europe. Central and Eastern Europe and the European Union. London 1999, S. 193.

81  Für eine genaue, länderspezifische Auflistung der kurzfristigen Prioritäten siehe: Mittel- und Osteuropa Perspektiven, Bd. 1 S. 24ff.

82  Zitiert nach Business Central Europe, March 1999, S. 17.

83  Zitiert nach Stankovsky/Plasser/Ulram: On the Eve of EU Enlargement. a. a. O., S. 23.

84  Ebd., S. 24.

85  Eichengreen, Barry/Richard Kohl: The External Sector, the State and Development in Eastern Europe. In: Zysman, John/Andrew Schwartz (Hg.): Enlarging Europe. The Industrial Foundations of a New Political Reality. Berkeley 1998, S. 190.

86 Ebd.

87 Das hat übrigens schon eine jahrhundertelange Tradition. Bereits zu Zeiten der Aufklärung sahen die westeuropäischen Autoren Ostmitteleuropa zwar durch eine romantische Brille, betrachteten die Region aber doch als minderwertig und rückständig. Siehe dazu: Wolff, Larry: Inventing Eastern Europe. The Map of Civilization on the Mind of Enlightenment. Stanford 1994.

## Teil 2:
## Polen

1 Zitiert nach: Die Presse, 2.8.1999.

2 Crampton, R.J.: Eastern Europe in the Twentieth Century – and After. London-New York 1997, S. 392.

3 Ebd., S. 361f.

4 Ash, Timothy Garton: The Polish Revolution: Solidarity 1980–82. London 1983, S. 29.

5 Swain, Geoffrey/Nigel Swain: Eastern Europe since 1945. London 1998, S. 171.

6 Ganz klar sprach Michael Gorbatschow seinen Gewaltverzicht über die osteuropäischen Staaten im Juli 1989 aus. In einem Interview bei einem Paris-Besuch sagte er kurz nach den polnischen Wahlen, die so verheerend für die KP ausgegangen waren:»Demokratie betrifft heute alle Länder. Was die Polen und die Ungarn entscheiden, ist ihre Angelegenheit, und wir werden ihre Entscheidung akzeptieren, wie immer sie ausfällt.« Zitiert nach: Crampton, R.J.: Eastern Europe in the Twentieth Century. a. a. O., S. 408.

7 Werner Varga, Osteuropa-Ökonom der Wiener Creditanstalt, hat die Auslands-Zahlungsströme nachgerechnet und kommt für 1998 nur auf rund fünf Milliarden US-Dollar Direktinvestitionen in Polen. Seine Erklärung: PAIZ habe in seine Zahlen auch fixe Investitionszusagen und Folgeinvestitionen miteingerechnet, bei denen es noch keine tatsächlichen Zahlungsströme gegeben hätte.

8 Osteuropa-Perspektiven. Hg.: Bayerische Hypobank, September/96, München 1996, S. 12

9 Poland. International Economic Report 1998/99. Hg.: World Economy Research Institute. Warschau 1999, S. 57

10 Zitiert nach Business Central Europe, June 1999, S. 19.

## Slowakische Republik

1 Pöschl, Josef: Central European Economies Ranging from Weak to Robust. In: The Vienna Institute Monthly Report 1999/5. Hg. WIIW. Wien 1999, Anhang, Tabelle 1.

2 The Slovak Spectator, May 31, 1999.

3 Siehe dazu: Transition Report 1998. Financial Sector in Transition. Hg.: European Bank for Reconstruction and Recovery EBRD. London 1998, S. 133.

4    Strategie der Unterstützung des Einzuges von Auslandsinvestitionen in die Slowakische Republik. Hg.: SNAZIR, Slowakische Agentur für ausländische Investitionen. Bratislava 1999, S. 2.

5    Ebd., S. 4.

## Slowenien

1    Meier, Viktor: Wie Jugoslawien verspielt wurde. München 1996, S. 67ff.

2    Zitiert nach: Silber, Laura/Allan Little: The Death of Yugoslavia. London 1996, S. 57.

3    Libal, Wolfgang: Das Ende Jugoslawiens. Chronik einer Selbstzerstörung. Wien-Zürich 1991, S. 138.

4    Auf die weitgehend parallelen Entwicklungen in Kroatien kann hier nicht näher eingegangen werden. Aber schon relativ früh dürfte sich Milošević entschieden haben, zwischen den Slowenen und Kroaten klar zu unterscheiden: Die ersten sollten ziehen können, mit den anderen würde er sich, vor allem wegen der beträchtlichen serbischen Minderheiten in den Gebieten um Knin und in Ostslawonien, anlegen.

5    Siehe dazu auch das Portrait Milena Štular: Die Farbe Rot.

6    Slovenia Market Review. Hg.: Creditanstalt Investment Bank. Wien 1996, S. 24.

7    Das Central European Quarterly (Hg.: Creditanstalt) II/99 fasst die Prognose einiger internationaler Institute zusammen. S. 62.

8    Zum Vergleich Sloweniens mit anderen Reformstaaten siehe Tabellen im Anhang.

9    Zu Details des slowenischen Sozialsystems siehe: Filipic, Ursula: Soziale Sicherung in Slowenien. In: Tálos, Emmerich (Hg.): Soziale Sicherung im Wandel. Österreich und seine Nachbarstaaten. Ein Vergleich. Wien 1998.

10   Autumn Report. Republic of Slovenia. Analysis, Research and Development. Hg.: Institute of Macroeconomic Analysis and Development. Ljubljana 1996, S. 33.

11   Siehe dazu das Interview mit Gorenje-Generaldirektor Joze Stanic in: Slovenia Weekly Nr. 21, 1. Juni 1999.

12   Mittel- und Osteuropa Perspektiven. Jahrbuch 1998/99. Hg.: Berliner Bank u.a. 2 Bd. Frankfurt/Main 1998, S. 245.

## Tschechische Republik

1    Siehe dazu: Country Brief: Czech Republic. Hg.: World Bank. www.worldbank.com. Pöschl, Josef: Tschechiens Wirtschaft. In: Wiso. Wirtschafts- und sozialpolitische Zeitschrift des Instituts für Sozial- und Wirtschaftswissenschaften der Kammer für Arbeiter und Angestellte für Oberösterreich 2/99, Linz 1999, S. 42f.

2    Ash, Timothy Garton: Ein Jahrhundert wird abgewählt. Aus den Zentren Mitteleuropas 1980-1990. München-Wien 1990, S. 63.

3 Zitiert nach: Swain, Geoffrey/Nigel Swain: Eastern Europe since 1945. London 1998, S. 186.

4 Swain/Swain: Eastern Europe since 1945, a. a. O., S. 149. Crampton, R.J.: Eastern Europe in the Twentieth Century – and After. London-New York 1997, S. 397f.

5 Mittel- und Osteuropa Perspektiven. Jahrbuch 1998/99. Hg.: Berliner Bank u.a. 2 Bd. Frankfurt/Main 1998, Band 1, S. 253.

6 Central European Quarterly (Hg.: Creditanstalt) I/1999, S. 22.

7 Pöschl, Josef: Central European Economies Ranging from Weak to Robust. In: The Vienna Institute Monthly Report 1999/5. Hg.: WIIW. Wien 1999, Anhang, Tabelle 1. CEE Quarterly (Hg.: Erste Research) April 1999, S. 31. Central European Quarterly (Hg.: Creditanstalt) II/1999, S. 66.

## Ungarn

1 Die Zeit, 14.6.1985.

2 Crampton, R.J.: Eastern Europe in the Twentieth Century – and After. London-New York 1997, S. 381.

3 Ebd., S. 443.

4 Androsch, Hannes: Investitionsleitfaden Osteuropa. Eine Jahrhundertchance. Wien 1996, S. 106f.

5 Halpern, László/Charles Wyplosz: The Hidden Hungarian Miracle. In: Halpern, László/Charles Wyplosz: Hungary: Towards a Market Economy. Cambridge 1998, S. 3.

6 Ebd., S. 2.

7 Direktinvestitionen in Ungarn. Eine Umfrage zu Motiven, Erfahrungen und Zukunftsperspektiven deutscher Investoren in Ungarn. Hg.: Deutsch-Ungarische Industrie- und Handelskammer. Bielefeld 1995, S. 82ff.

# Bibliografie

## Periodika

Bank Austria East-West. Business Information for the Central
European Investor. (Hg.: Bank Austria)
Bank Austria Report. Berichte und Analysen zur Wirtschaftslage.
(Hg.: Bank Austria)
Business Central Europe
Business Week
CEE Quarterly (Hg.: Erste Research)
Central Europe Business Journal
Central Europe Online
Central European Quarterly (Hg.: Creditanstalt)
Die Zeit
Der neue Pester Lloyd
Emerging Europe Weekly. (Hg.: Deutsche Bank Research)
Equity Insight. Central and Eastern Europe (Hg.: RZB Austria)
Equity Markets CEE (Hg.: Erste Research)
Euromoney
Europäische Rundschau
Forschungsberichte. Hg.: WIIW (Wiener Institut für Internationale
Wirtschaftsvergleiche)
HVG Online
Industrie
Internationale Wirtschaft
Länderblätter Außenwirtschaft. Hg.: Wirtschaftskammer Österreich
Le Monde Diplomatique
manager magazin
Newsweek
Osteuropa Perspektiven (Hg. Bayerische Hypobank)
Österreichisches Industriemagazin
Polish Market Review
Prague Business Journal
Slovenia Business Week
Slovenia Economic Mirror
Slovenia Weekly
The Budapest Sun
The Economist

The Hungarian Quarterly
The Prague Post
The Slovak Spectator
The Warsaw Voice
Transit
trend
Wifo Monatsberichte. Hg.: Wifo (Österreichisches Institut für
Wirtschaftsforschung)

## Literatur

Ackerman, Frank u.a. (Hg.): The Changing Nature of Work. Washington D.C.-Covelo 1998.

Afheldt, Horst: Wohlstand für niemand? Die Marktwirtschaft entlässt ihre Kinder. München 1994.

Androsch, Hannes: Investitionsleitfaden Osteuropa. Eine Jahrhundertchance. Wien 1996.

Annual Report 1999. Human Rights Developments 1998. Hg.: International Helsinki Federation. Wien 1999.

Anti-Semitism Worldwide 1997/98. Hg.: Tel Aviv University/The Anti-Defamation League/The World Jewish Congress. Tel Aviv 1998.

Ardy, Brian: Agricultural, Structural Policy, the Budget and Eastern Enlargement of the European Union. In: Henderson, Caren (Hg.): Back to Europe. Central and Eastern Europe and the European Union. London 1999.

Ash, Timothy Garton: The Polish Revolution: Solidarity 1980–82. London 1983.

Ash, Timothy Garton: Ein Jahrhundert wird abgewählt. Aus den Zentren Mitteleuropas 1980–1990. München-Wien 1990.

Ash, Timothy Garton: Im Namen Europas. Deutschland und der geteilte Kontinent. Frankfurt/Main 1995.

Ash, Timothy Garton: The Year of Truth. In: Tismaneanu, Vladimir (Hg.): The Revolutions of 1989. Rewriting Histories. London-New York 1999.

Ash, Timothy Garton: Europa oder: Beste Plätze schon belegt. In: Die Presse, 5.6.1999.

Autumn Report. Republic of Slovenia. Analysis, Research and Development. Hg.: Institute of Macroeconomic Analysis and Development. Ljubljana 1996, 1997, 1998.

Barber, Benjamin R.: Jihad vs. McWorld. How Globalism and Tribalism Are Reshaping the World. New York-Toronto 1996.

Barber, Benjamin R.: A Place For Us. How to Make Society Civil and Democracy Strong. New York 1998.

Bartel, Rainer: Systemübergang in Mittel- und Osteuropa – eine institutionelle Sicht. In: Wiso. Wirtschafts- und sozialpolitische

Zeitschrift des Instituts für Sozial- und Wirtschaftswissenschaften der Kammer für Arbeiter und Angestellte für Oberösterreich 1/99, Linz 1999.

Beck, Ulrich: Was ist Globalisierung? Frankfurt/Main 1997.

Beck, Ulrich (Hg.): Perspektiven der Weltgesellschaft. Frankfurt/Main 1998.

Beck, Ulrich (Hg.): Politik der Globalisierung. Frankfurt/Main 1998.

Bell, Janice/Thomas Mickiewicz: EU-Accession and Labor Markets in the Visegrad Countries. In: Henderson, Caren (Hg.): Back to Europe. Central and Eastern Europe and the European Union. London 1999.

Roland Berger & Partner u.a. (Hg.): Auf der Suche nach Europas Stärken. Managementkulturen und Erfolgsfaktoren. Landsberg 1993.

Berichte und Studien 1/1999. Oesterreichische Nationalbank, Wien 1999.

Bettelheim, Peter/Silvia Prohinig/Robert Streibel (Hg.): Antisemitismus in Osteuropa. Aspekte einer historischen Kontinuität. Wien 1992.

Book of Lists '99. Hg.: Warsaw Business Journal. Warschau 1999.

Borrus, Michael/John Zysman: Globalization With Borders: The Rise of Wintelism as the Future Industrial Competition. In: Zysman, John/Andrew Schwartz (Hg.): Enlarging Europe. The Industrial Foundations of a New Political Reality. Berkeley 1998.

Bourdieu, Pierre: Die feinen Unterschiede. Kritik der gesellschaftlichen Urteilskraft. Frankfurt/Main 1992.

Bourdieu, Pierre: Das Elend der Welt. Zeugnisse und Diagnosen alltäglichen Leidens an der Gesellschaft. Konstanz 1997.

Bretschneider, Rudolf: So leben unsere östlichen Nachbarn. In: Wiener Journal, Juli/August 1999.

Bridges, William: JobShift. How to Prosper in a Workplace Without Jobs. Reading 1994.

Bringing Central Europe to Market. Hg.: Bank Austria. Wien 1996.

Burgerstein, Jiří: Tschechien. München 1998.

Busek, Erhard/Emil Brix: Projekt Mitteleuropa. Wien 1986.

Busek, Erhard/Gerhard Wilfinger (Hg.): Aufbruch nach Mitteleuropa. Wien 1986.

Busek, Erhard: Mitteleuropa. Eine Spurensuche. Wien 1997.

Cameron, Rondo: A Concise Economic History of the World. Oxford 1993.

Chirot, Daniel: What Happened in Eastern Europe in 1989. In: Tismaneanu, Vladimir (Hg.): The Revolutions of 1989. Rewriting Histories. London-New York 1999.

Ciolek, Erazm: Polska. August 1980–August 1989. Warschau 1990.

Cohen, Daniel: Fehldiagnose Globalisierung. Die Neuverteilung des Wohlstands nach der dritten industriellen Revolution. Frankfurt-New York 1997.

Cohen, Stephen S./Andrew Schwartz/John Zysman (Hg.): The Tunnel at the End of the Light. Privatization, Business Networks, and Economic Transformation in Russia. Berkeley 1998.

Country Briefs. Hg.: World Bank. www.worldbank.com.

Crampton, R.J.: Eastern Europe in the Twentieth Century – and After. London-New York 1997.

Csaba, Iván/András Semjén: Welfare Institutions and the Transition: In Search of Efficiency and Equity. In: Halpern, László/Charles Wyplosz: Hungary: Towards a Market Economy. Cambridge 1998.

Davies, Norman: Europe. A History, Oxford-New York 1996.

Delamaide, Darrell: The New Superregions of Europe. New York 1995.

Direktinvestitionen in Ungarn. Eine Umfrage zu Motiven, Erfahrungen und Zukunftsperspektiven deutscher Investoren in Ungarn. Hg.: Deutsch-Ungarische Industrie- und Handelskammer. Bielefeld 1995.

Djilas, Milovan: Der Verfall der kommunistischen Systeme. In: Busek, Erhard/Gerhard Wilfinger (Hg.): Aufbruch nach Mitteleuropa. Wien 1986.

Doing Business in Poland. Hg.: Price Waterhouse. Warschau 1994.

Doing Business in Hungary. Hg.: Price Waterhouse. Budapest 1993.

Dor, Milo: Leb wohl, Jugoslawien. Protokolle eines Zerfalls. Salzburg/Wien 1993.

Dörr, Gerlinde/Tanja Kessel/Dirk Tänzler: Politische Weichenstellungen und betriebliche Restrukturierung in Tschechien. Joint Ventures als Innovationsträger? In: Rudolph, Hedwig (Hg.): Geplanter Wandel ungeplanter Wirkungen. Handlungslogiken und –ressourcen im Prozess der Transformation. WZB-Jahrbuch Nr. 2. Berlin 1995.

Ehrenreich, Barbara: Fear of Falling. The Inner Life of the Middle Class. New York 1990.

Eichengreen, Barry: Globalizing Capital. A History of the International Monetary System. Princeton 1996.

Eichengreen, Barry/Richar Kohl: The External Sector, the State and Development in Eastern Europe. In: Zysman, John/Andrew Schwartz (Hg.): Enlarging Europe. The Industrial Foundations of a New Political Reality. Berkeley 1998.

Elster, Jon/Claus Offe/Ulrich K. Preuss (Hg.): Institutional Design in Post-Communist Societies. Rebuilding the Ship at Sea. Cambridge 1998.

Engel, Reinhard/Joana Radzyner: Sklavenarbeit unterm Hakenkreuz. Die verdrängte Geschichte der österreichischen Industrie. Wien 1999.

Enzensberger, Hans Magnus: Ach Europa! Frankfurt/Main 1988.

Európa Fórum. 1995 Special Issue. Selected Papers 1993–1994. Budapest 1995.

Eyal, Gil/Iván Szelényi/Eleanor Townsley: Making Capitalism Without Capitalists. The New Ruling Elites in Eastern Europe. London-New York 1998.

Felderer, Bernhard u.a.: Standortaffinität internationaler Wachstumsunternehmen. Institut für Höhere Studien/Austrian Business Agency. Wien 1999.

Fidrmuc, Jan/Julius Horvath/Jarko Fidrmuc: Stability of Monetary Unions: Lessons from the Break-up of Czechoslovakia. Hg.: Institut für Höhere Studien (IHS). Wien 1999.

Fidrmuc, Jan u.a.: East-West Trade: 10 Years After. Institute for Advanced Studies/Bank Austria. Wien 1999.

Filipic, Ursula: Soziale Sicherung in Slowenien. In: Tálos, Emmerich (Hg.): Soziale Sicherung im Wandel. Österreich und seine Nachbarstaaten. Ein Vergleich. Wien 1998.

Filipic, Ursula: Soziale Sicherung in Tschechien. In: Tálos, Emmerich (Hg.): Soziale Sicherung im Wandel. Österreich und seine Nachbarstaaten. Ein Vergleich. Wien 1998.

Fisher, Marc: After the Wall. Germany, the Germans and the Burdens of History. New York 1995.

Friedman, Thomas L.: The Lexus and the Olive Tree. Understanding Globalization. New York 1999.

Fröbel, Folker/Jürgen Heinrichs/Otto Kreye: Die neue internationale Arbeitsteilung. Strukturelle Arbeitslosigkeit in den Industrieländern und die Industrialisierung der Entwicklungsländer. Reinbek bei Hamburg 1977.

Gábor, István: Schattenwirtschaft in Ungarn. Geschöpf der alten oder Hoffnung der neuen Ökonomie? In: Transit Nr. 3. Frankfurt/Main 1992.

Galbraith, John Kenneth: A Journey Through Economic Time. A Firsthand View. Boston-New York 1994.

Garson, Barbara: The Electronic Sweatshop. How Computers Are Transforming the Office of the Future into the Factory of the Past. New York 1988.

Gáspár, Pál: Fiscal Difficulties in the Transition: The Case of Hungary between 1990 and 1995. In: Halpern, László/Charles Wyplosz: Hungary: Towards a Market Economy. Cambridge 1998.

Giddens, Anthony: Beyond Left and Right. The Future of Radical Politics. Stanford 1994.

Globale Trends 1998. Fakten, Analysen, Prognosen. Hg.: Stiftung Entwicklung und Frieden. Frankfurt/Main 1997.

Gower, Jackie: EU Policy to Central and Eastern Europe. In: Henderson, Caren (Hg.): Back to Europe. Central and Eastern Europe and the European Union. London 1999.

Grabbe, Heather/Kirsty Hughes: Central and East European Views on EU-Enlargement: Political Debates and Public Opinion. In: Henderson, Caren (Hg.): Back to Europe. Central and Eastern Europe and the European Union. London 1999.

Graziani, Giovanni: Globalization of Production in the Textile and Clothing Industries: The Case of Italian Foreign Direct Investment and Outward Processing in Eastern Europe. In: Zysman, John/ Andrew Schwartz (Hg.): Enlarging Europe. The Industrial Foundations of a New Political Reality. Berkeley 1998.

Greider, William: One World, Ready or Not. The Manic Logic of Global Capitalism. New York 1997.

Gros, Daniel/Alfred Steinherr: Winds of Change. Economic Transition in Central and Eastern Europe. London-New York 1995.

Haerpfer, Christian W.: Wirtschaftlicher Wandel in Zentral- und Osteuropa 1991-1998. In: Politischer Wandel und Wohlstandsentwicklung in Mittel- und Osteuropa. Meinungsklima 1991–1998. Hg.: Paul Lazarsfeld Gesellschaft, Österreichische Gesellschaft für Europapolitik. Wien 1998.

Haerpfer, Christian W.: From Euphoria to Depression. Changing Attitudes Towards Market Reform and Political Reform in the Czech Republic in Comparative Perspective. Hg.: Institut für Höhere Studien (IHS). Wien 1998.

Halpern, László/Charles Wyplosz: The Hidden Hungarian Miracle. In: Halpern, László/Charles Wyplosz: Hungary: Towards a Market Economy. Cambridge 1998.

Halpern, László/Charles Wyplosz: Hungary: Towards a Market Economy. Cambridge 1998.

Hanák, Péter (Hg.): Die Geschichte Ungarns. Von den Anfängen bis zur Gegenwart. Budapest 1988.

Hankiss, Elemer: Der ungarische Medienkrieg. In: Transit Nr. 6. Frankfurt/Main 1993.

Havel, Václav: Disturbing the Peace. New York 1990.

Havel, Václav: Die unvollendete Revolution. Ein Gespräch mit Adam Michnik. In: Transit Nr. 4. Frankfurt/Main 1992.

Hegedüs, András: Sozialismus und Bürokratie. Reinbek bei Hamburg 1981.

Henderson, Caren (Hg.): Back to Europe. Central and Eastern Europe and the European Union. London 1999.

Henriot, Alain/András Inotai: What Future for the Integration of the European Union and the Central and East European Countries? In: Zysman, John/Andrew Schwartz (Hg.): Enlarging Europe. The Industrial Foundations of a New Political Reality. Berkeley 1998.

Heuberger, Valeria/Arnold Suppan/Elisabeth Vyslonzil (Hg.): Brennpunkt Osteuropa. Minderheiten im Kreuzfeuer des Nationalismus. Wien-München 1996.

Hirst, Paul/Grahame Thompson: Globlization in Question. Cambridge 1998.

Hirst, Paul/Grahame Thompson: Globalisierung? Internationale Wirtschaftsbeziehungen, Nationalökonomien und die Formierung von Handelsblöcken. In: Beck, Ulrich (Hg.): Politik der Globalisierung. Frankfurt/Main 1998.

Human Development Index. Hg.: United Nations Development Programme UNDP. www.undp.org.

Human Resource Trends in Central and Eastern Europe. Hg.: Korn/Ferry/International. Wien 1996.

Hungary. A Member of NATO. Budapest 1999.

Ignatieff, Michael: Reisen in den neuen Nationalismus. Frankfurt/Main 1996.

Ihlau, Olaf/Miodrag Vukić (Hg.): Jugoslawien – Modell im Wandel. Frankfurt/Main 1973.

Illich, Ivan: Shadow Work. Salem-London 1981.

Josling, Timothy/Stefan Tangermann: The Agriculture and Food Sectors: The Role of Foreign Direct Investment in the Creation of an Integrated European Agriculture. In: Zysman, John/Andrew Schwartz (Hg.): Enlarging Europe. The Industrial Foundations of a New Political Reality. Berkeley 1998.

Judt, Tony: Nineteen Eighty-Nine: The End of Which European Era? In: Tismaneanu, Vladimir (Hg.): The Revolutions of 1989. Rewriting Histories. London-New York 1999.

Kaufman, Jonathan: A Hole in the Heart of the World. The Jewish Experience in Eastern Europe After World War II. New York 1997.

Kerber, Markus. C.: Der Mythos des Politischen und die Ratio der Ökonomie. In: Merkur 5/98.

Klages, Helmut: Wertewandel: Eine natürliche Reaktion. In: Wiener Journal, Juli/August 1999.

von Kohl, Christine: Jugoslawien. München 1990.

Kolakowski, Leszek: Amidst Moving Ruins. In: Tismaneanu, Vladimir (Hg.): The Revolutions of 1989. Rewriting Histories. London-New York 1999.

Kolodko, Grzegorz W.: Poland 2000. The New Economic Strategy. Warschau 1996.

Koltai, Jenö: The Minimum Wage in Hungary: Subsistence Minimum and/or Bargaining Tool? In: Halpern, László/Charles Wyplosz: Hungary: Towards a Market Economy. Cambridge 1998.

Komlos, John: Die Habsburgermonarchie als Zollunion. Die Wirtschaftsentwicklung Österreich-Ungarns im 19. Jahrhundert. Wien 1986.

Konrád, György: Antipolitik. Mitteleuropäische Meditationen. Frankfurt 1985.

Konrád, György: Der Traum von Mitteleuropa. In: Busek, Erhard/Gerhard Wilfinger (Hg.): Aufbruch nach Mitteleuropa. Wien 1986.

Konrád, György/Iván Szelényi: Die Intelligenz auf dem Weg zur Klassenmacht. Frankfurt/Main 1978.

Kornai, János: Bürger und Staat. In: transit Nr. 12. Frankfurt/Main 1996.

Korten, David C.: The Post-Corporate World. Life After Capitalism. San Francisco-Hartford 1999.

Kriseová, Eda: Václav Havel. Dichter und Präsident. Berlin 1991.

Kundera, Milan: Die Tragödie Mitteleuropas. In: Busek, Erhard/Gerhard Wilfinger (Hg.): Aufbruch nach Mitteleuropa. Wien 1986.

Kurón, Jacek: Man muss träumen. Soziale Gerechtigkeit als soziale Bewegung. In: Transit Nr. 6. Frankfurt/Main 1993.

Kurón, Jacek: Overcoming Totalitarianism. In: Tismaneanu, Vladimir (Hg.): The Revolutions of 1989. Rewriting Histories. London-New York 1999.

Kurz, Constanze/Volker Wittke: Using Industrial Capacities as a Way of Integrating the Central and East European Economies. In: Zysman, John/Andrew Schwartz (Hg.): Enlarging Europe. The Industrial Foundations of a New Political Reality. Berkeley 1998.

Kurz, Robert: Der Kollaps der Modernisierung. Vom Zusammenbruch des Kasernensozialismus zur Krise der Weltökonomie. Frankfurt/Main 1991.

Kurz, Robert: Die Welt als Wille und Design. Postmoderne, Lifestyle-Linke und die Ästhetisierung der Krise. Berlin 1999.

Kuttner, Robert: Everything for Sale. The Virtues and Limits of Markets. New York 1997.

Lackó, Mária: The Hidden Economies of Visegrád Countries in International Comparison: A Household Electricity Approach. In: Halpern, László/Charles Wyplosz: Hungary: Towards a Market Economy. Cambridge 1998.

Ladányi, János/Iván Szelényi: Jenseits vom Wohlfahrtsstaat und Neokonservatismus. Für einen Neuen Gesellschaftsvetrag. In: Transit Nr. 12. Frankfurt/Main 1996.

Landes, David S.: The Wealth and Poverty of Nations. Why Some Are so Rich and Some so Poor. New York-London 1998.

Landesmann, Michael A.: East-West Integration: Vertical Product Differentiation, Wage and Productivity Hierarchies. In: Zysman, John/Andrew Schwartz (Hg.): Enlarging Europe. The Industrial Foundations of a New Political Reality. Berkeley 1998.

Lemoine, Francoise: Integrating Central and Eastern Europe in the Regional Trade and Production Network. In: Zysman, John/Andrew Schwartz (Hg.): Enlarging Europe. The Industrial Foundations of a New Political Reality. Berkeley 1998.

Lendvai, Paul: Antisemitismus ohne Juden. Entwicklungen und Tendenzen in Osteuropa. Wien 1972.

Lendvai, Paul: Das eigenwillige Ungarn. Von Kádár zu Grósz. Zürich 1988.

Lendvai, Paul: Zwischen Hoffnung und Ernüchterung. Reflexionen zum Wandel in Osteuropa. Wien 1994.

Libal, Wolfgang: Das Ende Jugoslawiens. Chronik einer Selbstzerstörung. Wien-Zürich 1991.

Libal, Wolfgang: Die Serben. Blüte, Wahn und Katastrophe. Wien-Zürich 1996.

Linden, Greg: Building Production Networks in Central Europe: The Case of the Electronics Industry. In: Zysman, John/Andrew Schwartz (Hg.): Enlarging Europe. The Industrial Foundations of a New Political Reality. Berkeley 1998.

Manea, Norman: Über Clowns. Essays. München-Wien 1992.

Mathis, Franz: Big Business in Österreich. Österreichische Großunternehmen in Kurzdarstellungen. 2 Bd, Wien 1987.

Martin, Hans-Peter/Harald Schumann: Die Globalisierungsfalle. Der Angriff auf Demokratie und Wohlstand. Reinbek bei Hamburg 1996.

Meier, Viktor: Wie Jugoslawien verspielt wurde. München 1996.

Michnik, Adam: Der lange Abschied vom Kommunismus. Reinbek bei Hamburg 1992.

Michnik, Adam: Im Schatten des Sokrates. Nationale Identität und moderne Gesellschaft. In: Transit Nr. 4. Frankfurt/Main 1992.

Michnik, Adam: The Velvet Restauration. In: Tismaneanu, Vladimir (Hg.): The Revolutions of 1989. Rewriting Histories. London-New York 1999.

Millard, Frances: Polish Domestic Politics and Accession to the European Union. In: Henderson, Caren (Hg.): Back to Europe. Central and Eastern Europe and the European Union. London 1999.

Mittel- und Osteuropa Perspektiven. Jahrbuch 1998/99. Hg.: Berliner Bank u.a. 2 Bd. Frankfurt/Main 1998.

Mlynar, Zdenek u.a.: Die Beziehungen zwischen Österreich und Ungarn: Sonderfall oder Modell? Wien 1985.

Monetary Policy in Transition in East and West: Strategies, Instruments and Transmission Mechanisms. Hg.: Oesterreichische Nationalbank. Wien 1997.

Mulley, Klaus-Dieter: Zur Entnazifizierung der österreichischen Wirtschaft. In: Meissl, Sebastian/Klaus-Dieter Mulley/Oliver Rathkolb (Hg.): Verdrängte Schuld, verfehlte Sühne. Entnazifizierung in Österreich 1945-1955. Wien 1986.

Nádas, Péter/Richard Swartz: Zwiesprache. Vier Tage im Jahr 1989. Reinbek bei Hamburg 1994.

Naisbitt, John: Megatrends Asien. 8 Megatrends, die unsere Welt verändern. Wien 1995.

National Regional Development Concept. Hg.: Government of the Hungarian Republic. Budapest 1997.

Offe, Claus: Akteure und Agenda der Reform. In: Transit Nr. 6. Frankfurt/Main 1993.

Osteuropa-Perspektiven. Jahrbuch 1995/96. Hg.: Berliner Bank u.a. Frankfurt/Main 1995.

Payrleitner, Alfred: Adler und Löwe. Österreicher und Tschechen. Die eifersüchtige Verwandtschaft. Wien 1990.

Perraton, Jonathan/David Goldblatt/David Held/Anthony McGrew: Die Globalisierung der Wirtschaft. In: Beck, Ulrich (Hg.): Politik der Globalisierung. Frankfurt/Main 1998.

Phinnemore, David: The Challenge of EU-Enlargement: EU and CEE Perspectives. In: Henderson, Caren (Hg.): Back to Europe. Central and Eastern Europe and the European Union. London 1999.

Piller, Frank T.: Kundenindividuelle Massenproduktion. Die Wettbewerbsstrategie der Zukunft. München-Wien 1998.

Poland. International Economic Report 1998/99. Hg.: World Economy Research Institute. Warschau 1999.

Polen Ihr Geschäftspartner. Hg.: Institut für Konjunktur und Preise des Außenhandels. Warschau 1996.

Politischer Wandel und Wohlstandsentwicklung in Mittel- und Osteuropa. Meinungsklima 1991–1998. Hg.: Paul Lazarsfeld Gesellschaft, Österreichische Gesellschaft für Europapolitik. Wien 1998.

Polnischer Tourismus 1998. Hg.: Staatsamt für Sport und Tourismus. Warschau 1999.

Pöschl, Josef: Central European Economies Ranging from Weak to Robust. In: The Vienna Institute Monthly Report 1999/5. Hg. WIIW. Wien 1999.

Pöschl, Josef: Tschechiens Wirtschaft. In: Wiso. Wirtschafts- und sozialpolitische Zeitschrift des Instituts für Sozial- und Wirtschaftswissenschaften der Kammer für Arbeiter und Angestellte für Oberösterreich 2/99, Linz 1999.

Puhl, Widmar: Dichter für die Freiheit. Von der subversiven Kraft der Literatur in Osteuropa. Frankfurt/Main 1993.

Rackham, Neil/Lawrence Friedman/Richard Ruff: Getting Partnering Right. How Market Leaders Are Creating Long-Term Competitive Advantage. New York 1996.

Rathfelder, Erich: Sarajevo und danach. Sechs Jahre Reporter im ehemaligen Jugoslawien. München 1998.

Regional Development in Hungary. Hg.: Váti (Hungarian Institute for Town and Regional Planning). Budapest 1998.

Reinprecht, Christoph: Nostalgie und Amnesie. Bewertungen von Vergangenheit in der Tschechischen Republik und in Ungarn. Wien 1996.

Rifkin, Jeremy: The End of Work. The Decline of the Global Labor Force and the Dawn of the Post-Market Era. New York 1993.

Rose, Richard/William Mishler/Chrisitan Haerpfer: Democracy and Its Alternatives. Baltimore 1998.

Rose, Richard: Politischer Wandel in Zentral- und Osteuropa 1991–1998. In: Politischer Wandel und Wohlstandsentwicklung in Mittel- und Osteuropa. Meinungsklima 1991–1998. Hg.: Paul Lazarsfeld Gesellschaft, Österreichische Gesellschaft für Europapolitik. Wien 1998.

Rupnik, Jacques: The Post-Totalitarian Blues. In: Tismaneanu, Vladimir (Hg.): The Revolutions of 1989. Rewriting Histories. London-New York 1999.

Rupp, Michael Alexander: The Pre-Accession Strategy and the Governmental Structures of the Visegrad Countries. In: Henderson, Caren (Hg.): Back to Europe. Central and Eastern Europe and the European Union. London 1999.

Sandgruber, Roman: Ökonomie und Politik. Österreichische Wirtschaftsgeschichte vom Mittelalter bis zur Gegenwart. Wien 1995.

Schöpflin, George: Konservative Politik und konservative Faktoren in den postkommunistischen Gesellschaften. In: Transit Nr. 4. Frankfurt/Main 1992.

Schulze, Gerhard: Die Erlebnisgesellschaft. Kultursoziologie der Gegenwart. Frankfurt/Main-New York 1992.

Schwarz, Karl-Peter: Tschechen und Slowaken. Der lange Weg zur friedlichen Trennung. Wien-Zürich 1993.

Sebestyen, György: Notizen eines Mitteleuropäers. Wien 1990.

Silber, Laura/Allan Little: The Death of Yugoslavia. London 1996.

Simplified Privatization. Information on Investment Opportunities in Hungary and Company Briefs. Hg.: Hungarian Privatization and State Holding Company. Budapest o.J.

Slocock, Brian: Whatever happened to the Environment? Environmental Issues in the Eastern Enlargement of the European Union. In: Henderson, Caren (Hg.): Back to Europe. Central and Eastern Europe and the European Union. London 1999.

Slovenia Market Review. Hg.: Creditanstalt Investment Bank. Wien 1996.

Slovenia on the Road to Quality. Hg.: Joško Čuk u.a.. Ljubljana 1996.

Sombart, Werner: Liebe, Luxus und Kapitalismus. Über die Entstehung der modernen Welt aus dem Geist der Verschwendung. Berlin o.J. (nach der Originalausgabe 1922).

Stankovsky, Jan: Wirtschaftsbeziehungen zwischen Österreich und Ungarn. In: Mlynar, Zdenek u.a.: Die Beziehungen zwischen Österreich und Ungarn: Sonderfall oder Modell? Wien 1985.

Stankovsky, Jan: Direct Investment in Eastern Europe. Factors, Extent and Industry Structure. Hg.: Bank Austria. Wien 1995.

Stankovsky, Jan/Fritz Plasser/Peter A. Ulram: On the Eve of EU Enlargement. Economic Developments and Democratic Attitudes in East Central Europe. Wien 1998.

Stark, David: Privatisierungsstrategien in der CSFR, Ostdeutschland, Polen und Ungarn. Ein Vergleich. In: Transit Nr. 3. Frankfurt/Main 1992.

Stiegnitz, Peter. Ungarherz muss vieles leiden. In: Wiener Journal, Juli/August 1999.

Strategie der Unterstützung des Einzuges von Auslandsinvestitionen in die Slowakische Republik. Hg.: SNAZIR, Slowakische Agentur für ausländische Investitionen. Bratislava 1999.

Swain, Geoffrey/Nigel Swain: Eastern Europe since 1945. London 1998.

Swartz, Richard: Room Service. Geschichten aus Europas Nahem Osten. Frankfurt/Main 1998.

Tálos, Emmerich (Hg.): Soziale Sicherung im Wandel. Österreich und seine Nachbarstaaten. Ein Vergleich. Wien 1998.

Tálos, Emmerich/Karl Wörister: Soziale Sicherung im Vergleich. In: Tálos, Emmerich (Hg.): Soziale Sicherung im Wandel. Österreich und seine Nachbarstaaten. Ein Vergleich. Wien 1998.

Tamás, G.M.: The Legacy of Dissent. In: Tismaneanu, Vladimir (Hg.): The Revolutions of 1989. Rewriting Histories. London-New York 1999.

The Competitiveness of Transition Economies. OECD Proceedings. Hg. Wifo, WIIW, OECD. Paris 1998.

The World Factbook 1998. Hg. CIA. Washington D.C. 1999.

Tismaneanu, Vladimir: Reinventing Politics. Eastern Europe from Stalin to Havel. New York 1992.

Tismaneanu, Vladimir: Fantasies of Salvation. Democracy, Nationalism and Myth in Post-Communist Europe. Princeton 1998.

Tismaneanu, Vladimir (Hg.): The Revolutions of 1989. Rewriting Histories. London-New York 1999.

Thurow, Lester C.: The Future of Capitalism. How Today's Economic Forces Shape Tomorrow's World. New York 1996.

Tourism Marketing Trends. Europe 1989-1998. Hg.: World Tourism Organization. Madrid 1999.

Transition Report 1998. Financial Sector in Transition. Hg.: European Bank for Reconstruction and Recovery EBRD. London 1998.

Transition Report Update. April 1999. Hg.: European Bank for Reconstruction and Recovery EBRD. London 1999.

van Tulder, Rob/Winfried Ruigrok: International Production Networks in the Auto Industry: Central and Eastern Europe as the Low End of the West European Car Complexes. In: Zysman, John/Andrew Schwartz (Hg.): Enlarging Europe. The Industrial Foundations of a New Political Reality. Berkeley 1998.

Urban, Thomas: Polen. München 1998.

Verderey, Katherine: What Was Socialism, and Why Did it Fall? In: Tismaneanu, Vladimir (Hg.): The Revolutions of 1989. Rewriting Histories. London-New York 1999.

Vykoupil, Susanna: Slowakei. München 1999.

Wagener, Hans-Jürgen: Von Enttäuschungen, Wundern und rationalem Diskurs. In: Transit Nr. 6. Frankfurt/Main 1993.

Wallace, Claire: Economic Harship, Migration and Survival Strategies in East-Central Europe. Hg.: Institut für Höhere Studien (IHS). Wien 1999.

Wallace, Claire/Christian Haerpfer: Three Paths of Transformation in Post-Communist Central Europe. Hg.: Insitut für Höhere Studien (IHS). Wien 1998.

Wallace, Claire/Christian Haerpfer: Some Characteristics of the New Middle Class in Central and Eastern Europe: A 10 Nation Study. Hg.: Insitut für Höhere Studien (IHS). Wien 1998.

Weiss, Hilde/Christoph Reinprecht: Demokratischer Patriotismus oder ethnischer Nationalismus in Ost-Mitteleuropa? Empirische Analysen zur nationalen Identität in Ungarn, Tschechien, Slowakei und Polen. Wien-Köln-Weimar 1998.

Wischenbart, Rüdiger: Karpaten. Die dunkle Seite Europas. Wien 1992.

Wolf, Michael J.: The Entertainment Economy. How Mega-Media Forces Are Transforming Our Lives. New York-Toronto 1999.

Wolff, Larry: Inventing Eastern Europe. The Map of Civilization on the Mind of Enlightenment. Stanford 1994.

Womack, James P./Daniel T. Jones: Lean Thinking. Banish Waste and Create Wealth in Your Corporation. New York 1996.

Workers in an Integrating World. World Development Report 1995. Published for the World Bank. Oxford 1995.

Wörister, Karl: Soziale Sicherung in Ungarn. In: Tálos, Emmerich (Hg.): Soziale Sicherung im Wandel. Österreich und seine Nachbarstaaten. Ein Vergleich. Wien 1998.

World Development Report 1977. Hg.: Weltbank Washington D.G. 1997.

Zagajewski, Adam: Solidarität und Einsamkeit. München-Wien 1986.

Zulehner, Paul M.: Religion im Osten Europas. In: Wiener Journal. Juli/August 1999.

Zysman, John/Andrew Schwartz (Hg.): Enlarging Europe. The Industrial Foundations of a New Political Reality. Berkeley 1998.

Fotomechanische Wiedergabe bzw. Vervielfältigung, Abdruck,
Verbreitung durch Funk, Film oder Fernsehen sowie Speicherung
auf Ton- oder Datenträger, auch auszugsweise,
nur mit Genehmigung des Verlags.

Fotos: Johannes Ifkovits
Umschlaggestaltung: Klaus Meyer und Constanza Puglisi, München
Umschlagfotos: Johannes Ifkovits
Druck: Laber Druck, Oberndorf
Printed in Austria
ISBN 3-216-30490-6